本来的孔子

——《论语》新解

甘霖著

中华书局

图书在版编目(CIP)数据

本来的孔子:《论语》新解/甘霖著. —北京:中华书局,2018.6
ISBN 978-7-101-13197-0

Ⅰ.本… Ⅱ.甘… Ⅲ.①儒家②《论语》-研究 Ⅳ.B222.25

中国版本图书馆 CIP 数据核字(2018)第 079272 号

书　　名	本来的孔子:《论语》新解
著　　者	甘　霖
责任编辑	张继海
出版发行	中华书局
	(北京市丰台区太平桥西里 38 号　100073)
	http://www.zhbc.com.cn
	E-mail:zhbc@zhbc.com.cn
印　　刷	北京瑞古冠中印刷厂
版　　次	2018 年 6 月北京第 1 版
	2018 年 6 月北京第 1 次印刷
规　　格	开本/880×1230 毫米　1/32
	印张 13⅞　插页 2　字数 230 千字
印　　数	1-6000 册
国际书号	ISBN 978-7-101-13197-0
定　　价	38.00 元

目录

绪 论

司马迁说:“余读孔氏书,想见其为人。”他说这话时,距离孔子去世至少在三个半世纪以上。今天的我们,比起司马迁,距离孔子的时代要远很多很多。但不变的是,读其书想见其为人。——想见其本来的面貌:本来的时代、本来的思想、本来的人。这是尝试对《论语》做出一些还原其本义的新努力的目的所在。

一、孔子的时代和他的使命

孔子生活的春秋末期,是古代学者视之为礼坏乐崩的时代。孔子本人怎么看?他说:

> 天下有道,则礼乐征伐自天子出;天下无道,则礼乐征伐自诸侯出。自诸侯出,盖十世希不失矣;自大夫出,五世希不失矣;陪臣执国命,三世希不失矣。天下有道,则政不在大夫。天下有道,则庶人不议。(《季氏篇》)

孔子认为他所生活的时代是一个“天下无道”的局面,主要表现是“礼乐征伐自诸侯出”,并等而下之,“自大夫出”、“陪臣执国命”。

孔子说的是实情。“礼乐征伐自诸侯出”,是说周天子号令天下的权力为诸侯所掌握。春秋时期的所谓霸主,如齐桓公、晋文公,就是掌握周天子权力的诸侯,代替周天子发号施令。礼乐征伐“自大夫出”,是说原有秩序进一步崩溃,诸侯的势力也衰弱了,执政权落到了卿大夫的手里,如鲁国的三桓、晋国的六卿、齐国的崔氏、陈氏等,他们时常代替诸侯与会订盟。再进一步,“陪臣执国命”,像鲁国的阳虎,本是三桓之首季氏的家臣,却把持了季氏的权柄。

这种执政权下移的趋势,反映的是自周初建立起来的“封建亲戚以藩屏周”(《左传》僖公二十四年),也就是封建领主制的统治秩序遭到日益严重的破坏。而在孔子看来,所谓“十世希不失”、“五世希不失”、“三世希不失”,是说周天子失去号令天下的权力,结果是各国的政权都不稳定,导致诸侯国之间的战争、诸侯国内的权力攘夺此起彼伏,整个社会不得安宁。后来司马迁形容这个时期,“弑君三十六,亡国五十二,诸侯奔走不得保其社稷者不可胜数”(《史记·太史公自序》)。

上述贵族内部上下等级秩序的紊乱,是共主政治坍塌的结果。周平王东迁,失去了原来直接控制和支配的中央领地,周王作为天下共主的地位就开始动摇了。到孔子生活的时代,周王室实际等同于一个小诸侯国。《论语》一书,除“天子”一词作为泛泛的概念出现过两次外,没有涉及周王室的具体内容。

那么贵族与平民的关系呢?孔子所讲的“天下有道,则庶人不议”,透露了贵族政治动摇的信息。庶人就是有自由身份的平民。他们“议”政,是贵族专政局面被打破的征兆。

所谓“天下无道”,包括上述贵族内部关系、贵族与平民关系的变化两部分,前者是主要矛盾。

这是大势所趋。一次,卫国仪地的边防长官(“仪封人”)对孔子的弟子说:“天下之无道也久矣。”(《八佾篇》)这是说天下无道的局面已经由来已久了。又一次,隐者桀溺对孔子的弟子子路说:“滔滔者天下皆是也,而谁以易之?”(《微子篇》)这是说天下乌鸦一般黑,谁也没有办法改变。

两千五百年后的人怎么看这个时代?看法当然很多,但大都认同礼坏乐崩的说法。其中一个重要的看法是,公元前500年前后(当时孔子五十岁左右),中国青铜时代结束,铁器时代开始(张光直,1979)。这是说,政治社会变迁,归根结底是源于生产工具、生产力和经济社会的发展进步。这不是小变,是大变,是一个大变革时代的表现。在冯友兰看来,是中国历史中一大解放时代(自春秋迄于汉初)的开始(冯友兰,1920)。礼坏乐崩,实质是共主政治的坍塌、贵族政治的动摇,由此引起经济制度、社会秩序的破坏和变化。

总之,孔子生活的时代是一个大变动时代。孔子作为一个历史人物,他的历史使命是什么?在他自己,当然是希望通过努力,使“天下无道”变为“天下有道”。他说:“如有用我者,吾其为东周乎?”(《阳货篇》)他是希望在东方的鲁国复兴西周曾有的礼乐秩序。依据他的“齐一变,至于鲁;鲁一变,至于道”(《雍也篇》)的逻辑,先变齐国,再以鲁国和齐国为基础推开去,恢复“郁郁乎文哉”的宗周礼乐文明。这实质是要恢复一种社会安定有序的局面,并非一成不变的“复辟”。比如他称赞齐桓公“九合诸侯,不以兵车”,“霸诸侯,一匡天下,民到于今受其赐”(《宪问篇》),这是以安定天下为衡量标准,而不是囿于原有的等级名分。所以,在孔子看来,“天下无道”这个说法,只是指无序、失序而已,并不像后世所理解的那么糟糕(如“政治黑暗”、“民不聊生”之类)。

其次,他以为自己的另一重使命是传承“先王之道”。这是与他的政治使命相配合的文化使命。他说:

> 夏礼,吾能言之,杞不足征也;殷礼,吾能言之,宋不足征也。文献不足故也。足,则吾能征之矣。(《八佾篇》)

征者,证也。到夏、殷的故地搜集文献、访求遗贤,作为整理、传授夏礼、殷礼的来源和根据。孔子周游列国,遍干诸侯,希望有人用他为政,以实现自己的政治抱负。与此同时,他学习、研究夏商周三代文化,特别是作为上层建筑的礼乐制度。这固然是为实现政治抱负服务,也是他的文化兴趣。这种文化兴趣不断增强,与政治遭遇的每况愈下形成鲜明对照,整理文献、传之后世便成为他的人生的最后归宿。他说:

> 吾自卫反鲁,然后乐正,《雅》《颂》各得其所。(《子罕篇》)

这话当是在他晚年最后几年说的。

按照张光直的说法,青铜时代起于公元前2000年左右。那么,到孔子之时,这种文化已经演进和累积了大约1500年了。孔子的文化行为,或是时势使然,或是因他引领,推动先秦中国进入一个文化总结的时代,一个百家争鸣的时代,一个德国哲学家雅思贝尔斯所说的"轴心时代"。

今天我们重读《论语》,追迹孔子,还原本来,当从着眼这个时代开始。

二、孔子的家世及对他的影响

孔子的先世是商代的王室。周灭商,周成王封商纣王的庶兄微子启于商的旧都商丘,建立宋国。《史记索隐》引《家语》称:"孔子,宋微子之后。"

孔子的六代祖孔父嘉,为宋穆公时的大司马,宋殇公继位时的顾命大臣,后为另一贵族大臣所杀,其子出奔鲁国(《左传》昭公七年杜注)。孔氏,便来自于孔父嘉的字(孔父)。自此之后,孔氏由大贵族(卿)降至贵族的最底层(士)。

孔子的家世,对他的命运和思想带来重大影响。这是因为,商人是被征服的部族。而且,"大邑商"之所以被"小邦周"征服,主要是商纣王丧失内外人心的结果。周武王虽然亲手砍下商纣王的头,他还是基于商人部族的强盛及在东方(黄河中下游地区)的强大影响,采取安抚政策,使商纣王的儿子武庚禄父仍居商都故地,以管理商人,同时设"三监"就近监视之。不久周武王去世,武庚联合"三监"及东方诸部族发动叛乱。时摄政当国的周公,用了三年时间平息叛乱,杀了武庚禄父。又封微子启于商丘,"以续殷后"。商都朝歌则由周武王的弟弟康叔去镇抚,成为卫国的国都。周公为巩固周王国的政权,大封同姓(姬姓)兄弟、异姓(姜姓)亲戚,在全国各主要地点建立封国,帮助周王室管理分派到各国的商人如"殷民六族"、"殷民七族"以及其他被征服的部族(《左传》定公四年)。

防范商人当是周人的一项国策。虽然到孔子时,去周初已久,周人对商人的监管政策大大松弛,但不会完全放弃,周人对商人的防范心理也不会完全消失。这从商人直至春秋都被当做蠢人看待的现象中,可见一斑。郭沫若说:

> 殷人被征服了以后事实上是作了奴隶,他们算是受尽了轻视和虐待的,周室的人称他们为"蠢殷",称他们为"顽民",一直到春秋战国的时候都还把他们的后人当成蠢人看待,譬如说到蠢人的时候便是"宋人"——"宋人资章甫而适越"(《庄子》)——"宋人有闵其苗之不长而揠之者"(《孟子》)——宋

人就是蠢人的代表。(《中国古代社会研究》第一章第二节)

商政权为周人所颠覆,商人未必尽是做了奴隶,但受到不平等对待是必然的。孔子不但是商人身份,而且是商王室后裔,他身上的这个标签始终是醒目的。鲁国"三桓"之一的孟僖子,犹称孔子为"圣人之后",并嘱咐他的儿子师事孔子以学礼(《左传》昭公七年)。大约周人在文化上对商人是逐步宽容的,但在政治上则始终是防范的。那么,孔子受到了哪些影响呢?

首先,他无论是做官在朝堂,还是居家在乡党,都是唯谨唯慎的:

孔子于乡党,恂恂如也,似不能言者。其在宗庙朝廷,便便,言唯谨尔。(《乡党篇》)

这是说孔子在乡里头对人总是客客气气的,好像不太会说话的样子;在宗庙和朝堂之上表面不慌不忙,却很少说话。其他诸如接引宾客、出使诸侯国、与朋友交往等,《论语》中多有类似的描述,《乡党篇》最为集中。

其次,他对贵族的生活方式是向往的。条件许可时,他是要按贵族范儿生活的:

食不厌精,脍不厌细。食饐而餲,鱼馁而肉败,不食。色恶,不食。臭恶,不食。失饪,不食。不时,不食。割不正,不食。不得其酱,不食……(同上)

这是说孔子吃饭,主食越精越好,肉丝越细越好,不好的就不吃。一连有好多个"不食",不具引。其他诸如穿衣、睡觉、出行等,《论语》多有类似的描述,《乡党篇》最集中。冯友兰说:"《乡党》所纪,起居饮食,俨然贵族。非必孔子之好阔,盖不如是则‘非礼也’。”(《中国哲学史》第四章)其实,讲究礼节,无非显示贵族身份而已。

其时世卿世禄尚未根本动摇,做官仍是贵族的基本专利。孔子虽然做官时间不长,但一直很珍惜曾有的身份。心爱的弟子颜回死了,颜回的父亲“请子之车以为之椁”,孔子没有答应,理由是“以吾从大夫之后,不可徒行也”(《先进篇》)。齐简公被他的大夫陈恒杀了,其时赋闲在家的孔子,跑去找鲁哀公,要求讨伐陈恒,又被鲁哀公支使去找掌握执政权的季孙、孟孙和叔孙,还是被拒绝了。大约是有人认为他多管闲事,他两次声明“以吾从大夫之后,不敢不告也”(《宪问篇》)。

再次,他对周取代商是心存芥蒂的。这从他对周文王和周武王评价的不同可以看出:

子曰:“三分天下有其二,以服事殷。周之德,其可谓至德也已矣。”(《泰伯篇》)

周文王已经赢得了天下多数地方的拥戴,但他并没有趁机夺取商的政权,而是继续维持和平的局面,孔子称赞这种行为为“至德”。后来周武王率师攻占商都,商纣王“自燔于火而死”。周武王来到商纣王自焚的地方,“自射之,三发而后下车,以轻剑击之,以黄钺斩纣头,县大白之旗”(《史记·周本纪》)。商纣王的这个结局是悲惨的,想必孔子对于这个“先王”是有“哀其不幸”之隐衷的。下面这段话,透露了一些信息:

子贡曰:“纣之不善,不如是之甚也。是以君子恶居下流,天下之恶皆归焉。”(《子张篇》)

孔子在盛赞周文王的同时,对周武王却有所保留:

> 子谓《韶》:"尽美矣,又尽善也。"谓《武》:"尽美矣,未尽善也。"(《八佾篇》)

《韶》是舜时的乐,《武》是周武王时的乐。一般认为,孔子评价《韶》乐尽善尽美,是因为舜的天子之位是由尧"禅让"来的。而评价《武》乐尽美却未尽善,则因为周武王毕竟是以暴力夺取了殷商政权。苏轼因此认为"孔子盖罪汤、武","武王,非圣人也";"而孟轲始乱之,曰:'吾闻武王诛独夫纣,未闻弑君也。'自是学者,以汤、武为圣人之正,若当然者,皆孔氏之罪人也"(《论武王》)。

孔子自认是绍继周文王的:

> 子畏于匡,曰:"文王既没,文不在兹乎?天之将丧斯文也,后死者不得与于斯文也;天之未丧斯文也,匡人其如予何?"(《子罕篇》)

由此看来,孔子并不将文、武同等看待。弟子子贡将文王、武王并举,称"文、武之道"(《子张篇》),未谙老师的用心。

还如孔子对耻食周粟、饿死首阳山的伯夷、叔齐的赞扬,也是值得注意的。他说他俩是"古之贤人"(《述而篇》),"不降其志,不辱其身"(《微子篇》),在表达对本族先贤钦心的同时,也透出一种隐隐的痛感。

又次,孔子对祖先的文化"心有戚戚"。虽然对作为统治部族的周文化的尊崇态度溢于言表,——"吾从周"(《八佾篇》)、"久矣吾不复梦见周公"(《述而篇》),对殷商文化实给予了更高的赞赏。如称赞微子、箕子、比干:"殷有三仁焉。"(《微子篇》)《论语》全书所载孔子认可为"仁"的,仅此一例。他最欣赏的弟子颜回,也只是认可“其心三月不违仁”(《雍也篇》)而已。傅斯年说:“称殷三仁,尤有余音绕梁之趣,颇可使人疑其有‘故国旧墟’、‘王孙芳草’之感。”(《周东封与殷遗民》)

孔子之“从周”,是由于“周监于二代,郁郁乎文哉”(《八佾篇》)。傅斯年认为这些都表明孔子对于殷、周“一视同仁”,“虽许多事要以周为师,却绝不以周为宗”。

最后,也是最重要的,孔子在政治上不得志是必然的:

> 齐景公待孔子曰:“若季氏,则吾不能;以季、孟之间待之。”曰:“吾老矣,不能用也。”孔子行。(《微子篇》)

齐景公欲用孔子,予之以仅次于正卿的位置,说明他很欣赏孔子。但随后又找借口搁置起来,孔子只好离开齐国。齐景公因何反悔?这里看不出来。太史公只说“齐大夫欲害孔子”。又:

> 齐人归女乐,季桓子受之,三日不朝,孔子行。(同上)

这一次,是孔子在鲁国做了几年的官以后发生的事情。按《史记》的说法,孔子治理鲁国颇有成效,“齐人闻而惧”,担心鲁国走向强盛会对邻国造成威胁,于是采取送女乐等方式挑拨鲁国的君臣关系。季氏吃这一套,孔子只好离开了鲁国。

据《史记》记载,孔子去鲁适卫,卫灵公给了他粟六万斗的待遇,但没过多久,有人在卫灵公面前说他的坏话,他又待不住了,“恐获罪焉”,只好离开。

人们多将孔子不得志,归因于他的学说和政治主张不合时宜。或许有这方面的原因,但应该不是主要原因。孔子认为自己“无可无不可”(《微子篇》)。孟子则认为孔子是“圣之时者”(《孟子·万章下》)。真正的原因恐怕就是,这些诸侯国终究不是姬姓(鲁、卫),便是姜姓(齐),如何让一个殷人的后裔来治理国家?所以,即便是在他的家族已经生活了几代的鲁国,他还是干不长,长期在外过着漂泊的生活。最后的结果是,孔子"去鲁凡十四岁而反乎鲁","鲁终不能用孔子,孔子亦不求仕"(《史记·孔子世家》)。

《史记》记载孔子辞世前的最后一句话是:"予始殷人也!"——我本殷人!

三、孔子这个人

孔子是一个什么样的人,古往今来,众说纷纭,古代社会把他说上了天,大家最熟悉的就是"至圣先师"的名号;最后一个皇朝——清朝被推翻以来,孔子先是落了地,成了一个"老教书匠",后又被打入地狱,一度说成"是一个臭名昭著的复辟狂、政治骗子、大恶霸"(北京大学哲学系,1974)。反差这么大,显然离本来的面貌都相距甚远。

孔子究竟是一个什么样的人?这里看看"夫子自道"和同时代人的评价。

一、有人说他是"圣人",他死活不承认,也不接受:

> 子曰:"若圣与仁,则吾岂敢!抑为之不厌,诲人不倦,则可谓云尔已矣。"公西华曰:"正唯弟子不能学也。"(《述而篇》)

不要说圣人,就是仁人,孔子也不敢当。他说的不是客套话,因为他对于成圣成仁有特定的标准,他认为自己做不到(见后文)。做不到,就不能要这个虚名。但当时他已有了"圣人"的名声:

> 太宰问于子贡曰:"夫子圣者与?何其多能也?"子贡曰:"固天纵之将圣,又多能也。"子闻之,曰:"太宰知我乎!吾少

也贱,故多能鄙事。君子多乎哉,不多也。”(《子罕篇》)

在这段对话中,孔子仍然不乐意人家特别是自己的学生说他是“圣人”,他只承认自己因为“少也贱”,所以“多能鄙事”,但也强调君子不需要“多能”。这与他的“君子不器”(《为政篇》)的思想一致。

二、他说自己负有“天命”,有人真心认为他不同凡响。

孔子虽然不承认自己是“圣人”,但他自以为负有神圣的使命。“五十而知天命”,是说他五十岁时觉知自己负有上天赋予的使命。这个使命,是延续文化的使命。前引“子畏于匡”一章,说明了这一点。

孔子的这个觉悟,有人也感知了。仪封人在见了孔子之后对孔子的学生说:“天下之无道也久矣,天将以夫子为木铎。”(《八佾篇》)“木铎”,喻号召、引导。“天将以夫子为木铎”,是说上天将让你们的老师做天下人的导师,引导人们走向一个清明(有道)的世界。

三、他说自己“好学”,人们公认他好学而且多见多闻:

子曰:“十室之邑,必有忠信如丘者焉,不如丘之好学也。”(《公冶长篇》)

孔子强调“主忠信”(《学而篇》)。忠信作为人的品德,是极其重要的,但“好学”更难得。在他看来,他的众多弟子中,只有颜回称得上“好学”:

季康子问:“弟子孰为好学?”子曰:“有颜回者好学,不幸短命死矣,今也则亡。”(《先进篇》)

可见“好学”非常不容易做到。上引“若圣与仁,则吾岂敢”一段话中,孔子说自己不敢当圣与仁之名,不过是坚持不懈地向着圣与仁的目标努力,并教导人们也这样做罢了。“为之不厌”,即是“学而不厌”。“为之”即是“学之”。《论语》中的“学”,不但指读书,也指实践(参《学而篇》第一章注释)。不过,他的弟子公西华却说这正是弟子们学不到的。

何谓“好学”?子贡有个说法:“日知其所亡,月无忘其所能,可谓好学也已矣。”(《子张篇》)不断地知所未知,巩固已知,即是好学。这应该符合孔子的本意。

有人好奇:孔子懂得的那么多,是从哪里学来的?子贡的看法是:“夫子焉不学?而亦何常师之有?”(《子张篇》)这即是孔子讲的“三人行必有我师”的意思。

孔子的一生,“十有五而志于学”,三十、四十、五十、六十,直至七十,达到“从心所欲不逾矩”的境界,可以说是“好学”的一生。他之“好学”,首先是出自家族传承,出自改变命运的本能。当然,在他成长起来之后,他把“学”当成了改造社会的工具。

前面讲过,作为商王室后裔的孔氏,在孔子出生前,早就破落了。他的父亲叔梁纥,《左传》作“郰叔纥”,是鲁国的一名勇士,曾经做过郰邑的大夫。孔子出生时,叔梁纥已经六十多岁了。《史记·孔子世家》记载说,“纥与颜氏女野合而生孔子”。野合,指未经婚嫁而交合。也许正是这个原因,孔子的孕育、出生过程不太顺利,夫妇俩“祷于尼丘得孔子”。前言“野合而生孔子”之“生”,当指怀孕,此“得”才是出生。

孔子好不容易来到人间,父亲却不久就死了,令他和母亲的生活雪上加霜。祖上留下的唯一受用的“财富”,便是殷人重礼的习惯。“孔子为儿嬉戏，常陈俎豆，设礼容”。知礼，后来成为孔子谋生的重要手段，诸如助祭之类的相礼活动是他的职业之一。在这过程中，他总是用心学习礼制：“入太庙，每事问。”(《乡党篇》)在他以知礼成名以后仍然勤于学习，以至于有人怀疑孔子是不是名实相副：“孰谓鄹人之子知礼乎？入太庙，每事问。”(《八佾篇》)后来，他周游列国，一个重要的目的，就是到夏、商故地杞、宋寻访“文献”，了解夏礼、殷礼的遗存。本来，“周礼尽在鲁”，而“周监于二代，郁郁乎文哉”，似乎不需再去寻访夏礼、殷礼了。孔子做出这样的不寻常的举动，可能是他本来就认为周礼并不完善，而且已经不适合现实的需要了，殷礼曾经是中原文明的大宗，现在应该在周礼的外壳下充实夏礼特别是殷礼的内容。

孔子收徒讲学、整理古代文献(即六经，《易》《书》《诗》《礼》《乐》《春秋》)，都是“好学”的内容。“好学”，未能如孔子之所愿，成就他治国安邦的事业，却使他成为“中国历史上第一个以私人身份教了大量学生的人”(冯友兰，1947)。

四、有人说他是“知其不可而为之者”，他不这么看自己。

“知其不可而为之”这话，是一个看守城门的人(“晨门”)说的(《宪问篇》)。这人可能是一个隐者。隐者之流(还有如长沮、桀溺、楚狂、荷蓧丈人等)，可能还有社会中的其他人，对孔子持有这种评价。

这句话的意思，通常指孔子明知自己的政治主张行不通，仍顽强(或顽固)地到处去推行，到处求官做。

孔子却不这么看自己。他曾经将古来的“逸民”伯夷、叔齐、虞仲、夷逸、柳下惠、少连的处世特点分三类评价一番：有不降其志，不辱其身的；有降志辱身但言中伦、行中虑的；有隐居放言，身中清，废

中权的。他最后说:“我则异于是,无可无不可。”(《微子篇》)

的确,人们从尊崇“圣贤”的观念出发,或是从反“圣贤”的观念出发,都愿意或者说习惯于突出描述孔子“知其不可而为之”这一点,而常常忽视实际不同的一面:

> 子曰:“笃信好学,守死善道。危邦不入,乱邦不居。天下有道则见,无道则隐。邦有道,贫且贱焉,耻也;邦无道,富且贵焉,耻也。”(《泰伯篇》)

上面这段话,十分清楚地表明了孔子政治上的处世之道。“危邦不入,乱邦不居”、“天下有道则见,无道则隐”,哪来的“知其不可而为之”?“邦有道,贫且贱焉,耻也;邦无道,富且贵焉,耻也”,分明是知其可而为之,知其不可则不为。

那个“陪臣执国命”的阳虎(也叫阳货),想要孔子出仕,孔子躲着他不见。另一个季氏的家臣公山弗扰,据费邑叛乱,招孔子去,孔子倒打算去,却被弟子子路劝阻了。还有晋国范氏家臣佛肸相招,孔子也打算去,也被子路劝阻。(三事俱见《阳货篇》)不管是孔子自己不愿意,还是弟子不同意,理由大概都是子路劝老师的那句话:“亲于其身为不善者,君子不入也。”这话其实是孔子说的,子路拿来堵老师。

“明智”的处世原则,也体现在人事评价方面:

> 子曰:“君子哉蘧伯玉!邦有道,则仕;邦无道,则可卷而怀之。”(《卫灵公篇》)

孔子把自己的侄女嫁给这类“明智”的人:

> 子谓南容:“邦有道,不废;邦无道,免于刑戮。”以其兄之

子妻之。(《公冶长篇》)

他不赞成无谓的牺牲,他要的是把该做的事情做成。以下这段师生间的对话,再清楚不过地表明了这个意思:

子路曰:“子行三军,则谁与?”子曰:“暴虎冯河,死而无悔者,吾不与也。必也临事而惧,好谋而成者也。”(《述而篇》)

大致上可以说,“知其不可而为之者”,主要是隐者之流的看法。他们觉得孔子应该加入他们的队伍。如果按照某些学者的观点,这些隐者多是殷人中对现实不满的知识分子,那就更好理解了。

五、有人说“子贡贤于仲尼”,子贡对这种说法非常反感。

“子贡贤于仲尼”这话,是鲁国的卿大夫叔孙武叔在朝堂上公开说的。子贡听说后,以宫墙为喻,说自家的围墙只有肩膀头高,“室家之好”,别人一目了然。老师家的围墙有几丈高,从外面看不见,也很少有人得其门而入,所以看不到里面的“宗庙之美、百官之富”。子贡讥讽像叔孙武叔那样的人,见识浅薄,不了解孔子的伟大。

另一位大夫陈子禽说了类似的话,是当面对子贡说的。子贡回答说,老师是无人比得上的,“犹天之不可阶而升也”。

上述两件事分别见于《子张篇》第二十三章和第二十五章。第二十四章直接记述“叔孙武叔毁仲尼”,子贡则回应说:“仲尼不可毁也。”他以日月比喻孔子之杰出是不能逾越的,批评叔孙武叔不自量力。

《子张篇》全篇所载,都是孔子弟子的话。这最后三章,讲的都是别人(而且是有影响力的人)毁谤孔子,子贡予以反击的事儿。这不是偶然的。反映的是孔子去世后,由子贡主导,弟子们集体认定、宣扬并捍卫老师崇高地位的行动。

四、孔子的思想

孔子的思想以“仁”为核心,如曾子所言“仁以为己任”(《泰伯篇》);以“道”为归依,如自己所言“朝闻道,夕死可矣”(《里仁篇》)。姑名之曰“仁道主义”。要而言之,该主义由以下之自在的宇宙观、自为的人生观、推己的伦理观、无为的政治观和渐进的历史观构成。略述如下。

一、自在的宇宙观

中国古代的所谓宇宙,是一个时空组合概念,指整个的时空及其所包含的一切。一个思想家,必有自己的宇宙观,以作为他的思想的大背景。中国古代的思想家尤其如此:“中国哲人的文章与谈论,常常第一句讲宇宙,第二句便讲人生。”(张岱年:《中国哲学大纲》第一、二部分“引端”)这种宇宙观,或自己新创,或秉持既有。孔子大致上属于后者,但因为他后来的影响,遂成为中国士大夫的宇宙观:

> 子曰:“予欲无言。”子贡曰:“子如不言,则小子何述焉?”子曰:“天何言哉!四时行焉,百物生焉。天何言哉!”(《阳货篇》)

这段对话,本不是讲宇宙观的,但孔子的回答,反映了他的宇宙观。“天何言哉”,上天哪里说了什么!这句话包含两层意思:一是说,上天是主宰。天能言只是不言而已。这个上帝之天的观念,是孔子从传统信仰中继承来的。二是说,天与人是分隔的。即是说,上天没有对人说什么,上天不对人说什么。天是天,人是人。但万事万物,包括诸色人等,都"行焉""生焉"。孔子在河边感叹"逝者如斯夫,不舍昼夜"(《子罕篇》),亦是"四时行焉,百物生焉"之表现。

无独有偶,下面这段对话,说的是人无所言于天:

> 王孙贾问曰:"与其媚于奥,宁媚于灶,何谓也?"子曰:"不然。获罪于天,无所祷也。"(《八佾篇》)

祷,亦言也。"无所祷也",固然是祷告无用的意思,也有祷告不了的意思。

孔子自己,连仁、圣之名都不敢承受,也就绝不像历代帝王喜于自己有神迹那样,建立自己与上天之间的某种神秘联系:

> 子曰:"莫我知也夫!"子贡曰:"何为其莫知子也?"子曰:"不怨天,不尤人,下学而上达。知我者其天乎!"(《宪问篇》)

"不怨天,不尤人",天人之间没有什么直接的关联。"下学而上达",只是在人世间上下求索而已。孔子重"学",自己"好学"。学而知之,即是求索人世间的道理。樊迟"问知",孔子答"知人"。他讲学《诗》的好处之一,是"多识于鸟兽草木之名"(《阳货篇》),自然事物丝毫没有神秘化。"知我者其天乎",如同他在其他场合说"天厌之,天厌之!"(《雍也篇》)"天丧予!天丧予!"(《先进篇》)和后世之人动辄呼"老天爷呀!老天爷呀!"别无二致。

天人之间是相隔的。那么他们之间的连接靠什么呢?靠祖先。从商代开始或更早起,人们相信祖先死后到天帝的身边,并成为后人与天帝联系的中介。原先由巫、觋主持并以之为人神中介的祭神仪式逐渐为家族、宗族的以祖先为天人中介的祭神仪式所取代。

家庭、家族有高下等级之分,有治人者与治于人者之分,最高统治者在人世间的统治地位的一个重要象征,便是其祖先垄断了陪伴天帝的地位。这便是"先王"观念。孔子将这种观念加工,使"先王"观念由部族的属性变为跨部族的属性:

> 子曰:"大哉!尧之为君也。巍巍乎!唯天为大,唯尧则之。荡荡乎!民无能名焉。巍巍乎!其有成功也。焕乎!其有文章。"(《泰伯篇》)

尧则天,人则尧,尧成为天人之间的中介。后来儒家系统化了的尧、舜、禹、汤、文、武、周公等先王系列,都是依此逻辑进行演绎的。

所以,"祖先崇拜压倒了天神崇拜"(陈梦家,1954)。人只要把祖先伺候好就行了。孔子格外重视孝道,以及相关的丧礼和祭礼:

> 所重:民、食、丧、祭。(《尧曰篇》)

他祭拜祖先是非常虔诚的,与对天帝的态度迥然不同:

> 祭如在,祭神如神在。子曰:"吾不与祭,如不祭。"(《八佾篇》)

这里的"神",指的是祖先神(见该章注释)。"子不语怪、力、乱、神"(《述而篇》)之"神",泛指除天神和祖先神之外的其他各种神祇。

这种人是人、天是天,天人相分的思想,可称之为"自在"的宇宙观。人自在、天自在,但并非不承认有一个主宰之天存在。上天把什么都安排好了,上天自有他的意志,你可以感悟这种安排,领会这种意志。孟子后来对这种现象作出解释:"天不言,以行与事示之而已。"(《孟子·万章下》)《论语》中已略显迹象:

子曰:“凤鸟不至,河不出图,吾已矣夫!”(《子罕篇》)

凤鸟、河图可能是“天”以行与事对孔子的表示,所以孔子发出感叹。但天还是那个天,所变化的只是人,只是人的心思、情感以及由此引起的外在社会环境的变化。

正因孔子秉持这种自在的宇宙观,故他的弟子们无从闻知老师关于“天道”的思想:

子贡曰:“夫子之文章,可得而闻也;夫子之言性与天道,不可得而闻也。”(《公冶长篇》)

究其实,不是“不可得而闻”,而是夫子本来就不言“天道”。在自在的宇宙观下,他全力研究关于人类事物的学问。有人认为孔子“颇似”古希腊的哲学家苏格拉底,是有道理的,因为苏格拉底也是一个全力研究人类事物的哲学家(斯特劳斯、克罗波西,2009)。

二、自为的人生观

这里的人生观,指作为个体的人的价值观念。孔子认为人生是自为的,即个体是自我的,不但具有自主性,而且具有自利性。“三军可夺帅也,匹夫不可夺志也”(《子罕篇》),即是自主性;“富而可求也,虽执鞭之士,吾亦为之”(《述而篇》),即是自利性。这种人生观,体现在他的学说和思想的方方面面。

为学方面,他伸张古人“学者为己”之义,以揭示为学真谛在充实自身:

子曰:“古之学者为己,今之学者为人。”(《宪问篇》)

孔子所言之“学”,非仅读书,满足求知的欲望而已,而是着眼实际的效用,主要是培养为政者、从政者,即“学也禄在其中矣”

(《卫灵公篇》)。他甚至认为,社会中的等级是由“学”的成效和层次来决定的:

孔子曰:“生而知之者,上也;学而知之者,次也;困而学之,又其次也;困而不学,民斯为下矣。”(《季氏篇》)

在他看来,上、下两个层次是恒定不变的,即“唯上知与下愚不移”(《阳货篇》)。“上知”不变,因为那是天赋,大概只有先王之类的非凡人物才能具备;“下愚”不移,则是因为“不学”,至于是因为天性愚蠢而不学,还是客观条件限制而不学,这里没有说明。中间两个层次,是可以变动的。通过“学”,可以“知之”,可以“脱困”。“学”于是有了改造社会的功能。后世的科举制就是这种思想付诸实行的具体设计。

为仁方面,他申明“为仁由己”的途径,以揭示为仁真谛在从每一个人做起:

子曰:“克己复礼为仁。一日克己复礼,天下归仁焉。为仁由己,而由人乎哉!”(《颜渊篇》)

克己,即约束自己,内则战胜不仁,外则视、听、言、动都符合礼的规范。由己,即是每一个人都要从自身做起,自我约束。每个人都做到克己复礼,就会出现天下归仁的局面。反之,如果指望别人先“带头”,自己跟着做,这是一种现代称之为“搭便车”的心理,若人人这样想,天下归仁就无从谈起。

学者为己还是为人,为仁由己还是由人,是区别君子与小人的标志:

子曰:“君子求诸己,小人求诸人。”(《卫灵公篇》)

由此出发,孔子反复强调这样的观点:

不患人之不己知,患不知人也。(《学而篇》)

不患人之不己知,患其不能也。(《宪问篇》)

不患莫己知,求为可知也。(《里仁篇》)

君子病无能焉,不病人之不己知也。(《卫灵公篇》)

上述观点,是说君子不应该将注意力集中于让别人知道自己,而应该着力于提高自己的实际能力(“求为可知”),以及了解别人(“知人”)。

孔子在“学者为己”“为仁由己”中寻求快乐。《论语》开篇,应该就是“学者为己”带来的快乐:

子曰:“学而时习之,不亦说乎?有朋自远方来,不亦乐乎?人不知而不愠,不亦君子乎?”(《学而篇》)

不愠,不恼怒,实与“说”“乐”一个意思。三种情况,皆是快乐。

下面这一章,反映的应该是“为仁由己”的乐趣:

子曰:“饭疏食饮水,曲肱而枕之,乐亦在其中矣。不义而富且贵,于我如浮云。”(《述而篇》)

孔子的快乐,来自于摒弃和蔑视“为富不仁”。执鞭之士“如不可求”,他便“从吾所好”。

此外,他还有诸多获得快乐的方式,如:

在音乐中享受快乐:

子在齐闻《韶》,三月不知肉味,曰:“不图为乐之至于斯也。”(《述而篇》)

在山水中享受快乐:

> 子曰:“知者乐水,仁者乐山。知者动,仁者静。知者乐,仁者寿。”(《雍也篇》)

他赞赏颜回安贫乐道:

> 子曰:“贤哉,回也!一箪食,一瓢饮,在陋巷,人不堪其忧,回也不改其乐。贤哉,回也!”(《雍也篇》)

当然,人生不如意事十常八九。孔子自为的人生,自有他处理人生难题的办法。他在碰到不利的处境时,行的是“辟”(避)字诀,而且有“四避”:

> 子曰:“贤者辟世,其次辟地,其次辟色,其次辟言。”(《宪问篇》)

“辟言”之言,并非简单的言语不合,而是主张不同。比如卫灵公问军旅之事,孔子回答说:“俎豆之事,则尝闻之矣;军旅之事,未之闻也。”(《卫灵公篇》)军旅之事关系到国家生存的问题,是头等大事。但孔子不赞成冲冲杀杀,他的优先事项是俎豆之事,即礼乐文明、社会秩序。他只得走了。不是卫灵公不用他,他知道自己用不上。孔子“明日遂行”,表明走得毫不犹豫。“道不同不相为谋”嘛!

“辟色”之色,并非仅是脸色不好看,而是态度不对。前引《微子篇》“齐景公待孔子”,便是一例。可以想象齐景公由于说出的话不兑现,以“老矣”为托词的样子。孔子不想被敷衍,走了。“孔子行”,是走得坚决,还是无奈?字里行间看不确切,似乎比较坚决。

“辟地”,即“危邦不入,乱邦不居”,甚而至于“道不行,乘桴浮于海”(《公冶长篇》)。

“辟世”,指贵族中人完全脱离上层社会,遁入平民之中的行为。这一条,孔子做不到。他的使命不允许他这样做,他的思想逻辑决定他不能这样做。隐士桀溺曾劝子路离开孔子,像他一样躲开黑暗的现实(“且而与其从辟人之士也,岂若从辟世之士哉!”)。孔子听了子路转述的话后,若有所失,并表示正因为天下无道,自己才不得不去努力改变(《微子篇》)。他自己虽然做不到“辟世”,却对那些“辟世之士”从不指责。

总之,孔子的仁道主义,立基于一个大大的“己”字,一个大大的自我。自我固然是自主,为的是固本培元,养成“成人”;自我固然是自利,但自利不是自私,利己不过是利人的立足点。如果说孔子是中国历史上的第一个哲学家,那么,中国哲学从这个大大的“己”字出发,构建自己独特的哲学体系,进而构成中华民族独特的文化体系,是完全合乎人类文明进步的逻辑的。至于到了宋明理学,强化天理人欲的观念,背离人类文明大道,这是中华文明发展曲折性的反映。

三、推己的伦理观

“仁”字结构从人从二,讲的就是人与人的关系。伦理观是关于人我关系、人人关系的观念。从“为仁由己”出发,确立人我关系的规范,再将这种规范推而广之,即是人人关系。孔子的政治理想,就是要建立一种使“邦有道”、“天下有道”的伦理规范。

> 樊迟问仁。子曰:“爱人。”(《颜渊篇》)

又:

> 颜渊问仁。子曰:“克己复礼为仁。”(同上)

由上可知,孔子仁道主义的伦理观,其内在规定(内容)即是“爱人”,其外在规定(形式)即是“复礼”。就仁与礼的关系来说,是决定和被决定的关系:

子曰:“人而不仁如礼何?人而不仁如乐何?”(《八佾篇》)

前面说过,“克己”即是克服不仁之心,也即是兴起仁爱之心。这种仁爱之心还须有一个外在的规范,方是实际可行的,便是“复礼”。从理论上说,“一日克己复礼,天下归仁焉”。但实际情况是每一个人是否克己复礼,克己复礼的迟速深浅,都会有很大的差异。这就需要“先进”者“为仁由己”,率先做到,然后推己及人,使“天下归仁”。

子贡曰:“如有博施于民而能济众,何如?可谓仁乎?”子曰:“何事于仁,必也圣乎!尧、舜其犹病诸!夫仁者,己欲立而立人,己欲达而达人。能近取譬,可谓仁之方也已。”(《雍也篇》)

这段对话,包含了孔子仁道主义的诸多要素:

第一,仁的界说。便是“己欲立而立人,己欲达而达人”。

孔子从不轻许人以“仁”。《论语》全书,只说“殷有三仁焉”(《微子篇》),此“仁”当为“仁人”义。他的弟子中,颜渊能做到“其心三月不违仁”,其他的则只能做到“日月至焉而已矣”(《雍也篇》)。但他又说:“仁远乎哉?我欲仁,斯仁至矣。”(《述而篇》)似乎只要想行仁,便能做到仁。这里需要区分“仁”在不同的语境里所指的范围。“仁”作“仁人”解,指的是符合“仁”的全部要求或标准的人。孔子不轻许人以“仁”,便是指这类人。“仁”作“有仁德的人”解,指的是符合“仁”的某一或某些要求的人。孔子讲“我欲仁,斯仁至矣”，便是指这种情况（参见《公冶长篇》第八章注释）。

第二，仁与圣的区别。涉及两个不同层次的社会目标。

《论语》中的“人”和“民”，有明确的不同含义。大致说，“人”指士以上的贵族阶级，“民”指介乎贵族和奴隶之间的自由民。若泛指，“人”有时包括贵族和自由民两者，“民”有时包括自由民和奴隶两者（详见《学而篇》第五章注释）。

孔子释“仁”为“爱人”而不是“爱民”，其间有着重大的区别。“仁”及于“人”而不及于“民”。“己欲立而立人，己欲达而达人”，是谓“仁”；“圣”则既及于“人”也及于“民”。“博施于民而能济众”，是谓“圣”。“爱人”的内涵是一样的，即“恭、宽、信、敏、惠”（《阳货篇》），但所能推及的范围是大不一样的。显然，从推己及人的逻辑路径和实践过程来说，孔子认为首先得推己及“人”，然后推人及“民”。以当时情势，前者都很不容易做到，后者只能是一种理想罢了，连尧、舜这样伟大的帝王都难以做到呢。

这有似于欧美国家推行普选的过程：先是少数贵族享有选举权，然后是有钱人，再后是全部成年男子，最后是妇女。种族差异还不算。

当然，老百姓（“民”）并不是不需要“仁”。

> 子曰：“民之于仁也，甚于水火。水火，吾见蹈而死者矣，未见蹈仁而死者也。”（《卫灵公篇》）

这是说，老百姓（“民”）非常需要“仁”（这里指仁政），问题是不见有人这样去做。从“未见蹈仁而死者”这句话中，可以体会到要打破贵族和庶民的界限，将贵族的利益惠及平民（更不用说奴隶了），是要引发重大的斗争的，不是老百姓造反而受镇压，就是贵族中的开明人物顺应时势做出妥协而遭致杀戮。

在这个意义上,孔子说“若圣与仁,则吾岂敢”,并非谦辞。而孔子自己并带着他的学生,到处“干禄”,也就毫不奇怪了,因为出仕是当时实行仁道的必要条件。

第三,为仁的路径。即“为仁之方”,便是“能近取譬”,推己以及人。

推己及人之“己”指什么?这涉及爱人的原动力问题。在孔子看来,是人性。他说:“性相近也,习相远也。”(《阳货篇》)正因为人的本性是相近的,相互之间的推己及人才是互通有效的,也就意味着只要本着人的本性推将开去,就会使后天习性产生的离散效应(“相远”)减弱,而保持人与人之间的密切关系。

那么,人的本性是什么呢?在孔子看来,人人都有的、最为普遍和相通的人性,便是父母和子女之间的天然亲情,以及连带产生的兄弟姊妹之间的天然情谊。“子生三年,然后免于父母之怀”,是这种天然亲情的源头。“爱人”的天性,就来自于子女“有三年之爱于其父母”之“爱”。孔子因此断言:“夫三年之丧,天下之通丧也。”(《阳货篇》)三年之丧之所以叫“通丧”,正是因为子女对父母的亲情是人人都有的、相通的。

进入父系氏族社会以后,占主导的家庭关系就是父子关系和兄弟关系。这种关系的应有的正常状态就是“孝悌”。

> 有子曰:“其为人也孝弟,而好犯上者,鲜矣;不好犯上,而好作乱者,未之有也。君子务本,本立而道生。孝弟也者,其为仁之本与?”(《学而篇》)

有子这段话很重要,反映孔门将家庭伦理政治化、理论化了。

所谓“本立而道生”，即是将“孝弟”之道树立起来，再推将开去，仁爱之道就产生了。家庭生活与邦国政治从此密不可分：

或谓孔子曰：“子奚不为政？”子曰：“《书》云：‘孝乎为孝，友于兄弟，施于有政。’是亦为政，奚其为为政？”（《为政篇》）

但推己及人并不容易：

子贡曰：“我不欲人之加诸我也，吾亦欲无加诸人。”子曰：“赐也，非尔所及也。”（《公冶长篇》）

这段对话，涉及一个非常重要的问题：我不愿别人加在自己身上的东西，我固然可以做到不强加于人，但首先，别人对自己的强加是否可以避免，却是一个问题。孔子讲的“非尔所及”，意思是难以避免。

孔子应当看到了“己欲立而立人，己欲达而达人”与“我不欲人之加诸我”存在着内在的矛盾。这是因为，“己欲立”、“己欲达”，在自己这一方面，当然是认定了欲立、欲达的东西是好的、善的、有利的，但是否立人、达人之人，也就是对方也认定是好的、善的、有利的呢？不一定。

孔子对这种矛盾状况是明了的。他明明白白地表示，推己及人，经常行得通的只是“恕”罢了。

子贡问曰：“有一言而可以终身行之者乎？”子曰：“其恕乎！己所不欲，勿施于人。”（《卫灵公篇》）

每个人主观上所能做到的，只是自己不想做的事情、不愿要的东西，不以之强加于人。这就是“恕”。“己所不欲，勿施于人”，似乎不如“己欲立而立人，己欲达而达人”那么积极。然而“恕”这种消极,可能恰是这个世界更本质、更基本的东西。所谓"市场经济"、"看不见的手",所谓"消极自由"、"消极权力"等等,本质上都是"恕"之道。那么,曾子所理解的夫子之道的核心要义该怎样理解呢?

> 子曰:"参乎!吾道一以贯之。"曾子曰:"唯。"子出,门人问曰:"何谓也?"曾子曰:"夫子之道,忠恕而已矣。"(《里仁篇》)

忠者,尽己之心、尽己之力而已,至于对方接受与否、接受多少,则毋论矣。"恕",则勉力行之、终身行之可也。孔子思想最深刻的地方,就在这里。

四、无为的政治观

孔子提出"无为而治"的概念,以之作为他治理混乱局面的药方:

> 子曰:"无为而治者,其舜也与?夫何为哉?恭己正南面而已矣。"(《卫灵公篇》)

何为"无为而治"?"恭己正南面"就是孔子给出的答案。"恭己"是前提,"正"是方法,"正南面"即治理天下是目的。

"恭己"含义有三。其一,"以天下让"、"以国让"。孔子认为统治天下或国家的最高权力必须是和平授受的。他认为这是至高无上的美德。他激赏周泰伯有这样的美德:

> 子曰:"泰伯,其可谓至德也已矣。三以天下让,民无得而称焉。"(《泰伯篇》)

因为统治天下、国家的权力是至高无上的,所以"以天下让"、

“以国让”的道德也是至高无上的。

他赞赏周文王“三分天下有其二,以服事殷”,也称之为“至德”。后来儒家将原始民主理想化,塑造出了一套尧舜禹禅让的故事。

孔子善以“先王”为例,以阐明他的政治主张。而这种政治主张实基于他对现实政治混乱根源的认识。他认为现实政治混乱在于“不让”,即权力、利益的攘夺。他开的药方之一,便是“复礼”。礼的本质即是“让”:

> 子曰:“能以礼让为国乎,何有?不能以礼让为国,如礼何?”(《里仁篇》)

“礼让”是治理国家的原则,也是治理天下的原则。“礼让”并非谦让。就最高权力的授受来说,“礼让”就是依据礼制而和平让渡。用现在的话来说,就是一种制度化的权力交替方式。孔子的这一思想,是他对权力本质思考的结果。

“恭己”含义之二,是“有天下也而不与”,即统治天下但不具体治理天下:

> 子曰:“巍巍乎!舜禹之有天下也而不与焉!”(《泰伯篇》)

这样的君主,其统治职能,主要是代表上天(以祭祀、颁授时历等活动来表示),还有一些涉及民生的当务之急。孔子关于禹的一段话最典型:

> 子曰:“禹,吾无间然矣!菲饮食而致孝乎鬼神,恶衣服而致美乎黻冕,卑宫室而尽力乎沟洫。禹,吾无间然矣!”(同上)

那么,谁来治理天下、管理国家呢?“恭己”的含义之三,便是

"举直",即举用正直的能人。

> 樊迟问仁。子曰:"爱人。"问知。子曰:"知人。"樊迟未达。子曰:"举直错诸枉,能使枉者直。"樊迟退,见子夏曰:"乡也吾见于夫子而问知,子曰:'举直错诸枉,能使枉者直。'何谓也?"子夏曰:"富哉言乎!舜有天下,选于众,举皋陶,不仁者远矣。汤有天下,选于众,举伊尹,不仁者远矣。"(《颜渊篇》)

在这里,"爱人"之"人"和"知人"之"人",不是一回事。前者指爱的对象,是面向社会的;后者指知的对象,是指向为政者、从政者的。知人是为了"举直"。"选于众",即是知人。

举直,因为所举之人"直",也因为"选于众",老百姓"服":

> 哀公问曰:"何为则民服?"孔子对曰:"举直错诸枉,则民服;举枉错诸直,则民不服。"(《为政篇》)

以上三者都做到了,便会出现一个理想的政治局面:

> 子曰:"为政以德,譬如北辰,居其所而众星共之。"(同上)

"正"也有三义。首先是"正名":

> 子路曰:"卫君待子而为政,子将奚先?"子曰:"必也正名乎!"(《子路篇》)

如何正名?

> 齐景公问政于孔子。孔子对曰:"君君,臣臣,父父,子子。"公曰:"善哉!信如君不君,臣不臣,父不父,子不子,虽有粟,吾得而食诸?"(《颜渊篇》)

这就是说,君有君之道,臣有臣之道,父有父之道,子有子之道。

用今天的话来说，就是君要像君样，臣要像臣样，父要像父样，子要像子样，彼此之间各有义务和权利。比如君臣关系：

定公问："君使臣，臣事君，如之何？"孔子对曰："君使臣以礼，臣事君以忠。"（《八佾篇》）

孔子所界定的君臣关系，是一种义务和权利相对平衡的关系。"君使臣以礼，臣事君以忠"，包含有君使臣不以礼，臣便可事君不以忠的意思。他明确地说："所谓大臣者，以道事君，不可则止。"（《先进篇》）"以道事君"的一个具体体现，就是有什么意见和建议，该提出的好好提出，不行就算了，否则就会自取其辱：

子游曰："事君数，斯辱矣；朋友数，斯疏矣。"（《里仁篇》）

拿子游的这段话与孔子的另一段话对比一下：

子贡问友。子曰："忠告而善道之，不可则止，毋自辱焉。"（《颜渊篇》）

可以看出，孔子视君臣关系如同朋友关系。这样的思想，是后世难以理解的。

在父子关系方面，孔子界定为一种相对不平衡的义务和权利关系，也就是子女方面应该承担较大的义务、较小的权利：

子曰："事父母，几谏。见志不从，又敬不违，劳而无怨。"（《里仁篇》）

孔子主张事父母要任劳任怨。这与他和国君或执政的卿大夫打交道时，话不投机掉头就走形成鲜明对比。《论语》中的"忠"，尚无后世那种片面强调臣子无条件忠于君王的含义。

"正"的含义之二,是"道之以德,齐之以礼":

> 子曰:"道之以政,齐之以刑,民免而无耻;道之以德,齐之以礼,有耻且格。"(《为政篇》)

孔子区别两种治理方式:用政令和刑罚来统治老百姓,老百姓只是为免受惩罚而不作奸犯科,却没有是非廉耻之心;用道德和礼制来治理老百姓,老百姓既规避惩罚,也会有是非廉耻之心,规矩会立起来。

"正"的含义之三,是为政者以身作则:

> 季康子问政于孔子。孔子对曰:"政者正也。子帅以正,孰敢不正?"(《颜渊篇》)

正者,端正也。"正"的内涵,包括有德和守礼两个方面,恰是上述治理方式的内容。即是说,为政者的治理手段,不光要恰当,而且需要为政者率先做到才行。孔子曾劝季康子不要用"杀无道"的方式去"就有道",他说:"子欲善而民善矣。君子之德风,小人之德草,草上之风,必偃。"(《颜渊篇》)

孔子无为的政治观,包含一种带有原始民主色彩的立宪主义设计。其主要特征有二:一是最高统治者起道德表率作用,并举用德才兼备的人为政,自己不具体管理政务。二是为政者由专业官僚组成,用正名的观念、德礼的方法治理老百姓。孔子的学说,在一定意义上,是关于"士"的学说。培养为政者、从政者,是孔子开创大规模私人教学的主要目的。学生来源广泛,"有教无类";培养的目标却集中,就是"干禄",《大学》美其名曰"修身齐家治国平天下"。冯友兰认为孔子创立了一个"士阶级":"此种士之阶级只能作两种事情:即做官与讲学。"(《中国哲学史》第一篇第四章)

五、渐进的历史观

孔子的历史观之所以称为“渐进的”，首先在于他强调对古代文化的继承。他自言“好古”，是古代文化的信奉者：

子曰：“述而不作，信而好古，窃比于我老彭。”（《述而篇》）

他又是古代文化的求知者：

子曰：“我非生而知之者，好古，敏以求之者。”（《述而篇》）

求之，即寻求有关古代文化的知识。他到杞国去“征”夏礼，到宋国去“征”殷礼，“征”就是求证，也是挖掘和研究。

他又是古代文化的传授者。颜回所说的有代表性：

夫子循循然善诱人，博我以文，约我以礼，欲罢不能，既竭吾才。（《子罕篇》）

“博我以文”，是孔门培养君子的一项主要内容，即广泛地学习古代文化典籍，包括《易》《书》《诗》《礼》《乐》《春秋》等。“约之以礼”是另一项主要内容，即用礼乐制度规范实践行为，其中包括“游于艺”的内容，即礼、乐、射、御、书、数等。

他还是古代文化的整理者：

子曰：“吾自卫反鲁，然后乐正，《雅》《颂》各得其所。”（《子罕篇》）

这里讲正乐，也涉及到正诗。近百余年的研究，已推翻孔子制作六经的成说，但一般承认孔子整理过六经，以用于学习、研究和教学。

在继承方法上，他主张根据现实需要综合地择取前人的成

果。如:

> 颜渊问为邦。子曰:“行夏之时,乘殷之辂,服周之冕,乐则《韶》《武》。”(《卫灵公篇》)

但孔子并非古代文化的盲目崇奉者。他信奉当信奉的,比如“古者言之不出,耻躬之不逮也”(《里仁篇》),几乎成为他的信条,贯穿于他的言行之中。对于变化了的,则采取现实的态度:

> 子曰:“觚不觚,觚哉! 觚哉!”(《雍也篇》)

孔子的话是说,觚这种盛酒礼器的形制已较过去发生变化,实际上不再是原来那个觚了,也就是名不副实了,但何妨仍叫做觚哩。汉宋注释诸家,因为心中总是横亘着“正名”观念,非要把“觚哉”由可辞理解为否辞(如朱熹:“觚哉觚哉,言不得为觚也。”),表明孔子对社会变化的不满。其实,不要说一个小小的觚了,就是夏、商、周三代的礼制,在延续中发生改变,孔子不也是认为很正常吗?

> 殷因于夏礼,所损益,可知也;周因于殷礼,所损益,可知也。其或继周者,虽百世,可知也。(《为政篇》)

孔子的这段话表明,历史演进是有因有革的,既不会推倒重来,也不会一成不变。他的历史观之为渐进的,就在于他认为历史演进是继承和损益的统一。“损”是有所摒弃。所摒弃者,自然是那些不适应形势变化的因素。“益”是有所增加。所增加者,自然是那些为形势变化所需要的因素。他认为这是一种历史规律,历史永远都会这样演进下去。

孔子的思想是博大精深的。黑格尔讲“孔子只是一个实际的世间智者,在他那里思辨的哲学是一点也没有的——只有一些善良的、老辣的、道德的教训”，认为徒有其名(《哲学史讲演录》第一卷《中国哲学》)。黑格尔说他是根据孔子的原著来下这个断言的。显然，这个话是不符合实际的。他所依据的所谓原著，当不是准确反映孔子本来思想的译本。

五、《论语》这本书

关于《论语》这本书的内容和编辑成书，《汉书·艺文志》是这样说的：

> 《论语》者，孔子应答弟子、时人及弟子相与言而接闻于夫子之语也。当时弟子各有所记，夫子既卒，门人相与辑而论纂，故谓之《论语》。

今本《论语》的主要内容，确如班固所说是“孔子应答弟子、时人及弟子相与言而接闻于夫子之语”。但不尽然。如《乡党篇》，除四章记言，其他都是记事。又如《子张篇》，全记孔子弟子之言，据翟灏《四书考异》，篇末四章当为孔子去世后之言，而非接闻于夫子之语。又如《尧曰篇》第一章，记述的是尧、舜、禹、汤、武王的事，其中有尧、汤和武王说的话，与其他篇章体例不类。

《论语》编纂成书，有一个很长的过程。最初当如班固所说，“弟子各有所记”，是一条一条地记录下来的。如子张问行，孔子回答后，“子张书诸绅”(《卫灵公篇》)。绅是系在腰间的大带子。子张听了老师的话，赶紧在大带子上记下来。“夫子既卒，门人相与辑而论纂”，指的是孔子去世后，弟子们汇集各自所记，并一起讨论编纂事宜。《论语》之“论”，即“论纂”之义。据《史记·孔子世家》记载，孔子去世后，弟子们集体守孝三年。《论语》最初的编纂，当在这三年期间。“三年心丧毕,相诀而去”,此后便没有“相与辑而论纂”的机会了。

《论语》最后的编定者是谁?郑玄认为是“仲弓、子夏等所撰定”(《经典释文·序录》引)。这个引文与他在《论语音义》引作“仲弓、子游、子夏等撰”不一致,当以后者为是。从多种迹象看来,初版的编定者极有可能是子贡。所谓初版,是指一个初步成型的本子。这个本子在弟子们三年集体守孝期间可能就有个粗坯了。守孝期满,弟子星散,“唯子贡庐于冢上,凡六年然后去”。初版可能就是在这个时候由子贡和他的弟子编定。上面提到,《子张篇》末三章记载的全是有关子贡在孔子去世后捍卫老师的事。这应该不是偶然的。钱穆指出:

> 《论语》编集孔子言行,至《微子》篇已讫。《子张》篇记门弟子之言,而以子贡之称道孔子四章殿其后,《论语》之书,可谓至此已竟。(《论语新解》)

钱说是。《论语》记载孔子言行,至《微子篇》就结束了。《子张篇》全为弟子之言,而以有关子贡的六章殿后,作结之意明显。在孔子的众多弟子中,子贡是位传奇人物。孔子曾说他悟性好:“赐也可与言《诗》矣,告诸往而知来者。”(《学而篇》)又说他适合做官:“赐也达,于从政乎何有?”(《雍也篇》)还说他会做买卖:“赐不受命,而货殖焉,亿则屡中。”(《先进篇》)《史记·仲尼弟子列传》有“子贡一出,存鲁,乱齐,破吴,强晋而霸越”的记载,后人多以为不符合史实。但司马迁为什么独于子贡记之甚详?他在《货殖列传》中,称子贡是孔门弟子中最富有之人,曾为诸侯上宾,并说:“使孔子名布扬于天下者,子贡先后之也。”“先后之”,意指前前后后为宣扬老师的思想和事迹张罗。子贡有这个条件("此所谓得埶而益张者乎?")。

由上述分析看来,子贡作为《论语》最早的编定者乃至传播者,可能性很大。当然,其后还有二版、三版的《论语》本子,是完全可能的。一些篇章明显属于孔子再传弟子的手笔(参见《学而篇》第二章注释),当是在这期间加入的。柳宗元认为曾子的学生是最后的编定者:"盖乐正子春、子思之徒与为之尔。或曰:孔子弟子杂记其言,然而卒成其书者,曾氏之徒也。"(《论语辩》上篇)。杨伯峻从柳说,并申明两条理由:第一,《论语》不但对曾参无一处不称"子",而且记载他的言行和孔子其他弟子比较起来为最多。第二,在孔子弟子中,不但曾参最年轻,而且有一章还记载着曾参将死之前对孟敬子的一段话。《论语》所载的人物和事迹,再没有比这更晚的,"《论语》的编定者或者就是这班曾参的学生"(《论语译注》导言)。

柳宗元、杨伯峻的看法有一定的道理。曾子弟子作为最后的编定者,可能性不小。那么,《论语》最后成书,大约在战国初年。

在没有更好的说法之前,认为子贡是《论语》最初的编定者、曾子弟子是最后的编定者,可能是最接近于史实的看法,是一个可用的说法。那么,历来说《论语》非成于一人之手,而是由孔子的弟子和再传弟子编定,是大致不差的。

根据《汉书·艺文志》和何晏《论语集解·论语序》,《论语》传到汉代,出现三种本子:(1)《鲁论语》二十篇。(2)《齐论语》二十二篇,比《鲁论语》多出《问王》《知道》两篇。这两种本子是用当时通行的隶书书写的,各有师传。(3)《古论语》二十一篇,没有《问王》《知道》,但有两《子张篇》,是把《尧曰篇》的"子张问"以下另作一篇。这个本子是汉景帝时从孔子旧宅壁中发现的,用战国文字书写,当时没有传授。到西汉末年,安昌侯张禹以《鲁论语》为基础,兼采《齐论语》之善,整理出一个新的本子,为当时一般儒生所尊奉,“号曰《张侯论》”。

有赖于考古发现,我们今天十分幸运地看到《论语》的一个汉初抄本,即定州汉墓竹简《论语》。这是现今所能见到的最早抄本。这些竹简 1973 年于西汉中山怀王刘脩墓中出土,录成释文共 7576 字,不足今本《论语》的二分之一(《定州汉墓竹简〈论语〉介绍》)。以这个残本与今本对照,分章略有不同,字句差异较大,主要是简本的语气助词多,通假字多,但无妨意义一致。可见《论语》的篇章结构和字句内容,在汉初就基本稳定下来,《张侯论》也是在这样的基础上完善形成的一个本子。这个本子的重要性,在于它是今传《论语》的祖本。

今天我们研究孔子及其思想,《论语》是最可信赖的材料,也是最基本的材料。但读懂弄通《论语》,却需要借助于前人的研究成果。自汉代以来,古人、今人注解《论语》,浩如烟海。以专书论,以下数种最为重要。

东汉人郑玄(127—200)撰《论语注》。原书已佚。郑玄为经学大家,曾遍注群经,成一家之言。他在《张侯论》的基础上,以《古论语》校之并作注。读《论语》,当首重郑注。今所见郑注重要者,一为何晏集解本所引,一为辑佚本所集,一为唐写本所存。

三国时期魏人何晏(190—249)等人撰《论语集解》。该书“集诸家之善说”,既包括前代的包咸、周氏(“不悉其名”)、马融、郑玄之说,又包括同时代的陈群、王肃、周生烈之说,还有何晏自己的说解(《论语序》)。该书首创集解之体,集中地保留了汉、魏古注。

南北朝时期梁人皇侃(488—545)撰《论语义疏》。该书“先通何集”,即在何晏《论语集解》的基础上作疏,既疏解正文,又疏解注文。次采前代江熙所集十三家注,包括卫瓘、缪播、栾肇、郭象、蔡谟、袁宏、江淳、蔡系、李充、孙绰、周坏、范甯、王珉,“附而申之”。加上江熙本人之说,实十四家注。又次采“通儒解释”,包括郑玄、刘歆、王肃、王弼、王朗、王雍、张凭、熊埋、顾欢、梁冀、颜延之、颜特进、殷仲堪、褚仲都、颖子严、李巡、沈峭、季彪、缪协、虞喜、庾翼、沈居士、珊琳公、太史叔明、孔後、袁氏等,以及“一云”“通云”“一通云”等未举姓名者,“于何集无妨者,亦引取为说,以示广闻”(《论语义疏自序》)。该书约在南宋前已亡佚,但在日本流传不废,至清乾隆年间传回。该书保存了大量的汉、魏、六朝古注,又为现存最早的义疏注本,也是六朝义疏之作的唯一传世者。该书的重要性,有被低估之嫌。

以上古注,在两千年《论语》注释史上,前六百年注为其囊括,后千余年注以之为基础。可称之为“前三注”。又:

北宋人邢昺(932—1010)撰《论语注疏》。该书也是在何晏《论语集解》的基础上作疏,既疏解正文,又疏解注文。凡疏解一章正文,必先指出一章之主旨,然后逐句疏解,颇便于领会全章文义。《四库全书总目提要》评价道:“今观其书,大抵剪皇氏之枝蔓,而稍傅以义理。汉学、宋学,此其转关。”

南宋人张栻(1133—1180)《论语解》。张栻与朱熹为同时代人,分别为湖湘学和闽学代表。两人多有交往交流,惺惺相惜。张栻撰写该书,旨在阐发“致知力行之原”,故其疏解不在全而在精,要言不烦,其中有不少精到的地方,可与朱熹《集注》参看。

南宋人朱熹(1130—1200)《论语集注》。该书对前贤之说择善而从,又多集宋人之说,包括程颢、程颐、张载、张栻、范祖禹、苏轼等数十家。但该书特色,不在罗列众说,而在朱熹自己的注解和案断。虽有借题发挥其天理人欲思想,而不免与《论语》本义扞格之处,但总体上简明切实,义理方面,阐发尤精。

以上三书,为两宋代表之作。但邢《疏》流传不废,朱《注》大盛行于元明清,独张《解》多未引人瞩目。笼而统之,可称之为“中三注”。又:

清人刘宝楠(1791—1855)《论语正义》。该书也是对何晏《论语集解》的注释,荟萃众说,辨证析取,尤于清人的注解考证,详加采录,包括刘台拱、刘宝树、方观旭、钱坫、包慎言、焦循、刘逢禄、宋翔凤、戴望、毛奇龄、凌曙、周炳中、陈鳣、刘培翚、翟灏、江永、黄式三等人之说。故其注解有不少比前人更精当之处。

近人程树德(1877—1944)《论语集释》。该书征引汉代以后至清代注释《论语》的书籍凡六百八十种,按考异、音读、考证、集解、唐以前古注、集注、别解、余论、发明分类采辑,时加按语提出编者见解。采辑注意破除汉儒和宋儒门户,择善而从。“盖义理不本于训诂,则谬说流传,贻误后学;训诂而不求之义理,则书自书,我自我,与不读同。二者各有所长,不宜偏废。”尽管有人指其“搜罗广而别择未精”,但研究者因此而得指引,可获事半功倍之效。

近人钱穆(1895—1990)著《论语新解》。该书备采众说,折衷求是。其突出特点是对于一章宗旨,多所申述,融会贯通,新解往往在兹,也便于读者深入领会。惜乎用文言写作,不利普及。但作者有自己的用心,以为白话固然通俗,但“情味不恰”,文言反而“较可确切”,可使读者“浚其深慧”。

以上三人,实跨越三个时代,但用传统方法作注则一。刘氏《正义》为传统注疏之集大成,而程氏《集释》、钱氏《新解》为传统注疏

之绪余。姑名之曰“近三注”。清代注释成果丰富,本书征引较多者,尚有黄式三《论语后案》和戴望《戴氏注论语》。又:

今人杨伯峻(1909—1992)著《论语译注》。该书注释简明扼要,疏通文意有独到之处,译文通俗易懂,是开创《论语》今注今译的典范之作。当然,对今天的读者来说,若要准确领会《论语》思想,而不是主要借助译文去做一般的了解,该书的注释就过于简略了。

今人李零著《丧家狗——我读〈论语〉》。该书是一部讲稿,生动活泼,古今中外、文史哲经、甲骨金文、地上地下,凡有助于理解的资料,信手拈来,可读性非常强。大不同于传统的注释方式,但传统的注释实包含其中。不做繁琐考证,取一善而已。形式不拘一格,重人性人情之常。但书名“不敬”,多调侃语,或为人所不喜。

今人杨逢彬《论语新注新译》。该书采取“审句例”的传统方式,运用现代语言学理论和检索方法,着力于疑难词句的考证,有证前人已证而有分歧者,有发前人未发者。可以如著者所言,将该书当作一部《论语疑难词句考释》之类的专书来看可也。

以上三书,老杨说平而实,李说通而新,小杨说专而精。姑称之为“今三注”。

子曰:“不知言,无以知人也。”

这句话,被《论语》的编者放在全书的最后一章,作为收尾的一句,是无意,还是预示?班固说:“昔仲尼没而微言绝,七十子丧而大义乖。”(《汉书·艺文志》)这种状况,愈演愈烈。梁启超在上世纪初说:“寖假而孔子变为董江都、何邵公矣,寖假而孔子变为马季长、郑康成矣,寖假而孔子变为韩退之、欧阳永叔矣,寖假而孔子变为程伊川、朱晦庵矣,寖假而孔子变为陆象山、王阳明矣,寖假而孔子变为顾亭林、戴东原矣。”(《清代学术概论》)我们还可以接着说:寖假而孔子变为胡适、冯友兰矣,寖假而孔子变为南怀瑾、李泽厚矣,……。

今天,对待中华民族传统文化有了新的合理的态度,即客观、科学、礼敬。这就有了还孔子本来面貌的现实条件。又有了新的合理的发展理念,即不忘本来、吸收外来、面向未来。这就有了还孔子本来面貌的历史维度。

无论如何,还孔子本来面貌,还是要回到《论语》,下功夫读懂本来的《论语》。此《〈论语〉新解》或可助力一二,是所望焉,是所幸焉。

凡 例

一、《论语》原文以中华书局新编诸子集成本《四书章句集注·论语集注》为底本。这个本子是元明以来最通行的本子。

二、《论语》本文及章节分合，历代版本和各家注解本各有不同，有的出入较大。本书秉持审慎原则，无特别依据或道理的，不改；可改可不改的，不改。个别字句改动，分章分节不同，多随文说明。

三、注释部分，采取成句译注方式，即先将句子用现代汉语译出，再对字音词义进行解释。古人言辞简略，直译有时不足，不得不加些词句以补足意思，这些词句外用六角方括号“〔 〕”标明。注音用直音兼汉语拼音。字词注解兼顾训诂、考证和义理。

四、古人今人有关《论语》注解、今译和研究的著作、文章很多，对《论语》文本的绝大多数，从字音词义到句意章旨，在在有所发明，只是说法很多，歧解纷呈。本书择取自认为吻合或最接近于原文本义的解释加以引用，多只取一善，偶取两说并存，也有取前后数说为递进者。

五、本书不刻意求“新”，但亦着意于发掘前人之发人所未发而向为人所忽视者。遇曲说支离，辄下己意。

六、引文以直引为主，引用时以姓名加冒号（如“郑玄：”）出之，后注明出处。其中，引用较多的几家是：郑玄《论语注》、何晏《论语集解》、皇侃《论语义疏》、邢昺《论语注疏》、张栻《论语解》、朱熹《论语集注》、刘宝楠《论语正义》、程树德《论语集释》、钱穆《论语新解》、杨伯峻《论语译注》、李零《丧家狗——我读〈论语〉》、杨逢彬《论语新注新译》。其中,郑书已佚,郑注散见多处,故所引用,随文注明出处。其他引用,不再注明。

七、征引书目附于书末。未直接征引而富有参考价值的著作,还有很多,惜不能一一列举。

八、本书译文,以直译为主,意译为辅,以书面语为主,口语为辅。

学而篇第一

(一)

子曰:“学而时习之,不亦说乎?有朋自远方来,不亦乐乎?人不知而不愠,不亦君子乎?”

〔**注释**〕子曰:先生说。子,对男子的尊称,《论语》中特指孔子。现代汉语将“子曰”译作“孔子说”,不符合《论语》编辑者本意,应作“先生说”。

学而时习之:学了知识,然后按时复习它。学,学习。狭义的“学”,指读书,主要指古代文献。从子路言“何必读书,然后为学”(《先进篇》)这句话,可看出当时一般言学即指读书。广义的“学”,还包括做官(干禄)、行礼、执御等实际知识和技能。时,定时。何晏引王肃:“时者,学者以时诵习也。”杨伯峻:“‘时’在周秦时若作副词用,等于《孟子·梁惠王上》‘斧斤以时入山林’的‘以时’,‘在一定的时候’或‘在适当的时候’的意思。朱熹的《论语集注》把它解释为‘时常’,是用后代的词义解释古书。”习,复习。之,指所学。

不亦说乎:不也高兴吗?说,读音和字义同“悦”,高兴、喜悦。何晏引王肃:“诵习以时,学无废业,所以为悦怿也。”杨树达:“《为政篇》曰:‘温故而知新,可以为师矣。’学而时习,即‘温故’也;温故

能知新,故‘说’也。”(《论语疏证》)

有朋自远方来:有求学之人从远处来到。朋,同学。何晏引包咸:“同门曰朋也。”对孔子而言,即学生。

不亦乐乎:不也快乐吗?乐,音勒(lè),快乐。皇侃:“‘悦’之与‘乐’俱是欢欣,在心常等,而貌迹有殊。悦则心多貌少,乐则心貌俱多。所以然者,向得讲习在我,自得于怀抱,故心多曰‘悦’。今朋友讲说,义味相交,德音往复,形彰在外,故心貌俱多曰‘乐’也。”张栻:“‘乐’比‘说’为发舒也。”(《论语解》)

人不知而不愠:人家不了解我,我却不恼怒。人,这里指有地位的人。刘宝楠:“‘人不知’者,谓当时君卿大夫不知己学有成举用之也。”愠,音运(yùn),恼怒。朱熹:“愠,含怒意。”不愠,即《述而篇》“君子坦荡荡”。

不亦君子乎:不也是君子〔之所为〕吗?君子,《论语》中的“君子”,有时指有道德的人,有时指有学问的人,有时指有地位的人;有时德、才二者兼举;有时德、才、位三者兼举;有时实有所指,有时为一理想人格。这里指理想人格。

〔**译文**〕先生说:“学了知识并按时复习,每每有新的收获,不也由衷地感到高兴吗?许多求学者从远方来到,不也更感快乐吗?人家不了解我,我却不恼怒,不也是坦荡荡的君子吗?”

(二)

有子曰:“其为人也孝弟,而好犯上者,鲜矣;不好犯上,而好作乱者,未之有也。君子务本,本立而道生。孝弟也者,其为仁之本与?”

〔**注释**〕有子曰：有子说。有子，孔子的学生，姓有，名若，鲁国人，据《史记·仲尼弟子列传》，比孔子小四十三岁。《论语》中对孔子的学生多称字，只对曾参、有若、冉有、闵子骞四人尊称“子”。“子”即先生，疑该书编纂，杂有他们的学生的手笔。直接记载有子的话共三章。

其为人也孝弟，而好犯上者，鲜矣：作为一个人，孝顺父母，敬爱兄长，却喜欢触犯上级，那是少见呐。其，泛指某一人。弟，同“悌”，音涕（tì）。皇侃：“善事父母曰孝，善事兄曰悌也。”好，音号（hào），喜好。下同。犯，冒犯。上，在上位者。何晏：“上，谓凡在己上者也。”鲜，音显（xiǎn），少。

不好犯上，而好作乱者，未之有也：不喜欢触犯上级，却喜欢违法乱纪，那是从未有过的。乱，悖礼。作乱，指行悖礼之事，即破坏礼制、礼节。《论语》中的“乱”字属此义者，再如《泰伯篇》：“勇而无礼则乱。”《阳货篇》：“好勇不好学，其蔽也乱。”又：“君子有勇而无义为乱，小人有勇而无义为盗。”犯上、作乱，前者指不恭顺的态度，后者指不规矩的行为。朱熹：“犯上，谓干犯在上之人。作乱，则为悖逆争斗之事矣。”张栻释“作乱”为“悖理乱常”。有子的这段话，由家庭及于社会，是从一般人的角度来说的。未之有也，可理解为“未有之也”。否定句宾语为代词（“之”），置于动词之前。

君子务本，本立而道生：君子从根本处下功夫，根本确立了，“道”就会产生出来。务，致力，专力。本，本义是树根，这里指事物的根本。下句以“孝弟”解“本”。道，本义是道路，这里指待人处世之道，治国安邦之道，此处泛言，下句以“仁”释“道”，即为仁道。

孝弟也者，其为仁之本与：孝悌这两种品德，应该是践行仁道的根本吧？其，表示揣测语气。为仁，行仁。与，同“欤”，音余（yú），句末语气词。“仁”是《论语》的核心概念,其基本含义即“爱人”,实践途径为“推己及人”,即由自身及于他人,由家庭及于社会。而孝亲敬长这种人类在家庭中自然生发的感情,便成为仁道的根柢。皇侃引王弼:“自然亲爱为孝,推爱及物为仁也。”

〔**译文**〕有子说:“作为一个人,孝顺父母,敬爱兄长,却喜欢触犯上级,那是少见呐;不喜欢触犯上级,却喜欢违法乱纪,那是从未有过的。君子从根本处下功夫,根本确立了,‘道’就会产生出来。孝悌就是践行仁道的根本吧?”

(三)

子曰:“巧言令色,鲜矣仁!”

〔**注释**〕巧言令色:〔总是〕好言好语,和颜悦色。巧言,令人动听的话语。令色,讨人喜欢的脸色。何晏引包咸:“巧言,好其言语。令色,善其颜色。”

鲜矣仁:〔这种人〕仁爱之心少啊! 孔子认为“刚、毅、木、讷近仁”(《子路篇》),批评“色取仁而行违”(《颜渊篇》),与本章意旨一贯。孔子的批评是较平和的,后世的解释如“外饰言色,内藏荫机”等,负面的成分过重了。

〔**译文**〕先生说:“总是好言好语,和颜悦色,这种人仁爱之心少啊!”

(四)

曾子曰:“吾日三省吾身:为人谋而不忠乎? 与朋友交而不信乎? 传不习乎?”

〔**注释**〕**曾子曰**:曾子说。曾子,孔子的学生,名参,字子舆,据《史记·仲尼弟子列传》,比孔子小四十六岁。鲁国南武城人(故城在今山东费县西南)。参,音深(shēn),或音餐(cān)。《论语》直接记载曾子的话共十章。

吾日三省吾身:我每天多次反省自己。三,表多次,非实数。杨伯峻:"'三'表示多次的意思。古代在有动作性的动词上加数字,这数字一般表示动作频率。而'三''九'等字,又一般表示次数的多,不要着实地去看待。这里所反省的是三件事,和'三省'的'三'只是巧合。"省,音醒(xǐng),反省,自察。

为人谋而不忠乎:帮助别人谋事是否尽心了呢?忠,竭尽心力,不限于下级对上级、晚辈对长辈而言。《说文》:"忠,敬也,尽心曰忠。"

与朋友交而不信乎:与朋友往来是否说话诚实呢?信,诚实,指言必由衷。此句皇侃《义疏》本作"与朋友交言而不信乎"。本篇子夏曰:"与朋友交,言而有信。"

传不习乎:传授的学业是否复习了呢?传,音船(chuán),既指师傅,也指授业。皇侃:"凡有所传述,皆必先习,后乃可传。岂可不经先习,而妄传之乎?"

〔**译文**〕曾子说:"我每天多次反省自己以下三件事:帮助别人谋事是否尽心了呢?与朋友往来是否说话诚实呢?传授的学业是否复习了呢?"

(五)

子曰:"道千乘之国,敬事而信,节用而爱人,使民以时。”

〔**注释**〕**道千乘之国**:治理拥有一千辆兵车的国家。道,同“导”,引导,治理。乘,音剩(shèng),用四匹马拉的兵车。朱熹:“千乘,诸侯之国,其地可出兵车千乘者也。”孔子这段话,当是就执政的卿大夫这个角色来说的。

敬事而信:严肃认真地对待政事而使国君信任。敬,严肃,慎重。《说文》:“敬,肃也。”事,指政事。信,使相信,使信任。这里对国君而言。

节用而爱人:节制财用而爱护士大夫。节,节制。刘宝楠引《贾子·道术》:“费弗过适谓之节。”用,财用,犹今之财政开支。人,指贵族阶层。杨伯峻:“古代‘人’字有广狭两义。广义的‘人’指一切人群;狭义的人只指士大夫以上各阶层的人。这里和‘民’对言,用的是狭义。”

使民以时:役使老百姓要在农闲的时候。使民,指驱使老百姓从事各种徭役。皇侃:“使民,谓治城及道路也。”民,本义是奴隶(参郭沫若《甲骨文字研究·释臣宰》)。这里指老百姓,即《季氏篇》“庶人不议”之“庶人”,或《左传》哀公二年“庶人工商遂,人臣隶圉免”之有自由身份的“庶人工商”和免除奴隶身份的“人臣隶圉”,是介于贵族与奴隶之间的自由民。其时,物质财富主要是由自由民及奴隶的体力劳动来创造的,言民可包括尚作为贵族财产及附属物的奴隶。以时,指不违农时。

〔**译文**〕先生说:“襄助国君治理拥有一千辆兵车的大国,首先要严肃认真地对待政事,使国君信任自己;其次要节制财政支出,维护贵族们的利益;最后还要注意在役使老百姓的时候,利用他们农闲的时间。”

（六）

子曰：“弟子，入则孝，出则弟；谨而信，泛爱众而亲仁。行有余力，则以学文。”

〔**注释**〕弟子：年轻人。弟子，指年少者。皇侃：“弟子，犹子弟也。”

入则孝，出则弟：回家就孝顺父母，出门就敬爱各位兄长。弟，即“悌”，其对象应不限于一母同胞之兄长，而扩及于本家族、宗族之兄长甚至更大范围之长者。刘宝楠：“‘弟’者，言事诸兄、师长皆弟顺也。”《子罕篇》：“出则事公卿，入则事父兄。”

谨而信：做事谨慎，说话诚实。朱熹：“谨者，行之有常也。信者，言之有实也。”

泛爱众而亲仁：广泛地与大伙儿建立友爱关系，亲近其中的仁者。泛，广泛。众，一般谓众人，但应不是泛指，而是指“出则悌”打交道的那些人，属于士或士以上阶层的人。仁，指有仁德的人。这一句与上一句，都是指弟子出门在外应遵循的为人处世准则。

行有余力，则以学文：这样躬行实践之后的剩余精力，就可以用在学习历史文献上。行，指实践“入则孝”至“泛爱众而亲仁”诸事。文，指《诗》《书》礼乐等前人通过文献传下来的知识。皇侃：“行者，所以行事已毕之迹也。若行前诸事毕竟，而犹有余力，则宜学先王遗文，五经六籍是也。”

〔**译文**〕先生说：“年轻人，回家就孝顺父母，出门就敬爱各位兄长；做事有章法，讲话不虚妄，广泛与大伙儿建立友爱关系，特别亲近他们之中有仁德的人。做到这些事情之后,剩余的精力就用到学习历史文献上去。”

(七)

子夏曰:“贤贤易色:事父母,能竭其力;事君,能致其身;与朋友交,言而有信。虽曰未学,吾必谓之学矣。”

〔注释〕子夏曰:子夏说。子夏,孔子的学生,姓卜,名商,字子夏,卫国人,据《史记·仲尼弟子列传》,子夏比孔子小四十四岁。

贤贤易色:以贤为贤,肃然起敬。贤贤,即以贤为贤,前一“贤”字为动词,以……为贤,后一“贤”字为名词,指贤人,或者就是指贤人之贤行,即下述三事。易色,改变脸色,即表现出敬重的态度。皇侃引又一通:“上‘贤’字,犹尊重也;下‘贤’字,谓贤人也。言若欲尊重此贤人,则当改易其平常之色,更起庄敬之容也。”程颐:“‘贤贤易色’,见贤改色,有敬贤之诚也。”

事父母,能竭其力:侍奉父母,能全力以赴。竭,竭尽。

事君,能致其身:服事君长,能豁出生命。君,谓君长,即国君与卿大夫。两者均为士“致其身”之对象,且致身于甲者不得贰(二心)于乙,反之亦然。其时之君臣关系,不同于秦以后之君臣关系。国(国君)与家(卿大夫)之间固然有统属关系,但国(国君)与家(卿大夫)亦各有所属。《仪礼·丧服》:“传曰,君,至尊也。”郑注:“天子、诸侯及卿大夫有地者皆曰君。”故此处“君”不释作“国君”。《子张篇》:“士见危致命。”

虽曰未学,吾必谓之学矣:〔这样的人,〕虽说自己没学过,我一定说他已经学过了。这样的人,指“贤贤易色”者。在就学十分困难的古代,这对一般人,该是一句赞誉的话,旨在劝人效法贤人,即“见贤思齐”之义。皇侃:“盖假言之以劝善行也。”

〔**译文**〕子夏说:“遇到好的行为便肃然起敬:侍奉父母,能竭尽全力;服事君长,能豁出性命;与朋友打交道,诚实不欺。这样的人,虽然自谦没有受过教育,我一定说他已经学得不错了。”

(八)

子曰:“君子不重则不威,学则不固;主忠信,无友不如己者,过则勿惮改。”

〔**注释**〕君子不重则不威,学则不固:作为君子,不厚重就没有威严,学习了就不致蔽塞。固,闭塞不通。何晏引孔安国:“固,蔽也。”学则不固,是呼应“不重则不威”的,因厚重者类多少文,不免蔽塞、固陋,须通过学习加以克服。

主忠信,无友不如己者,过则勿惮改:恪守忠信原则,不要跟〔这方面〕不如自己的人交友,搞错了就不要害怕改正。主,“以……为主”的意思,指坚持原则。皇侃:“忠信为心,百行之主也。”无,同“毋”,不要。过,过失,惮,音但(dàn),畏难。《说文》:“惮,忌难也。”这三句,应作为一句话来贯通理解。若将“无友不如己者”单读,则笼统地讲不要跟不如自己的人交友,并不符合孔子的惯常主张,如“友直、友谅、友多闻”(《季氏篇》);“三人行,必有我师焉”(《述而篇》)等。历代注家的分歧也在这里。将“无友不如己者”与“主忠信”联系起来作解,则“不如己者”限定指“不取忠信不如己者”,问题就解决了。皇侃:“或通云:‘择友必以忠信者为主,不取忠信不如己者耳,不论余才也。’”邢昺解同:“无友不如己者,言无得以忠信不如己者为友也。”“过”也非笼统之“过”,指交友之过。皇侃:“一云:‘若结友过误,不得善人,则改易之,莫难之也。’故李充云:‘若友失其人,改之为贵。’”于此可见孔子对忠信原则、交友之道的重视。

〔**译文**〕先生说:“作为君子,不厚重就没有威严,学习了就不致蔽塞;恪守忠信原则,不要跟这方面不如自己的人交友,搞错了就不要害怕改正。”

(九)

曾子曰:“慎终追远,民德归厚矣。”

〔**注释**〕**慎终追远**:慎重地为死亡者送终,虔诚地祭祀死去已久的人。终,指人死。当不限于指父母,如《乡党篇》:“朋友死,无所归,曰:‘于我殡。’”也为慎终之事。远,指时间已久。朱熹:“慎终者,丧尽其礼。追远者,祭尽其诚。”

民德归厚矣:老百姓的德性将会趋向于忠厚老实了。归,归附,趋向。厚,淳朴,厚道。孔门重视丧祭之礼,是从人性出发,引导民德归厚。钱穆:“对死者能尽我之真情,在死者似无实利可得,在生者亦无报酬可期,其事超于功利计较之外,乃更见其情意之真。”他称这种做法为“从人类心情深处立教”。

〔**译文**〕曾子说:“慎重地为死者送终,虔诚地祭祀死去已久的人,这样做,老百姓的德性将会趋向于忠厚老实了。”

(十)

子禽问于子贡曰:“夫子至于是邦也,必闻其政,求之与？抑与之与？”子贡曰：“夫子温、良、恭、俭、让以得之。夫子之求之也，其诸异乎人之求之与？”

〔注释〕子禽问于子贡曰：子禽向子贡问道。子禽，陈亢字，《史记·仲尼弟子列传》无子禽或陈亢，有原亢。历代注家多以为陈亢即原亢。子贡，姓端木，名赐，卫国人，比孔子小三十一岁。子禽在《论语》中出现过三次，其中两次都是向子贡请教，有人因此认为他是子贡的学生。

夫子至于是邦也：老师到了某一个国家。夫子，对孔子的尊称。皇侃：“礼，身经为大夫者，则得称为夫子。孔子为鲁大夫，故弟子呼之为夫子也。”毛子水：“在《论语》里，孔子的门人，通常对孔子当面称‘子’，和别人提到孔子则称‘夫子’。”（《论语今注今译》）邦，指诸侯国。

求之与？抑与之与：〔是他〕主动打听到的呢？还是别人主动告诉他的呢？抑，表示选择的连词，还是。与之，犹告之。刘宝楠：“‘与’，犹言告也。”

夫子温、良、恭、俭、让以得之：老师观察人们是否态度温和、心地善良、做事认真、行为节制、待人谦让，从而了解到这个国家的政治情况。此句可理解为“夫子以温、良、恭、俭、让得之”。但不是像绝大多数注家所说的那样，是夫子以本身的温、良、恭、俭、让，获得人们或国君“敬信”，从而“闻其政”甚至“与闻其政”。古注亦有得此义者。皇侃：“又一通云：‘孔子入人境，观其民之五德，则知其君所行之政也。’故梁冀云：‘夫子所至之国，入其境观察风俗，以知其政教。其民温良，则其君政教之温良也；其民恭俭让，则政教恭俭让也。孔子但见其民，则知其君政教之得失也。’”

夫子之求之也,其诸异乎人之求之与:夫子了解情况的方法,恐怕不同于别人了解情况的方法吧?其诸,语气词,或者、大概的意思。究竟夫子与别人了解一国政治情况的方法有何不同?试解如下:一般人只听不观,孔子既听且观。只听不观,易致"道听而涂说",在孔子看来,此应为"德之弃也"(《阳货篇》)。孔子起初也是如此,"听其言而信其行",后来却是既听且观,即"听其言而观其行"(《公冶长篇》)。以观助听,以行证言,于人、于社会皆然。此外,可能听和观的内容也不大一样。孔子从人们的言谈举止是否温、良、恭、俭、让,来考察世道人心,判断政教得失,一般人恐怕很难这么细致而周全。皇侃引梁冀:"凡人求闻见乃知耳,夫子观化以知之,与凡人异也。"

〔**译文**〕子禽问子贡:"老师到了一个国家,总是会听说到这个国家的政治情况。他是主动打听到的呢,还是别人主动告诉他的呢?"子贡说:"老师观察人们是否态度温和、心地善良、做事认真、行为节制、待人谦让,从而了解到这个国家的政治状况。夫子了解情况的方法,恐怕和别人了解情况的方法不同吧?"

(十一)

子曰:"父在,观其志;父没,观其行。三年无改于父之道,可谓孝矣!"

〔**注释**〕父在,观其志;父没,观其行:父亲在世的时候,观察儿子的想法;父亲去世之后,观察儿子的行为。其,对"父"言,指儿子。志,心意。孔颖达《毛诗正义·诗谱序》疏:"思虑为志。"《里仁篇》:"事父母几谏,见志不从,又敬不违,劳而不怨。"这可看作父亲主持家政时,为人子者有了自己的想法("志")后,处理与父亲关系的恰当方法。何晏引孔安国:"父在,子不得自专,故观其志而已。父没,乃观其行也。"

三年无改于父之道,可谓孝矣:〔若是父亲去世之后,〕儿子能够三年不改变父亲的持家之道,真是称得上"孝"啊!三年,指守丧时间。孔子主张父亲死后,儿子须守丧三年。(参《阳货篇》第二十一章)道,指持家之道,亦是为人处世之道;在卿大夫,还是为政之道。《子张篇》:曾子曰:"吾闻诸夫子:孟庄子之孝也,其他可能也,其不改父之臣与父之政,是难能也。"两章合并看去,三年无改于父之道,是一件非常不容易做到的事情,故孔子赞叹之。刘宝楠:"'可'者,深许之辞也。"

〔**译文**〕先生说:"父亲在世的时候,观察儿子对父亲所作所为的想法和态度;父亲过世之后,观察他的行为。若是在父亲去世之后三年,他坚持奉行父亲的持家之道,就真说得上是尽孝了!"

(十二)

有子曰:"礼之用,和为贵。先王之道,斯为美。小大由之,有所不行。知和而和,不以礼节之,亦不可行也。"

〔**注释**〕礼之用,和为贵:礼的施行,以和谐为贵。礼,区别贵贱、亲疏、尊卑的等级制度和相应的仪式规范。《管子·心术篇》:"登降揖让,贵贱有等,亲疏有体,谓之礼。"《礼记·乐记》:"礼者为异。"郑注:"异谓别贵贱也。"用,实行。《说文》:"用,可施行也。"和,和谐,协调,适当。礼既以别贵贱亲疏来建立和维护社会秩序,则分而有合,异而求同,达到和谐的状态,便是可贵的了。既云可贵,实亦难得,故后云“有所不行”。

先王之道,斯为美:过去圣明君王治理天下的方式,好就好在这里。先王,指尧、舜、禹、汤、文、武、周公。斯,此,指“礼之用,和为贵”。这句话赞美先王行礼,达到了和谐的境界。

小大由之,有所不行:〔现在的治国者,〕小事大事都模仿先王之道,总有一些地方行不通。由,遵循,依照,这里有模仿义。之,指先王之道。从此句起,转而论述当下治国者的治国之道相比先王之道的不足之处。

知和而和,不以礼节之,亦不可行也:〔这是因为,〕知道了和谐的可贵,但为和谐而和谐,不用礼来进行节制,也是行不通的。本句承上句,指出“有所不行”的原因。《泰伯篇》:“恭而无礼则劳,慎而无礼则葸,勇而无礼则乱,直而无礼则绞。”

〔译文〕有子说:“礼的施行,以达到和谐为贵。过去圣明君王治理天下的方式,好就好在这里。现在的治国者,小事大事都模仿古代君王的做法,却总有一些地方行不通。这是因为,知道了和谐的可贵,但为和谐而和谐,不用礼来进行节制,也是行不通的。”

(十三)

有子曰:“信近于义,言可复也。恭近于礼,远耻辱也。因不失其亲,亦可宗也。”

〔注释〕信近于义,言可复也:守信的行为合情合理,承诺的话就能兑现。近,接近,大致符合。义,合宜,指合情合理。复,实行。朱熹:“义者,事之宜也。复,践言也。”

恭近于礼，远耻辱也：恭敬的态度合于礼节，就不会遭致屈辱。远，音院(yuàn)，离也，使之远离的意思。《公冶长篇》："巧言、令色、足恭，左丘明耻之，丘亦耻之。"可见恭不以礼节之，即今言"不得体"，则不免遭人耻笑。

因不失其亲，亦可宗也：姻亲关系不失相互间的亲近，也就可以作为同宗一样看待了。因，通"姻"。宗，同宗。程石泉："窃疑姻亲为外亲，于春秋末年已恐不甚受人重视，妻党不在六亲之列。有子有见于此，故谓姻亲虽为外亲，但仍不失其亲属之关系。"(《论语读训》)李零："古代社会，最重血缘关系，血缘关系就是'宗'。其次是婚姻关系，婚姻关系就是'姻'。前者也叫内亲、内宗，后者也叫外亲、外宗。有子的意思是，姥姥、舅舅家，虽然比不上爷爷家，但如果不失亲近，也等于宗。"本章三句话，首句言朋友关系，次句言上下关系，此句则言姻亲关系，阐明相处之道。

〔**译文**〕有子说："守信的行为合情合理，承诺的话就可以兑现。恭敬的态度有礼有节，就不会遭致屈辱。姻亲关系不失相互间的亲近，也就可以作为同宗一样看待了。"

（十四）

子曰："君子食无求饱，居无求安，敏于事而慎于言，就有道而正焉，可谓好学也已。"

〔**注释**〕**君子食无求饱，居无求安**：君子吃饭不要求饱足，居住不要求舒适。无，同"勿"。这句话是说君子好学，志不在足食安居，亦无暇为之。何晏引郑玄："学者之志，有所不暇也。"

敏于事而慎于言：思想敏捷但不轻易表达。敏于事，指敏于学问之事,犹今言"悟性好"。敏,疾,即敏捷。

就有道而正焉:到学有所成的人那里去搞清楚是与非。有道,注家或谓有德者,或谓有才者,或谓德才兼备者;对求学者来说,即是学有所成者,故能就之而正焉。正,匡正。何晏引孔安国:"正,谓问事是非也。"

可谓好学也已:可称得上是好学的了。在孔子这里,"好学"是很高的要求,也是难得的评价。在众多弟子中,他只肯定"有颜回者好学"(《雍也篇》)。

〔**译文**〕先生说:"君子吃饭不追求饱足,居住不追求舒适,思想敏捷但不轻易表达,到学有所成的人那里去搞清楚是非,就真称得上是好学的了。"

(十五)

子贡曰:"贫而无谄,富而无骄,何如?"子曰:"可也;未若贫而乐,富而好礼者也。"子贡曰:"《诗》云:'如切如磋,如琢如磨',其斯之谓与?"子曰:"赐也,始可与言《诗》已矣,告诸往而知来者。"

〔**注释**〕**贫而无谄**:〔一个人〕贫穷却不〔对有钱人〕巴结奉承。贫,贫穷。谄,阿谀。皇侃:"乏财曰贫,非分横求曰谄也。乏财者,好以非分横求也。"

富而无骄:〔一个人〕富有却不〔对贫穷的人〕傲慢无礼。富,富有。骄,傲慢。皇侃:"积蓄财帛曰富,陵上慢下曰骄也。富积者既得人所求,好生陵慢,故云'富而无骄'也。"

如切如磋,如琢如磨:〔对待骨头、象牙、玉石、石头,要反复地〕

切呀、磋呀、琢呀、磨呀〔,才能成器〕。两句诗见于《诗经·卫风·淇奥》。《尔雅·释器》:“骨谓之切,象谓之磋,玉谓之琢,石谓之磨。”郭璞注:“皆治器之名。”《诗》言志,子贡引《诗》句表达自己对老师的教导的理解,是说从“贫而无谄,富而无骄”到“贫而乐,富而好礼”,是一个反复切磋琢磨,然后成器的过程,而自己的认识、自身的行为都尚在这个过程之中。

告诸往而知来者:指出了你可以做到的,你便明白了还应该要做的。诸,之也。往,过去的事,这里指子贡所说的“贫而无谄,富而无骄”。来者,未来的事,这里指孔子所说的“贫而乐,富而好礼”。

〔译文〕子贡问道:“一个人贫穷却不对有钱人巴结奉承,一个人富有却不对贫穷的人傲慢无礼,怎么样?”先生说:“不错了;但是还不如虽然贫穷却自得其乐,纵是富有却待人以礼啊。”子贡说:“《诗》上说:‘要像对待骨头、象牙、玉石、石头一样,反复地切呀、磋啊、琢呀、磨呀,才能成器’,这就是您说的意思吧?”先生道:“赐呀,现在可以同你谈论《诗经》了,指出了你可以做到的,你便明白了还应该要做的。”

(十六)

子曰:“不患人之不己知,患不知人也。”

〔注释〕不患人之不己知:不担心别人不了解自己。患,忧虑,担心。不己知,即“不知己”,否定句代词宾语提前。

〔译文〕先生说:“不担心别人不了解自己,担心的是自己不了解别人。”

为政篇第二

（一）

子曰："为政以德，譬如北辰居其所而众星共之。"

〔注释〕**为政以德**：用道德治理国家。为政，执政，治国。以，用。德，道德。《子路篇》："上好礼，则民莫敢不敬；上好义，则民莫敢不服；上好信，则民莫敢不用情。"又："其身正，不令而行；其身不正，虽令不从。"则"好礼"、"好义"、"好信"等，即是为政以德的表现。吕大临："为政以德，自治之道备，则不求于民而民归之，故大人之政，正己而已。"（《论语解》）

譬如北辰居其所而众星共之：〔自己〕便会像北极星一样，处在中心的位置上，其他所有的星辰都环绕着它〔——人们也都会拥戴你〕。北辰，北极星。古人以为该星处在天空中的枢纽位置上，其他星辰都环绕它而旋转。这里以北辰喻为政者，以众星喻臣民。共，同"拱"。杨伯峻以为"与《左传》僖公三十二年'尔墓之木拱矣'的'拱'意义相近，环抱、环绕之意"。这里指拱卫，众星朝向并环绕北极星。孔子的这句话，可能是对某位当政者说的，故按意思加上"——人们也都会拥戴你"；如果是对弟子或一般人说的，则加的这句话应为"——人们也都会拥戴他"。人们，包括《论语》中的"人"

和"民。"

〔**译文**〕先生说:"用道德治理国家,自己便会像北极星一样,处在中心的位置上,其他所有的星辰都环绕着它——人们也都会拥戴你。"

(二)

子曰:"《诗》三百,一言以蔽之,曰'思无邪'。"

〔**注释**〕**《诗》三百**:《诗》三百篇。《诗》,指《诗经》。毛子水:"'诗经'可以说是这部书的'俗名',这个俗名很早就有,但元以前学人的书里似没有称诗(或'毛诗')为《诗经》的。"(《论语今注今译》)三百,《诗》实有三百零五篇,这里举其整数。

一言以蔽之:用其中的一句诗来概括它。蔽,朱熹:"犹盖也。"引申为概括。

曰"思无邪":就是"直抒胸臆"。"思无邪",《诗经·鲁颂·駉》的一句。思,思绪,情感。无邪,直而无曲。朱熹引程子:"思无邪者,诚也。"钱穆:"无邪,直义。三百篇之作者,无论其为孝子忠臣、怨男愁女,其言皆出于至情流溢,直写衷曲,毫无伪托虚假,此即所谓诗言志,乃三百篇所同。故孔子举此一言以包盖其大意。"钱说本郑浩《论语集注述要》。

〔**译文**〕先生说:"《诗》三百篇,用其中的一句诗来概括它的特点,就是'直抒胸臆'。"

(三)

子曰:"道之以政,齐之以刑,民免而无耻;道之以德,齐之以礼,有耻且格。”

〔**注释**〕道之以政:教导老百姓服从政令。道,同“导”,引导,教导。政,政令。之,指“民”。

齐之以刑:齐,整齐,规范。刑,刑罚。朱熹:“道之而不从者,有刑以一之也。”

民免而无耻:〔这样做的结果,〕老百姓只是为避免受到惩罚而不犯过错,却没有廉耻之心。免,免除,指免罪,免刑。皇侃:“免,犹脱也。”

道之以德:引导老百姓遵循道德。这里的“德”,并非孔子通常所说的德,那是就士以上阶层而言,诸如“仁者爱人”、“见利思义”、“言而有信”等;这里指“民”之德,即《子路篇》“民莫敢不敬”之“敬”,敬上也;“民莫敢不服”之“服”,服上也;“民莫敢不用情”之“用情”,用情于上也。质言之,于上驯服,于己安分之德也。

有耻且格:〔这样做的结果,〕老百姓有廉耻之心且会以道德规范匡正自己的行为。格,纠正,匡正。何晏:“格,正也。”

〔**译文**〕先生说:“教导老百姓服从政令,再以刑罚使他们不越出政令约束的范围,这样做的结果,老百姓有侥幸之心却没有廉耻之心;引导老百姓遵循道德,再用礼仪使他们明了道德规范的尺度,这样做的结果,老百姓有廉耻之心且会以道德规范匡正自己的行为。”

(四)

子曰:“吾十有五而志于学,三十而立,四十而不惑,五十而知天命,六十而耳顺,七十而从心所欲,不逾矩。”

〔**注释**〕**吾十有五而志于学**：我十五岁时，立志学有所成〔，便开始用心学习〕。吾，孔子自称。孔子活了七十三岁，这段话是他对自己一生的总结，当是在七十岁以后说的。有，同"又"。孔子此时，即进入自觉学习的状态。

三十而立：三十岁时，〔掌握了礼仪，〕可以立足于社会了。立，立身，立足，指依礼而立。孔子为殷人后，从小好礼仪。《史记·孔子世家》："孔子为儿嬉戏，常陈俎豆，设礼容。"他以好礼知名，许多人找他办事，许多人成为他的弟子，皆因他知礼。他说："立于礼"（《泰伯篇》）、"不知礼，无以立也。"（《尧曰篇》）这是他志于学以来达到的第一个最重要的阶段性成就。何晏："有所成立也。"

四十而不惑：四十岁时，〔具备了比较丰富的知识，〕遇事不迷惑了。《子罕篇》："知者不惑。"以是知孔子自许四十岁达到智者的境界：在己为不惑，于人为解惑。

五十而知天命：五十岁时，觉知上天赋予的使命〔，知其不可而为之〕。天命，上天的意志和命令。刘宝楠："'天命者'，《说文》云：'命，使也。'言天使己如此也。""知其不可而为之"是别人（晨门）评说孔子的话（《宪问篇》），孔子亦知自己关于礼、仁等主张不合时宜，但认为却是解决社会弊病的良方，故明知做不到却定要去做，其动力即在于一种使命感（"天命"）。如《子罕篇》："子畏于匡，曰：'文王既没，文不在兹乎？天之将丧斯文也，后死者不得与于斯文也；天之未丧斯文也，匡人其如予何？'"又《史记·孔子世家》："孔子去曹，适宋，与弟子习礼大树下。宋司马桓魋欲杀孔子，拔其树。孔子去，弟子曰：'可以速矣！'孔子曰：'天生德于予，桓魋其如予何？'"（亦见《述而篇》）

六十而耳顺：六十岁时，听到什么样的话，我都安之若素〔，做自己该做的事〕。耳顺,听言而不觉逆。皇侃:“顺,不逆也。”“子绝四:毋意、毋必、毋固、毋我”(《子罕篇》),当在六十之后。孔子说自己与“逸民”如伯夷、叔齐等不同,“无可无不可”(《微子篇》),也当在六十前后。当孔子听到有人形容他“累累若丧家之狗”时,还开心地自嘲“然哉!然哉!”(《史记·孔子世家》)孔子此时,“为仁由己”(《颜渊篇》),自己做自己认为该做的,其他则听之任之、顺其自然,故“耳顺”。

七十而从心所欲,不逾矩:七十岁时,即使随心所欲,做任何事情都不会越出礼的规范。从心,随心。逾,越出。矩,规矩。当指“约之以礼”之礼。不逾矩,则是已约之矣。盖孔子此时,已达仁者境界,虽然随心所欲,却时时处处做到“非礼勿视,非礼勿听,非言勿言,非礼勿动”。如此,“克己复礼为仁”(《颜渊篇》),孔子便达到了自己这一生所能达到的理想目标:成仁。由此,便能理解为什么孔子从不肯许人以“仁”,最高的评价也就是肯定颜回“其心三月不违仁”(《雍也篇》),他自己一生所能做到的就是这样,而且是在七十岁以后才能做到随心所欲不违仁了。这还只能是自己“立”起来,孔子的另一半理想,“立人”、“达人”(《雍也篇》),便做不到了。

〔**译文**〕先生说:“我十五岁时,立志学有所成,便开始用心学习;三十岁时,掌握了礼仪,可以立足于社会了;四十岁时,具备了比较丰富的知识,遇事不迷惑了;五十岁时,领悟到上天赋予的使命,明知自己的主张行不通也要勉力去做;六十岁时,听到什么样对我的说法我都安之若素,专心做自己该做的事;七十岁时,想做什么就做什么,却都不会越出礼的规范。”

(五)

孟懿子问孝。子曰:“无违。”

樊迟御，子告之曰："孟孙问孝于我，我对曰：无违。"樊迟曰："何谓也？"子曰："生，事之以礼；死，葬之以礼，祭之以礼。"

〔**注释**〕**孟懿子问孝**：孟懿子问怎样才是孝。孟懿子，鲁国大夫，为鲁国执政的"三家"之一，姓仲孙，名何忌，"懿"是谥号。其父孟僖子临终前嘱其师事孔子学礼（见《左传》昭公七年）。但《史记·仲尼弟子列传》未列其名。

无违：不要违背。违，违背，违逆。孔子答孟懿子"无违"没有说具体内容：无违父母的意志，还是无违礼的要求。从孔子关于"色难"（本篇第八章）、"事父母几谏"（《里仁篇》）等说法来看，"无违"应两者兼指。可能一般人理解的只是前者，故下文申说每事须礼。

樊迟御：樊迟替孔子驾车。樊迟，孔子的学生樊须，字子迟，据《史记·仲尼弟子列传》，比孔子小三十六岁，或谓小四十六岁。御，驾车。

孟孙问孝于我：孟孙向我问怎样才是孝。孟孙，即孟懿子。刘宝楠："孟孙者，《白虎通·姓名篇》：'诸侯之子称公子，公子之子称公孙，公孙之子各以其王父字为氏。'此孟孙本出公子庆父之后，当称孟公孙，不言公者，省词。"

〔**译文**〕孟懿子问怎样才是孝，先生回答说："不要违背。"

樊迟替先生驾车的时候，先生告诉他说："孟孙问我怎样才是孝，我回答说，不要违背。"樊迟道："您说的是什么意思呢？"先生说："父母在世，依礼侍奉他们；父母去世了，依礼为他们办丧事，再依礼祭祀他们。"

（六）

孟武伯问孝。子曰:“父母唯其疾之忧。”

〔**注释**〕**孟武伯问孝**:孟武伯问怎样才是孝。孟武伯,孟懿子之子仲孙彘,“武”是谥号。

父母唯其疾之忧:父母只是担心儿子出毛病。〔如果做儿子的懂得这一点而把握好自己,不让父母担忧,便是孝了。〕唯,唯独,只是。其,指儿子,或儿女。疾,疾病,也指其他不正常的情况,即今言“毛病”。且疾有疾速的意思,孟武伯既谥“武”,则可能有易冲动、好勇斗狠的一面,孔子的话暗含此一针对性。《颜渊篇》载孔子答樊迟“辨惑”之问说:“一朝之忿,忘其身,以及其亲,非惑与?”刘宝楠:“《孟子》云:‘守孰为大?守身为大。’守身所以事亲,故人子当知父母之所忧,自能谨疾,不妄为非,而不失其身矣。不失其身,斯为孝也。”

〔**译文**〕孟武伯问怎样才是孝。先生说:“父母只是为儿子出毛病担忧。如果做儿子的懂得这一点而把握好自己,不让父母担忧,便是孝了。”

（七）

子游问孝。子曰:“今之孝者,是谓能养。至于犬马,皆能有养。不敬,何以别乎?”

〔**注释**〕**子游问孝**:子游问怎样才是孝。子游,孔子的学生,姓言名偃,吴国人,据《史记·仲尼弟子列传》,比孔子小四十五岁。

今之孝者,是谓能养:现在的所谓孝,只说能够养活父母就行了。是，只是。王引之《经传释词》："是，犹'只'也。'是谓能养'，言只谓能养也。'是'与'只'同义。"

至于犬马，皆能有养：就连狗和马，年轻的也能养活老的。李光地《读论语札记》："如旧说犬马能养，则引喻失义，圣人恐不应作是言。且能者接犬马说，似非谓人能养犬马也。盖言禽兽亦能相养，但无礼耳。人养亲而不敬，何以自别于禽兽乎？"今从李说。杨伯峻不同意李说，认为犬马事实上是不能够养活自己爹娘的。但古人相信禽鸟有反哺的行为，如乌鸦反哺之类。孔子这段话的主旨，在说明人与禽兽的区别。

〔译文〕子游问怎样才是孝。先生说："现在有一种孝，只说能够养活父母就行了。就连狗和马，也是能够养活它的父母的啊。不以敬爱之心对待父母，如何与狗和马相区别呢？"

（八）

子夏问孝。子曰："色难。有事，弟子服其劳；有酒食，先生馔，曾是以为孝乎？"

〔注释〕色难：在父母面前总是和颜悦色，对儿子来说是件难事。色，脸色，态度。这里指好看的脸色或态度。色难，历代注家或"谓承望父母颜色，乃为难也"（包咸），或释为人子"和颜悦色，是为难也"（郑玄）。今取后一说。

有事，弟子服其劳：有了事情，弟子任其劳。弟子，注家多解为人子或儿女，而以"先生"为父兄或父母，今不从，义如字。此以弟子与先生关系为喻，以说明"色难"之义。这是孔子近取譬的方法。《尔雅·释诂》："服，事也。"又："劳，勤也。"相对来说，任劳易任怨难,此当为色难之一。

有酒食,先生馔:有了酒食,先生先享用。馔,音撰(zhuàn),吃喝。刘宝楠:"《广雅·释诂》:'籑,食也。''馔'与'籑'同。"可想而知,先生先将热的、好的吃了喝了,弟子只能将就用凉的、剩的,时间长了心中难免有怨,此当为色难之二。

曾是以为孝乎:儿子对父母也能这样去做了,就可认为是孝了么?曾,《说文解字》:"词之舒也。"段玉裁注:"曾之言乃也。"并举此句为例。是,此,指前所言弟子先生之事。这里根据整段话的意思作解。孔子认为弟子在先生面前做到了,儿子在父母面前做到了,当然还不能称作孝;若是任劳又任怨,吃苦不生怨,表现得总是和颜悦色,就可认为是孝了。上章言人之养与犬马之养的区别在一个"敬"字,本章言弟子事先生与儿子事父母的区别在一个"怨"字。但孔子没有点出这个"怨"字,故以反诘的方式作结。《论语》中"怨"常与"劳"连结在一起,如《里仁篇》:"劳而不怨。"亦见《尧曰篇》。

〔译文〕子夏问怎样才是孝,先生说:"在父母面前总是和颜悦色,对儿子来说是件难事。有了事情,弟子任其劳;有了酒食,先生先享用。儿子对父母也这样去做了,就以为是孝了么?"

(九)

子曰:"吾与回言终日,不违,如愚。退而省其私,亦足以发,回也不愚。"

〔注释〕吾与回言终日:我与颜回说了一整天的话。回,颜回,孔子的学生,鲁国人,字子渊,又称颜渊,据《史记·仲尼弟子列传》,比孔子小三十岁。

不违,如愚:他没有表示疑异,好像不明白我说了什么。朱熹:“不违者,意不相背,有听受而无问难也。”刘宝楠:“‘违’者,有所违难也。‘不违’,则似不解夫子之言,故曰‘如愚’。”

退而省其私:等到退学之后,观察他与其他弟子交谈。省,视,考察。私,相对于听孔子讲学时,如朱熹所言,“非进见请问之时”;但亦非“燕居独处”之时,如皇侃所言:“其私,谓颜私与诸朋友谈论也。”故下云“足以发”。

亦足以发:〔不但明白我所讲的,〕而且发挥得不错。发,启发,发挥。皇侃:“发,发明义理也。”《公冶长篇》:“回也闻一以知十。”

回也不愚:颜回并不笨啊。钱穆:“此章殆是颜子始学于孔子,而孔子称之。若相处既久,当不再为此抑扬。”

〔译文〕先生说:“我与颜回说话,他整天都没有表示疑异,好似不明白我说了什么。等到退学之后,观察他与其他弟子交谈,却讲得头头是道,颜回并不笨啊。”

(十)

子曰:“视其所以,观其所由,察其所安,人焉廋哉!人焉廋哉!”

〔注释〕视其所以:看看一个人的行为方式。其,指“人焉廋哉”之“人”。下同。以,用。所以,指行为方式,做事方法。何晏:“言视其所行用也。”

观其所由:考察他过去的经历。由,由来,经历。所由,指所为的原由、经过。何晏:“言观其所经从也。”

察其所安:了解他的志趣所在。安,心安。皇侃:"安,谓意气归向之也。"所安,指人的行为所体现的意趣、志趣。

人焉廋哉:这人哪里藏得住呢!廋,音搜(sōu),隐藏。何晏引孔安国:"言观人之终始,安有所匿其情也。"康有为:"察其事由,窥其意趣,然后人之表里、显微、肺肝如见矣。"

〔**译文**〕先生说:"看看一个人的行事方式,考察他行事的由来,了解他的志趣所在,他哪里藏得住呢!他哪里藏得住呢!"

(十一)

子曰:"温故而知新,可以为师矣。"

〔**注释**〕**温故而知新**:温习旧知识,悟出新道理。温,温习,指反复学习。故,已经学习并掌握的知识。多指古代传下来的《诗》《书》礼乐等方面的知识。《说文》:"古,故也。"段玉裁注:"故者,凡事之所以然。而所以然皆备于古,故曰:'古,故也。'"孔子自言"信而好古"(《述而篇》),又说"我非生而知之者,好古,敏以求之者"(同篇),则"好古"必"温故","求之"在"知新"。

〔**译文**〕先生说:"温习旧知识,悟出新道理,就可以给人当老师了。"

(十二)

子曰:"君子不器。"

〔**注释**〕**君子不器**:君子不局限于某种才能。器,器具,喻特定才能或技能。孔子肯定成器(掌握某种或某方面的才能,如孔子即以"知礼"而知名)的重要性。《公冶长篇》载孔子谓子贡"器也",并以珍贵的祭器瑚琏拟之。但君子“仁以为己任”(《泰伯篇》),“谋道不谋食”、“忧道不忧贫”(《卫灵公篇》),一器之用、一技之长只是生存的条件,实现仁道于家邦天下才是人生的目标。质言之,成器以安身,求仁以立命是也。夫子若尽言,则必曰:“君子不器,仁以为己任。”

〔**译文**〕先生说:“君子不以掌握某种实用的才能作为人生的目标。”

(十三)

子贡问君子。子曰:“先行其言,而后从之。”

〔**注释**〕**先行其言**:要说的话,先去做。《里仁篇》:“古者言之不出,耻躬之不逮也。”“先行其言”犹“先行于其言之出”。朱熹引周氏:“先行其言者,行之于未言之前。”

而后从之:然后说出来。《说文》:“从,随行也。”之,指“先行其言”。朱熹引周氏:“而后从之者,言之于既行之后。”定州简本无“而后”,当从,则本句为“先行,其言从之”。

〔**译文**〕子贡问怎样才是一个君子。先生说:“要说的话,先去做,然后说出来。”

(十四)

子曰:“君子周而不比,小人比而不周。”

〔**注释**〕**君子周而不比**:君子〔与人亲近,〕团结而非勾结。周、比,《说文》皆训为“密”。二者的不同,何晏引孔安国:“忠信为周,阿党为比也。”

小人比而不周:小人〔与人亲近,〕勾结而非团结。小人,相对于"君子",指无德、无才或无位者,参《学而篇》第一章注释。

〔译文〕先生说:"君子与人亲近,团结而非勾结;小人与人亲近,勾结而非团结。"

(十五)

子曰:"学而不思则罔,思而不学则殆。"

〔注释〕学而不思则罔:只学习,自己不思考,就会迷惑不解。学,既指从书本上学,又指向别人请教。罔,迷惑,皇侃解作"罔罔然无所知"。

思而不学则殆:只思考,不学习,就会昏头胀脑。殆,通"怠",倦怠。何晏:"不学而思,终卒不得,使人精神疲殆也。"胡适:"学与思两者缺一不可。有学无思,只可记得许多没有头绪条理的物事,算不得知识。有思无学,便没有思的材料,只可胡思乱想,也算不得知识。但两者之中,学是思的预备,故更为重要。有学无思,虽然不好,但比有思无学害还少些。"(《中国哲学史大纲》卷上第五章)

〔译文〕先生说:"只学习,不思考,就会迷惑不解;只思考,不学习,就会昏头胀脑。"

(十六)

子曰:"攻乎异端,斯害也已。"

〔注释〕攻乎异端,斯害也已:做学问〔只在一方面用力,必然产生偏颇;〕还必须在另一方面下功夫,其弊病才能克服。攻,做学问。皇侃:"攻,治也。古人谓学为治,故书史载人专经学问者,皆云治其书、治其经也。”异端，另一头，即另一方面。钱穆：“一事必有两头，如一线必有两端，由此达彼。若专就此端言，则彼端成为异端，从彼端视此端亦然。”又：“孔子平日言学，常兼举两端，如言仁常兼言礼，或兼言知。又如言质与文，学与思，此皆兼举两端，即《中庸》所谓执其两端。”斯，此。害，祸害，这里指弊病。已，止，消除。

〔**译文**〕先生说：“做学问只在一方面用力，必然产生偏颇；还必须在另一方面下功夫，其弊病才能克服。”

（十七）

子曰：“由！诲女知之乎？知之为知之，不知为不知，是知也。”

〔**注释**〕由：由呀！由，孔子的学生，姓仲，名由，字子路，据《史记·仲尼弟子列传》，比孔子小九岁。

诲女知之乎：教你的东西知道了吧。诲，教诲。女，同“汝”，你。

是知也：这就是明智哩。是，此，指“知之为知之，不知为不知”。知，同“智”。

〔**译文**〕先生说：“由呀！教给你的东西知道了吧？知道就是知道，不知道就是不知道，这才是聪明哩。”

（十八）

子张学干禄。子曰：“多闻，阙疑，慎言其余，则寡尤；多见，阙殆，慎行其余，则寡悔。言寡尤，行寡悔，禄在其中矣。”

〔**注释**〕**子张学干禄**:子张学习如何得到提拔重用。子张,孔子的学生,姓颛孙,名师,字子张,陈国人,据《史记·仲尼弟子列传》,比孔子小四十八岁。干,音甘(gān),求取。禄,官俸,指官位。从下文孔子的话来看,子张此时已入仕,为初做官时,则"干禄"指谋求进步即升官。

多闻,阙疑,慎言其余,则寡尤:多听别人说话,遇有疑问的地方先存而不论,谨慎地对其他〔没有疑问的〕部分发表意见,就会少犯错误。阙,空阙。阙疑,犹存疑。寡,少。尤,过错。何晏引包咸:"疑则阙之,其余不疑,犹慎言之,则少过也。"

多见,阙殆,慎行其余,则寡悔:多看别人做事,觉得不妥的地方先存而不论,谨慎地对其他〔妥当的〕做法加以实行,就会少留遗憾。殆,疑惧。《说文》:"殆,危也。"又:"危,在高而惧也。"又:"惧,恐也。"悔,悔恨,遗憾。

禄在其中矣:提拔重用就水到渠成了。在其中,犹勤于耕耘,自有收获之意。朱熹:"凡言在其中者,皆不求而自至之辞。"这句话,是劝子张不要盯着结果,重在提高从政的能力,即多闻多见、阙疑阙殆、慎言慎行。

〔**译文**〕子张学习如何得到提拔重用。先生说:"多听别人说话,遇有疑问的地方就存而不论,对其他没有疑问的部分也谨慎地发表意见,就会少犯错误;多看别人做事,觉得不妥的地方就存而不论,其他妥当的做法也谨慎地加以实行,就会少留遗憾。说话错误少,行动遗憾少,提拔重用也就水到渠成了。"

(十九)

哀公问曰:"何为则民服?"孔子对曰:"举直错诸枉,则民服;举枉错诸直,则民不服。”

〔**注释**〕**哀公问曰**:鲁哀公问道。哀公,鲁国国君,姓姬,名将(或蒋),定公之子,“哀”是谥号。

何为则民服:怎么做才能使老百姓服从?皇侃:“哀公失德,民不服从,而公患之,故问孔子,求民服之法也。”

孔子对曰:孔先生回答说。皇侃:“凡称‘子曰’,则是弟子所记。若称‘孔子’,则当时人,非弟子所记。后为弟子所撰,仍旧不复改易,故依先呼‘孔子’也。”朱熹:“凡君问,皆称‘孔子对曰’者,尊君也。”

举直错诸枉:选用正直的人,位在邪曲的人之上。举,举用,选用。直,正直,这里指正直的人。由《颜渊篇》:“举直错诸枉,能使枉者直”可知。错,同“措”,放置。《说文》:“措,置也。”阮元:“措,正字,古经传多假‘错’为之。”(《论语校勘记》)诸,“之于”的合音。枉,义与“直”相反,即“曲”,这里指邪曲的人。

〔**译文**〕鲁哀公问道:“怎样做才能使老百姓服从?”孔子回答说:“选用正直的人,位在偏私的人之上,老百姓就会服从;选用偏私的人,位在正直的人之上,老百姓就不会服从。”

(二十)

季康子问:“使民敬、忠以劝,如之何?”子曰:“临之以庄,则敬;孝慈,则忠;举善而教不能,则劝。”

〔**注释**〕**季康子问**:季康子问道。季康子,季孙肥,鲁哀公时正卿,“康”为谥号。

使民敬、忠以劝:使老百姓严肃认真、尽心竭力并以此互相劝勉。以,而,或训"与",两训都可通。劝,劝说,勉励。

临之以庄,则敬:〔统治者〕治理国家总是郑重其事,〔老百姓做事〕也会严肃认真。皇侃:"临,谓以高视下也。庄,严也。"指在老百姓面前保持一种庄重威严的态度,泛指对待国政的态度。

孝慈,则忠:尊敬长者,慈爱幼者,〔老百姓做事〕也会尽心竭力。孝慈,此处泛指敬长爱幼。

举善而教不能,则劝:表彰那些做事严肃认真、尽心竭力的人,教育那些还不能这样做的人,老百姓就会互相劝勉了。举善,即扬善。《说文》:"扬,飞举也。"善,指能做到敬、忠的人。不能,指尚不能做到敬、忠的人。

〔**译文**〕季康子问道:"要使老百姓做事严肃认真,对你尽心竭力,并以此互相劝勉,应该怎样做到?"先生说:"统治者对国政总是郑重其事,老百姓做事也会严肃认真;统治者尊老爱幼,老百姓对你也会尽心竭力。表彰那些做得好的人,教育那些还做不到的人,老百姓就会互相劝勉了。"

(二十一)

或谓孔子曰:"子奚不为政?"子曰:"《书》云:'孝乎惟孝,友于兄弟。'施於有政,是亦为政,奚其为为政?"

〔**注释**〕或谓孔子曰:有人对孔子说。皇侃:"或者,或有一人,不记其姓名也。"

子奚不为政:先生为什么不当官来参与国家治理呢?子,指孔子 。"子"为称呼名词,故今译作"先生",而非代词"您"。奚,何,为什么。何晏引包咸:"或人以为,居位乃是为政也。"

《书》云:《尚书》上说。以下两句是《尚书》的逸文,作伪《古文尚书》的从这里将以下三句采入《君陈篇》。

孝乎惟孝,友于兄弟:对父母尽孝,对兄弟友爱。阎若璩:"此与《礼记》'礼乎礼'、《汉》语'肆乎其肆'、韩愈文'醇乎其醇'相同,言孝之至也。"(《尚书古文辨伪》)

施於有政:将孝悌的思想影响到当政者。施,延及,影响。有政,当政者。有,无义,名词词头。历代注家多以此句连同上两句为《尚书》语,今不从。宋翔凤:"《论语》例作'於'字,引经乃作'于',则可断'孝乎惟孝友于兄弟'八字为《书》辞,'施於有政'以下为孔子语。"(《四书释地辨证》)

奚其为为政:为什么一定要当官才算参与国家的治理呢? 其,指做官。

〔**译文**〕有人对孔子说:"您为什么不做官来参与国政啊?"先生说:"《尚书》上说:'对父母尽孝,对兄弟友爱。'把这种思想影响到当政者,这也就是参与国政了,为什么一定要做官才算是参与国政呢?"

(二十二)

子曰:"人而无信,不知其可也。大车无輗,小车无軏,其何以行之哉?"

〔**注释**〕**人而无信,不知其可也**:作为一个人,却不讲诚信,〔纵有其他优长,〕终是立不住的。不知其可,即不可以,行不通,立不住,取"民无信不立"(《颜渊篇》)义。何晏引孔安国:"言人而无信,其余终无可也。"皇侃:"其余,谓他才伎也。"下即以车作比喻,其他皆备,惟少关键(輗、軏),车还是走不了。

大车无輗,小车无軏:大车子缺了安横木的輗,小车子缺了安横木的軏。大车,用牛拉的车,所载较重。小车,用马拉的车,所载较轻。輗,音尼(ní),大车辕端与横木相接的关键。軏,音月(yuè),小车辕端与横木相接的关键。李炳南:"据郑注及《说文》,大小车皆有辕,以为牛马引车之用。辕端接一横木,此横木在大车名为鬲,在小车名为衡。辕端与横木相接处,各凿圆孔相对,以金属物贯穿之,使辕端与横木能活动自如。此金属贯穿物,大车称为輗,小车称为軏,是大小车行动之关键。"(《论语讲要》)

〔**译文**〕先生说:"作为一个人,却不讲诚信,纵有其他优长,终是立不住的。好比大车子缺了輗,小车子缺了軏,那怎么走得了呢?"

(二十三)

子张问:"十世可知也?"子曰:"殷因于夏礼,所损益,可知也;周因于殷礼,所损益,可知也。其或继周者,虽百世,可知也。"

〔**注释**〕**十世可知也:**今后十代〔的礼仪制度〕可以〔预先〕知道吗?皇侃:"十世,谓十代也。"一世即一个朝代,从下文孔子的回答,则时人知有夏、殷、周三代,故子张以十世是否可知为问。十世,大概之数,表示朝代多而时间久远。也,同"耶",表疑问。

殷因于夏礼:殷朝继承夏朝的礼仪制度。因,因袭,继承。

所损益,可知也:哪些地方革除了,哪些地方更新了,现在是可以知道的。损,减少,革除。益,增加,更新。

其或继周者,虽百世,可知也:假定有继承周朝的朝代,就是以后一百代,〔礼仪制度无非是在继承的基础上有所革除,有所更新,〕应该是可以〔预先〕知道的。其或,假使、假定的意思。皇侃:“言‘或’者,尔时周犹在,不敢指斥有代,故云‘其或’也。”

〔译文〕子张问:“今后十代的礼仪制度是什么样的,可以预先知道吗?”先生说:“殷朝继承了夏朝的礼仪制度,哪些地方革除了,哪些地方更新了,现在是可以知道的;周朝继承了殷朝的礼仪制度,哪些地方革除了,哪些地方更新了,现在也是可以知道的。假定有继承周朝的朝代,哪怕再有一百代的变化,礼仪制度无非是在继承前代的基础上有所革除、有所更新罢了,应该是可以预先知道的。”

(二十四)

子曰:“非其鬼而祭之,谄也;见义不为,无勇也。”

〔注释〕非其鬼而祭之,谄也:不是自己应该祭祀的对象却去祭祀,是献媚的表现。鬼,指祭祀的对象。郑玄注谓“祖考”,即死去的祖先。也有泛指的。谄,朱熹注谓“求媚也”。按当时人的观念,祭鬼是为了祈福。在孔子看来,祭非其鬼是悖礼的行为,故云“谄也”。《礼记·曲礼》:“非其所祭而祭之,名曰淫祀。淫祀无福。”

见义不为,无勇也:看到〔这种〕应该制止的做法而袖手旁观,则是缺乏勇气的表现。义,指当做之事。何晏引孔安国:“义者,所宜为也。”历代注家多以此句与上句并列,为无内在关联的两句话。但仔细揣摩,似应从有关联处去理解。刘宝楠:“此章所斥,似皆有所指。或谓季氏旅泰山,是祭非其鬼,凡鬼神,得通称也。冉有仕季氏,弗能救,是见义不为也。说亦近理。”季氏旅泰山事,见下篇第六章。

〔**译文**〕先生说:“不是自己应该祭祀的对象却去祭祀,是一种献媚的行为;看到这种应该制止的行为而袖手旁观,则是缺乏勇气的表现。”

八佾篇第三

（一）

孔子谓季氏："八佾舞于庭，是可忍也，孰不可忍也？"

〔**注释**〕**孔子谓季氏**：孔先生谈到季氏。谓，谈论，议论。此与后文"子谓公冶长"、"子谓南容"之"谓"义同。季氏，鲁国大夫季孙氏，数代主持国政，此处未书名，不详其人。一说指季平子。

八佾舞于庭：〔季孙氏〕在他的家庙庭院中使用了由六十四人排成八列的舞蹈阵式。八佾，佾音逸（yì），即八行，每行八人，共六十四人组成的乐舞阵式。按当时礼制，此为周天子才能使用的规模。诸侯用六佾，即六行，四十八人。卿大夫用四佾，三十二人。士用二佾，十六人。鲁国有八佾的舞队，是祭祀周公时用的。鲁国是周公旦的儿子伯禽的封地，周公辅佐成王有功，故周天子命鲁公世世祀周公以天子之礼乐。季氏为大夫，只能用四佾，用八佾是对天子礼的僭越。

是可忍也，孰不可忍也：〔这可是天子的礼乐呀！〕如果这种事都可以容忍的话，还有什么事是不可容忍的呢？是，此，指"八佾舞于庭"。忍，容忍。孰，谁，什么。当此之时，礼乐征伐自大夫出，人们已习之为常，故孔子发此无奈之言。刘宝楠："当时君臣不能以礼禁止,而遂安然忍之,所谓鲁以相忍为国者也。"

〔**译文**〕孔先生谈到季孙氏,说:"他在家庙的庭院中,使用了八列六十四人的乐舞阵式。这可是天子才能用的礼乐呀!这种事都容忍得了,还有什么事不能容忍呢?"

(二)

三家者以《雍》彻。子曰:"'相维辟公,天子穆穆',奚取于三家之堂?"

〔**注释**〕**三家者以《雍》彻**:仲孙、叔孙、季孙三家,〔他们祭祀祖先结束的时候,〕唱着《雍》这篇诗撤除祭品。三家,鲁国当政的三卿,同是鲁桓公之后,又称"三桓"。钱穆谓前章季氏之庭,此章三家之堂,皆指桓公庙。雍,又作"雝",《诗经·周颂》的一篇,是周王祭祀祖先结束撤除祭品祭器时所唱的乐歌。彻,即"撤"。《经典释文》:"撤,或作彻。"

相维辟公,天子穆穆:〔《雍》诗中有这样的句子:〕助祭的诸侯〔严肃恭敬〕,〔主祭的〕天子端庄静穆。"严肃恭敬"系根据这句诗的上一句"有来雝雝,至止肃肃"意添。相,音向(xiàng),助,指助祭者。维,助词。辟公,指诸侯。《尔雅·释诂》:"林、烝、天、帝、皇、王、后、辟、公、侯,君也。"邢昺疏:"天、帝、皇、王,惟谓天子,公、侯,惟谓诸侯,余皆通称。"

〔**译文**〕仲孙、叔孙、季孙三家,他们祭祀祖先的时候,唱着《雍》这首乐歌撤除祭品。先生说:"《雍》诗中有这样的句子:'助祭的诸侯严肃恭敬,主祭的天子端庄静穆。'这乐歌有哪一点内容适合在三家祭祖的厅堂上去唱呢?"

（三）

子曰："人而不仁，如礼何？人而不仁，如乐何？"

〔**注释**〕**人而不仁，如礼何**：一个人没有仁爱之心，光有礼节仪式又能怎么样？这句话讲礼和仁是表和里的关系。何晏引包咸："言人而不仁，必不能行礼乐也。"

〔**译文**〕先生说："一个人没有仁爱之心，光有礼仪又能怎么样？一个人没有仁爱之心，光有乐仪又能怎么样？"

（四）

林放问礼之本。子曰："大哉问！礼，与其奢也，宁俭；丧，与其易也，宁戚。"

〔**注释**〕**林放问礼之本**：林放向孔子请教礼的本质是什么。林放，一说鲁人，又说是孔子的学生，但《史记·仲尼弟子列传》未载。

大哉问：这问题意义重大啊！林放之问，实则问礼的目的是什么，含有不要只注重礼的形式而忘却礼的真正目的的意思。这个问题有很强的现实针对性。

礼，与其奢也，宁俭：礼仪，与其失于奢侈，宁可失于俭约。此句泛言诸礼，针对礼的形式。奢与俭，都不适当，相比之下，俭比奢好。

丧，与其易也，宁戚：丧礼，与其失于平和，宁可哀伤过度。何晏引郑玄："易，和易也。"皇侃："戚，哀过礼也。"此句专言丧礼，且就情感而论。《礼记·檀弓上》："子路曰：'吾闻诸夫子：丧礼，与其哀不足而礼有余也，不若礼不足而哀有余也。'""哀不足"，即"易"；"礼有余"，即"奢"。在注重形式的风气下，礼有余往往带来哀不足。孔子认为,礼的本质,是表达和寄托人的情感,“丧至乎哀而止”(《子张篇》)。“哀”是丧礼之本。不能恰如其分,则戚比易好。

〔**译文**〕林放问礼的本质是什么。先生说:“这问题意义重大啊!礼仪,与其失于奢侈,宁可失于俭约;丧礼,与其失于平和,宁可哀伤过度。”

(五)

子曰:“夷狄之有君,不如诸夏之亡也。”

〔**注释**〕**夷狄之有君,不如诸夏之亡也**:夷狄就是有君主,也不如〔遵循周礼的〕中原各国没有君主哩。夷狄,相对于“诸夏”而言,后者概指周朝建立后以中原地区为中心陆陆续续封建的诸侯国。当孔子之时,夷狄诸部落与中原各国尚错落杂处,非如后世华夏诸族(国)在中原融为一体而蛮夷戎狄环居其四周那么泾渭分明。夷狄与诸夏之内在区别,可从《子路篇》的一章看出:“樊迟问仁,子曰:‘居处恭,执事敬,与人忠,虽之夷狄,不可弃也。’”则孔子认为仁与礼的这套东西是诸夏所有而夷狄所没有的。而其结果,则是夷狄虽有君,犹是尚勇斗狠;诸夏虽无君或有君而陪国执国命,犹有礼乐征伐的社会秩序,尚能延续王代(《季氏篇》:“陪臣执国命,三世希不失矣。”)。于此可见,孔子的思想,人(仁)道大于君道,君道是实现人(仁)道的条件。钱穆:“《论语》言政治,必本人道之大,尊君亦所以尊道,断无视君位高出于道之意。”亡,同“无”,无君。

〔**译文**〕先生说:“野蛮的部落就是有君主,也不如遵循周礼的中原各国没有君主哩。”

（六）

季氏旅于泰山。子谓冉有曰："女弗能救与?"对曰："不能。"子曰："呜呼！曾谓泰山不如林放乎?"

〔**注释**〕**季氏旅于泰山**：季孙氏要去祭祀泰山。旅，指祭山。何晏引马融："旅，祭名也。"周礼规定，只有天子和诸侯可以祭祀名山大川。季氏此举为僭越行为。

子谓冉有曰：先生对冉有说。冉有，孔子的学生，姓冉，名求，字子有，据《史记·仲尼弟子列传》，比孔子小二十九岁，当时在季孙氏手下做官。

女弗能救与：你不能阻止吗？女，同"汝"。救，挽救，劝阻。《说文》："救，止也。"

曾谓泰山不如林放乎：难道说泰山之神还不如林放〔知礼〕吗？林放，即第四章"问礼之本"的林放。曾，竟，难道。古人认为山川之神对祭品也是有选择的。何晏引包咸："神不享非礼。林放尚知礼，大山之神反不如林放耶？欲诬而祭之也。"

〔**译文**〕季孙氏要去祭祀泰山。先生对冉有说："你不能阻止吗?"冉有回答说："我做不到。"先生道："哎呀！难道说泰山之神还不如林放知礼吗?"

（七）

子曰："君子无所争，必也射乎！揖让而升下，而饮。其争也君子。"

〔**注释**〕**君子无所争,必也射乎**:君子没有什么可争的事情,〔如果有所争,〕一定是射箭比赛吧。此句强调的是“必也射乎”。历代注家多以“君子无所争”为句,并以此立意来解读全章,甚至有将“其争也君子”解释为“争为贤者”、“争为君子”的。

揖让而升下,而饮:〔比赛的时候,〕进出比赛厅,都相互作揖谦让,〔比赛结束,〕又都相互作揖谦让,然后举杯对饮。揖,音衣(yī),拱手行礼,表示尊敬。升下,升是登阶至堂,下是出堂降阶,堂为比赛大厅。饮,指比赛结束后,胜者以酒敬负者以示安抚,负者敬胜者以表钦佩。饮前都作揖谦让。古代射礼的程序,详见《仪礼·乡射礼》和《大射仪》。

〔**译文**〕先生说:“君子没有什么可争的事情,如果有,一定是射箭比赛吧!即使是射箭比赛,进出比赛厅,都相互作揖谦让,比赛结束,又都相互作揖谦让,举杯对饮。这样的争,真是君子之争啊。”

(八)

子夏问曰:“‘巧笑倩兮,美目盼兮,素以为绚兮。’何谓也?”子曰:“绘事后素。”曰:“礼后乎?”子曰:“起予者商也!始可与言诗已矣。”

〔**注释**〕**巧笑倩兮**:微微笑的脸多么美呀。倩,音欠(qiàn),指脸颊好看。何晏引马融:“倩,笑貌。”

美目盼兮:亮闪闪的眼多么媚呀。盼,指眼睛黑白分明。何晏引马融:“盼,动目貌也。”

素以为绚兮:略施素粉就更加光彩照人呀。素,素粉,犹后世化妆用的白色胭脂粉。以,用。为,乃,是。绚,音眩(xuàn),文采。

刘宝楠:“素者,《说文》:‘素,白致缯也。’引申为凡物白饰之称。‘素以为绚’,当是白采用为膏沐之饰,如后世所用素粉矣。”以上这三句诗,前两句见《诗经·卫风·硕人》,本句当是佚句。朱熹以为三句皆为逸诗。则三句诗概指一事,形容女子之美丽动人。素以为绚,即“用素乃绚”,指略施素粉,显得“巧笑”、“美目”更有光彩。

绘事后素:〔这就像一块布料,〕先抹上丰富的颜色,再以素色勾勒成图案。何晏引郑玄:“绘,画文也。凡画绘,先布众采,然后以素分其间,以成其文。”物茂卿:“且绘与画不同。画泛言之,绘则画布。如《虞书》:‘予欲观古人之象,日月星辰山龙华虫作会,宗彝藻火粉米黼黻絺绣。’《曲礼》:‘饰羔雁者以缋。’《深衣》:‘具父母大父母衣纯以缋。’皆尔。”

礼后乎:〔那么,社会也是在有了多种多样的生活〕之后,礼才产生的吗?句谓礼对复杂社会的规范作用,犹素色之在众采之上勾勒成文。

起予者商也:把我的意思说得明明白白的是卜商啊!起,启发,阐明。予,音义同“余”,我。何晏引包咸:“孔子言,子夏能发明我意,可与共言《诗》已矣。”

〔译文〕子夏问道:“‘微微笑的脸庞多么美呀,亮闪闪的眼睛多么媚呀,略施素粉就更加光彩照人呀。’这几句诗是什么意思呢?”先生说:“就像一块布料,先抹上丰富的色彩,再以素色勾勒成图案。”子夏道:“那么,社会也是有了各种各样的生活之后,礼才产生的吗?”先生说:“把我的意思说得明明白白的是卜商啊!现在可以同你谈论《诗》了。”

(九)

子曰:“夏礼,吾能言之,杞不足征也;殷礼,吾能言之,宋不足征也。文献不足故也。足,则吾能征之矣。”

〔**注释**〕**杞不足征也**:〔夏禹的后代建立的〕杞国不足以作为根据。杞,国名,为夏禹后代所建,故城在今河南杞县。征,取证,即依据。

宋不足征也:〔商汤的后代建立的〕宋国不足以作为根据。宋,国名,为商汤后代所建,故城在今河南商丘南。

文献不足故也:这是他们的历史文献和掌握礼仪制度的人不够的缘故。文,指文字资料。献,指熟悉礼仪制度的所谓贤人。张栻:“文谓典章,献谓故老之贤者。”

〔**译文**〕先生说:“夏代的礼仪制度,我能讲得出来,但杞国已不足以作为根据了;殷代的礼仪制度,我能讲得出来,但宋国已不足以作为根据了。这是他们的历史文献和掌握礼仪制度的人都不多的缘故。如果足够多,我就能够找到根据了。”

(十)

子曰:“禘自既灌而往者,吾不欲观之矣。”或问禘之说。子曰:“不知也。知其说者之于天下也,其如示诸斯乎?”指其掌。

〔**注释**〕**禘自既灌而往者**:举行禘祭,从第一次献酒以后。禘,音帝(dì),周礼中的大祭之礼,是天子宗庙之祭。鲁国因为周公旦的缘故,也被特许举行此一祭礼。不过至孔子的时代,禘祭如同其他礼仪一样,既有僭窃之失,又有简略之陋,后者尤甚于前者。灌,给受祭者(以活人代之)献酒,是禘祭开始时的一道程序。

吾不欲观之矣:我就不想看下去了。本句犹言看不下去了。实则孔子参加了祭礼的全过程,有感于礼崩乐坏,故有此叹。

或问禘之说:〔于是〕有人问关于禘祭的说法。皇侃:"或人闻孔子不欲观禘,故问孔子,以求知禘义之旧说也。"则此句以下不当别为一章。

不知也:我不知道啊。孔子此语,明言己不知,实言人不知,即主持禘祭的人不知禘义禘仪。

知其说者之于天下也,其如示诸斯乎:知道这种大祭复杂说法的人,他们对于天下的事,就如同看这里的东西〔那么明了〕罢?示,展示。斯,指"掌"。何晏引包咸:"知禘礼之说者,于天下之事,如指示以掌中之物,言其易了也。"

〔译文〕先生说:"禘祭之礼,从第一次献酒以后,我就不想看下去了。"于是有人问关于禘祭的说法。先生说:"我不知道啊。知道禘祭说法的人,他们对于天下的事,就如同看这里的东西一样明了吧?"说着,指指自己的手掌。

(十一)

祭如在,祭神如神在。子曰:"吾不与祭,如不祭。"

〔注释〕祭如在:祭祀的时候,好像受祭者就在跟前一样。李零:"泛言祭什么就好像什么在眼前,并不确指是神是鬼,下文递进,才强调'祭神如神在'。"

祭神如神在:祭祀祖先,就好像祖先就在跟前一样。神,神祇,这里指祖先神,由后引《礼记·祭义》可知。

吾不与祭,如不祭:祭祀的时候,我若不是身在心在,就如同不曾祭祀一样。与,音预(yù),参与。孔子既反对请人代祭,也反对祭时无诚敬之心。这里将“与祭”解作“身在心在”,可参考《礼记·祭义》:“祭之日,入室,僾然必有见乎其位。周还出户,肃然必有闻乎其容声。出户而听,忾然必有闻乎其叹息之声。”此即何晏引孔安国“事死如事生”之义。

〔**译文**〕祭祀的时候,好像受祭者就在跟前一样;祭祀各种神祇,好像他们都在跟前一样。先生说:“祭祀的时候,我若不是身在心在,就如同不曾祭祀一样。”

(十二)

王孙贾问曰:“‘与其媚于奥,宁媚于灶’,何谓也?”子曰:“不然。获罪于天,无所祷也。”

〔**注释**〕**王孙贾问曰**:王孙贾问道。王孙贾,卫国大夫。皇侃说他是周灵王之孙,章太炎证之。

与其媚于奥,宁媚于灶:〔俗话说,〕与其去拜祭一室之主的奥神,不如去拜祭地位较低的灶君。媚,取悦,指拜祭以求福。奥,指屋内的西南角。刘宝楠:“凡室制以奥为尊,故《曲礼》云:‘为人子者,居不主奥。’明奥为尊者所居,故凡祭亦于奥矣。”灶,烹煮食物的地方,指灶神,为五祀之一(其他四祀为祭户、祭中霤、祭门、祭行)。灶神的地位比奥神低。盖当时之人,以为奥神虽尊,不如灶神管用。

获罪于天,无所祷也:得罪了上天,在哪里祈祷都是没有用的。天,指天神,至尊之神。皇侃引栾肇:“奥尊而无事,灶卑而有求。时周室衰弱,权在诸侯。贾自周出仕卫,故托世俗言以自解于孔子。孔子曰‘获罪于天,无所祷’者,明天神无上,王尊无二,言当事尊,卑不足媚也。”章太炎认为王孙贾去周,是因周室内乱而被迫出走。“孔子适卫见贾,在定哀间,贾已得志于卫,犹怨王室而蔑之,故孔子以获罪于天相折,陪臣不可仇大君,非巫臣、子胥之例也。”(《广论语骈枝》)

〔**译文**〕王孙贾问道:“俗话说,与其拜祭一室之主的奥神,不如拜祭地位较低的灶君。这话说得怎样?”先生说:“不对。得罪了上天,在什么地方祈祷都是没有用的。”

(十三)

子曰:“周监于二代,郁郁乎文哉!吾从周。”

〔**注释**〕**周监于二代,郁郁乎文哉**:周代根据夏、商两代的礼仪制度加以改进,形成了多么丰富而完备的周礼呀!周,指周代。监,音见(jiàn),借鉴。二代,指夏代、殷代。郁郁,富有文采的样子。

吾从周:我是遵从周礼的。从周,其义有二:其一,孔子本殷人之后,自小好礼,当用殷礼;及长,又从古代文献及游历中学得一些夏礼;但他看到周礼远比夏礼、殷礼完备(周室微而礼乐废,然鲁为周公之后,周礼尽在鲁),故选择遵从周礼。其二,孔子虽自言“述而不作”(《述而篇》),实则在整理周礼的过程中,对如何理解及运用周礼亦因时制宜有所损益。这些在本书及《史记·孔子世家》等多有记载。

〔**译文**〕先生说:“周朝根据夏、商两代的礼仪制度加以改进,形成了多么丰富而完备的周礼呀!我遵从周礼。”

(十四)

子入太庙,每事问。或曰:“孰谓鄹人之子知礼乎?人太庙,每事问。”子闻之,曰:“是礼也。”

〔**注释**〕子入太庙,每事问:先生进了周公庙,每件事都要问一问。太庙,指鲁国始封之君的庙。从下一句有人称孔子为“鄹人之子”可知,这是孔子年轻时,在周公庙从事助祭活动。孔子每事问,是于祭典举行之前详细检查有关的准备工作。

孰谓鄹人之子知礼乎:谁说叔梁纥的儿子懂得礼呢?鄹人,指孔子的父亲叔梁纥。鄹,音邹(zōu),又作郰,鲁国地名,在今山东曲阜附近。《史记·孔子世家》:“孔子生鲁昌平乡郰邑。”叔梁纥曾作过鄹邑的大夫,古时以邑冠人,故称“鄹人”。阎若璩《四书释地续》:“鄹人之子乃孔子少贱时之称。《集注》:‘此盖孔子始仕之时,入而助祭也。’最当。始仕,即指孔子二十为委吏,二十一为乘田吏言,方与少贱称相关合。”《集注》指朱熹的《四书章句集注》。朱熹:“孔子自少以知礼闻,故或人因此而讥之。”

是礼也:这就是礼嘛。孔子不好说自己的行为适为知礼,而仅是谓自己这种认真事礼的态度即是礼而已。朱熹:“孔子言是礼者,敬谨之至,乃所以为礼也。”

〔**译文**〕先生到了周公庙,每件事都要问一问。有人便说:“谁说鄹人叔梁纥的儿子懂得礼呢?到了太庙,每件事都要问一问。”孔子听到了这话,说:“这就是礼嘛。”

(十五)

子曰:“射不主皮,为力不同科,古之道也。”

〔**注释**〕射不主皮:比箭,不但要看能否射中靶子〔,更要看仪态是否合于礼,节奏是否合于乐〕。皮,指箭靶子,有以皮做的,也有用布做的。古代射礼,除了特定的比赛之外,士大夫普遍参与,一则以提高射箭技术,自然是尚武;一则以促进个人修养及彼此间的和谐,此为尚德。何晏引马融:“言射者不但以中皮为善,亦兼取之和容也。”《仪礼·乡射礼》:“礼射不主皮。”郑玄注:“礼射,谓以礼乐射也。大射、宾射、燕射是矣。不主皮者,贵其容体比于礼,其节比于乐,不待中而为隽也。主皮者,无侯张兽皮而射之,主于获也。”至孔子之时,礼崩乐坏,列国争战,射礼当失去昔时不主皮之义,而以力量强弱、中与不中为主了。孔子这句话,正是他“好古敏以求之”(《述而篇》)的表现。

为力不同科:因为各人的力量大小不一样。为,去声(wèi),因为。科,等级,程度。从这句话也可以看出孔子这里讲的射礼,是指那种士大夫普遍参与的射箭比赛,没有严格的分级,故射不主皮,类似于今人讲的“友谊第一,比赛第二”。

〔**译文**〕先生说:“比箭,不但要看能否射中靶子,更要看行为是否合于礼乐,因为各人的力量大小不一样,这是古代的规则。”

(十六)

子贡欲去告朔之饩羊。子曰:“赐也!尔爱其羊,我爱其礼。”

〔**注释**〕**子贡欲去告朔之饩羊**:子贡想把每月初一告祭祖庙的那只活羊免去而不再用了。告朔,指诸侯告朔之礼。周礼,每年岁末(或云秋冬之交),天子把下一年的历书颁给诸侯,历书规定了那一年有无闰月,每月初一的日子,谓之“颁告朔”。诸侯接受历书后藏于祖庙,并于每月初一杀一只活羊祭于祖庙,以此告诉国人月之始。这就叫“告朔”。朔,农历每月初一。饩羊,拟杀之作为鲜肉以供祭祀之用的活羊。皇侃:“腥牲曰饩。”饩,音戏(xì)。此时鲁国的告朔之礼已名存实亡,鲁君不再亲临祖庙行礼,只是派人按惯例杀一只活羊供上而已,子贡便想把这一具文也免了。

尔爱其羊,我爱其礼:你可惜那只羊,我可惜那种礼。朱熹:“爱,犹惜也。子贡盖惜其无实而妄费。然礼虽废,羊存,犹得以识之而可复焉。若并去其羊,则此礼遂亡矣,孔子所以惜之。”

〔**译文**〕子贡想把每月初一告祭祖庙的那只活羊免去不再用了。先生说:“赐呀!你可惜那只羊,我可惜那种礼。”

(十七)

子曰:“事君尽礼,人以为谄也。”

〔**注释**〕事君尽礼:对待国君时时处处都遵循做臣下的礼节。尽,竭尽,完全。

人以为谄也:人家还以为是卖乖讨好哩。谄,皇侃疏“贫而无谄”(《学而篇》第十五章):“非分横求曰谄也。”何晏引孔安国:“时事君者多无礼,故以有礼者为谄也。”

〔**译文**〕先生说:“对待国君时时处处都遵循做臣下的礼节,人家还以为这样做的人是卖乖讨好哩。”

(十八)

定公问:“君使臣,臣事君,如之何?”孔子对曰:“君使臣以礼,臣事君以忠。”

〔**注释**〕定公问:鲁定公问。定公,名宋,襄公之子,昭公之弟,哀公之父,“定”是谥号。何晏引孔安国:“时臣失礼,定公患之,故问也。”

君使臣以礼,臣事君以忠:国君依礼使用臣下,臣下服事国君〔就会〕尽心竭力。上章言“事君尽礼”,重点在臣事君,“尽礼”为忠;此章言“君使臣以礼”,重点在君使臣,非平行而论,“以礼”和“尽礼”略有不同。可见君臣关系不是对等关系,也不是秦以后的绝对关系,而是相对关系。皇侃:“孔子答,因斥定公也。言臣之从君,如草从风。故君能使臣得礼,则臣事君必尽忠也;君若无礼,则臣亦不忠也。”朱熹引尹氏:“君臣以义合者也。故君使臣以礼,则臣事君以忠。”然君如何使臣以礼?物茂卿:“先王……乃作人臣之礼。进退有节,佩玉锵如者,不欲若是其遽也。拜兴有度,张拱翼如者,不欲若是其卑也。是岂翅为美观哉?所以优人臣也。夫然后君不以奴隶视其臣,而臣得尽其言。此三代之礼也。……战国之时,先王之礼废,而君益倨,臣益卑。……及秦并天下,倨者益倨,卑者益卑,其所定以为朝廷之制者,世俗之礼耳。后世不改,一沿其制。故秦汉以后,以无礼责其臣者,皆暗君也。获无礼之谴者,多为忠臣也。何者?喜则赏,怒责罚,赏罚之权在君,臣安得轻之。故能轻王侯藐大人者,秦汉而后是为君子,礼殊故也。”(《论语征》)此论乃旁观者清。忠,见《学而篇》第四章“为人谋而不忠乎”注。

〔译文〕鲁定公问:“国君使用臣下,臣下服事国君,应该怎么样?”孔先生回答说:“国君使用臣下有礼有节,臣下服事国君就会尽心尽力。”

(十九)

子曰:“《关雎》,乐而不淫,哀而不伤。”

〔注释〕《关雎》:《关雎》这首诗。《关雎》,《诗经》的第一篇,是一首贵族青年失恋的情歌(程俊英、蒋见元《诗经注析》)。

乐而不淫,哀而不伤:快乐而不放荡,忧愁而不悲伤。淫,过分。哀,可怜。《说文》:"怜,哀也。"《诗·豳风·破斧》:"哀我人斯,亦孔之将。""哀"亦为"可怜"义。可解作"哀愁"但程度略轻,古代之以"忧愁",正与"求之不得,寤寐思服。悠哉悠哉,辗转反侧"等诗句所表现出来的感情相合。

〔译文〕先生说:"《关雎》这首诗,快乐而不放荡,忧愁而不悲伤。"

(二十)

哀公问社于宰我。宰我对曰:"夏后氏以松,殷人以柏,周人以栗,曰使民战栗。"子闻之,曰:"成事不说,遂事不谏,既往不咎。"

〔注释〕哀公问社于宰我:鲁哀公问宰我关于社主的事。社,土地神,这里指社主,即土地神的牌位。古人认为神灵附着在牌位上。也有人指社为社树,即在祭祀土神时所种的树。定州竹简本、唐写本郑氏《论语注》"社"作"主"。今取前义。宰我,孔子的学生,姓宰,名予,字子我,鲁国人。

夏后氏以松:夏代的社主用松木做。刘宝楠:"《尔雅·释诂》:'后,君也。'夏称后,复言氏者,当以世远别异之也。"

周人以栗,曰使民战栗:周代的社主用栗木做,意思是使老百姓战战栗栗。战栗,同"战慄",害怕的样子。《尔雅·释诂》:"战、慄,惧也。"慄,同"栗"。何晏引孔安国:"凡建邦立社,各以其土所宜之木。宰我不晓其本意，妄为之说。因周用栗，便云使民战栗也。”也许宰我并非不知社主以栗的本意，因鲁哀公失去国君的权威，便借题发挥。

成事不说：已经形成规矩的事不妄加解说。皇侃：“（子）闻而讥宰我也。言种栗是随土所宜，此事之成箸乎三代，汝今妄说曰‘使民战栗’，是坏于礼政，故云‘成事不说’也。”

遂事不谏：不能回头的事不强行挽救。皇侃：“此指哀公也。言哀公为恶已久，而民不战栗，其事毕遂，此岂汝之可谏止也？”朱熹：“遂事，谓事虽未成，而势不能已者。”钱穆：“遂，行义。事已行，不复谏。”合三者观之，则此谓鲁哀公权威不振之势已是难以挽回的了。

既往不咎：这事已经过去了就不责备了罢。前言“子闻之”，则孔子说这话时，离宰我与哀公对话时有些时候了。咎，责备。皇侃：“此斥宰我也。言汝不本树意，而妄为他说。若余人为此说，则为可咎责；今汝好为谬失，而此事既已往，吾不复追咎汝也。是咎之深也，犹‘于予与何诛’之类也。”

〔**译文**〕鲁哀公问宰我土地神的牌位用什么树木制作。宰我回答说：“夏代用松木，殷代用柏木，周代用栗木做，意思是使老百姓战战栗栗。”先生听到了这话，便说：“已经形成规矩的事不妄加解说，不能回头的事不强行挽救，这事过去了就不责备了罢。”

（二十一）

子曰：“管仲之器小哉！”或曰：“管仲俭乎？”曰：“管氏有三归，官事不摄，焉得俭？”“然则管仲知礼乎？”曰：“邦君树塞门,管氏亦树塞门。邦君为两君之好,有反坫,管氏亦有反坫。管氏而知礼,孰不知礼?"

〔注释〕**管仲之器小哉**:管仲的器量小啊! 管仲,春秋时齐桓公的相,姓管,名夷吾。《史记》有《管晏列传》。《宪问篇》有两章是关于管仲的。当时孔子的弟子(子路、子贡)对管仲不能与原来的主人公子纠同死,反而做了杀死公子纠的桓公的相不以为然,称其为"不仁"。孔子却对管仲大加赞赏,称其辅佐桓公九合诸侯,一匡天下,不以兵车,且使中原地区的人民免于被发左衽,正是仁的表现,并指出不能以匹夫匹妇之小节小信来看待管仲。哉,感叹词。

管仲俭乎:管仲是不是很节俭呢? 有人听了孔子的话,以为器小是指管仲节俭。从后文又问管仲是否知礼看,当指礼器简而不备为俭。

管氏有三归,官事不摄,焉得俭:管仲有三处府邸,各处都有专人负责管理,〔需要很多花费,〕哪里说得上是节俭呢? 何晏引包咸:"三归者,娶三姓女也。妇人谓嫁为归。摄,犹兼也。礼:国君事大,官各有人,大夫并兼。今管仲家臣备职,非为俭也。"此谓三归为娶三姓女,不摄为家臣不兼职。俞樾《群经平议》:"《韩非子·外储说》:'管仲父出,朱盖青衣,置鼓而归,庭有陈鼎,家有三归。'先云'置鼓而归',后云'家有三归',是所谓归者,即以管仲言,谓自朝而归,其家有三处也。家有三处,则钟鼓帷帐不移而具,故足见其奢。且美女之充下陈者亦必如一,故足为女闾七百分谤,而娶三姓女之说或从此出也。……下云'官事不摄',亦即承此而言。管仲家有三处,一处有一处之官,不相兼摄,是谓不摄。"此谓三归为家有三处,不摄为各处有专官。今从俞说。管仲在担任齐桓公的相之前,遭遇坎坷,世事洞明,何以做出这类(包括树塞门、反坫)显然会遭物议的事情?有人说是他故意为之。《战国策·东周策》:"齐桓公宫中七市,女闾七百,国人非之。管仲故为三归之家,以掩桓公非,自伤于民也。"《列子·杨朱篇》:"管仲之相齐也,君淫亦淫,君奢亦奢。志合言从,道行国霸。"此谓管仲行事,从大处出发,外则臣掩君非,内则君臣志合,故能成就其功业。若这些说法合于史实,则孔子大管仲之器(而非历代注家从所谓王霸之说出发谓孔子小管仲之器),不亦宜乎!

然则管仲知礼乎:既如此,管仲是很懂得礼节的喽?这一句是接着提问,省去"或曰"。皇侃:"然,犹如此也。"

邦君树塞门,管氏亦树塞门:国君宫殿门前立了个照壁,管仲府邸门口也立了个照壁。树,一种类似照壁的东西。《尔雅·释宫》:"屏谓之树。"郭璞注:"小墙当门中。"塞,屏蔽,即以照壁间隔内外视线。《礼记·郊特牲》:"台门而旅树,反坫,大夫之僭礼也。"郑注:"言此皆诸侯之礼也。旅,道也。屏谓之树,树所以蔽行道。管氏树塞门,塞犹蔽也。礼:天子外屏,诸侯内屏,大夫以帘,士以帷。"刘宝楠:"周人屏制,当是用土,故亦称萧墙。其庙屏用木,故《明堂位》谓之疏屏。疏者刻也,今人家照屏,是其遗象。"

邦君为两君之好,有反坫,管氏亦有反坫:国君设宴招待其他诸侯,堂上设有用于两人酬酢之后放置酒杯的台子,管仲家也设有这样的台子。好,友好。为两君之好,指举行招待宴会。反坫,酬酢后放置酒杯的台子,筑土为之。反,还也,放回。坫,音店(diàn),土台。

管氏而知礼,孰不知礼:管仲如果算懂得礼节,还有谁不懂得礼节呢?而,假如。戴望:"管仲贤者,不为之讳,因其功足以覆恶。众见为善,莫知其非。故于其嫌得者见其不得。董子曰:‘《春秋》之道,视人所惑,为立说以大明之。’此类是与?”(《戴氏注论语》)

〔译文〕先生说:“管仲的器量小啊!”有人便问:“管仲是不是很节俭呢?”先生说:“管仲有三处府邸,各处都有专人负责管理,需很多花费,哪里说得上节俭?”那人又问:“既如此,管仲是很懂得礼节的喽?”先生说:“国君宫殿门前立了个照壁。管仲府邸门口也立了个照壁。国君设宴招待其他诸侯,堂上设有放置酒杯的台子,管仲家也设有这样的台子。他如果算懂得礼节,还有谁不懂得礼节呢?”

(二十二)

子语鲁大师乐,曰:“乐其可知也:始作,翕如也;从之,纯如也,皦如也,绎如也,以成。”

〔注释〕子语鲁大师乐:先生对鲁国的太师谈论音乐。语,音预(yù),告诉。大师,乐官之长。大,同“太”。

乐其可知也:雅乐演奏的过程是可以知道的。乐,当指雅乐,即所谓正音。时礼崩乐坏,正宗的雅乐在鲁国还存在,故有太师之官;但一套完整的雅乐可能知之者极少。下面的几句话,正是扼要地描述了雅乐演奏的全过程。

始作,翕如也:钟镈响起,宾主为之振奋。以下根据宋翔凤《论语发微》的说法作解。乐始作为金奏。《周礼·春官·宗伯》:“钟师掌金奏。”郑注:“金奏,击金以为奏乐之节。金谓钟及镈。”翕,音戏(xì),变动之貌,盛貌。

从之,纯如也:随后歌者升堂唱诗,声音纯净透亮。从,音纵(zòng)。金奏之后为升歌,即歌者到堂上唱诗,无器声相杂,故曰

“纯如”。当然也应指唱诗本身的声音特色而言。

皦如也:继以吹笙鼓簧,节奏清晰舒畅。升歌之后为笙奏,有声无辞,而笙音清别,故曰“皦如”。皦,音皎(jiǎo),明晰。何晏:“言其音节明也。”以“吹笙鼓簧”译笙奏,用的是《诗·小雅·鹿鸣》的句子。簧指笙的舌片。

绎如也:进而吹笙唱诗此起彼伏,绵绵相续。笙奏之后为间歌,即吹笙与唱诗间代而作,相寻续而不断绝,故曰“绎如”。绎,音义(yì),连续。

以成:最后众声齐作,雅乐就这样完成了。前四节完成后为合乐,堂上堂下,金奏笙奏歌唱,一齐发声。

〔**译文**〕先生对鲁国的太师谈论音乐,说道:“音乐演奏的过程是可以知道的:一开始钟声响起,令人振奋飞扬;随后歌者唱诗,声音纯净透亮;继以吹笙鼓簧,节奏清晰舒畅;进而你吹我唱,绵绵相激相荡;最后众声齐作,演奏圆满收场。”

(二十三)

仪封人请见,曰:“君子之至于斯也,吾未尝不得见也。”从者见之。出曰:“二三子何患于丧乎?天下之无道也久矣,天将以夫子为木铎。”

〔**注释**〕**仪封人请见**:仪邑的边防长官请求先生见他。仪,卫国地名。何晏引郑玄:“仪,盖卫下邑也。”封人,守边疆的负责人。封,边界。见,音现(xiàn)。请见,请求对方接见。

从者见之:与先生随行的学生安排老师见了他。从者,跟随孔子的弟子。见,亦音现(xiàn)。见之,使孔子接见仪封人。

二三子何患于丧乎:你们这些做弟子的为什么担心老师的学问会消失呢?二三子,指孔子的弟子,即前言"从者"。丧,消灭,丧失。当针对孔子所传习的历史文献和自己的思想主张而言,读如《子罕篇》"天之将丧斯文也"之"丧"。

天将以夫子为木铎:上天将会以你们的老师作为天下人的导师。木铎,铎音夺(duó),古代的一种铃,用以召集众人宣布政令教谕,犹如后世敲铃让学生进教室上课或到操场集中以听训。皇侃:"铎用铜铁为之,若行武教则用铜铁为舌,若行文教则用木为舌,谓之木铎。将行号令,则执铎振奋之,使鸣而言所教之事也。"

〔译文〕仪邑的边防长官请求先生见他,说道:"所有到这个地方来的君子,我从没有不能和他见面的。"先生的弟子安排先生见了他。他见后出来说:"你们这些做弟子的为什么担心老师的学问会消失呢?天下这种混乱不堪的局面已经够久的了,上天将会以你们的老师作为天下人的导师。"

(二十四)

子谓《韶》:"尽美矣,又尽善也。"谓《武》:"尽美矣,未尽善也。"

〔注释〕子谓《韶》:孔子论《韶》。《韶》,相传是舜时的乐曲。盖即《左传》襄公二十九年吴公子季札聘鲁时见舞之《韶箾》。

尽美矣,又尽善也:十分的美啊,又十分的善哩。美,指乐曲的艺术性而言。善,指欣赏者从乐曲中体会到的有关政治伦理方面的意义而言。《左传》襄公二十九年:"〔季札〕见舞《韶箾》者,曰:'德至矣哉,大矣!如天之无不帱也,如地之无不载也。虽甚盛德,其蔑以加于此矣,观止矣。若有他乐,吾不敢请已。'"季札评虞、夏、商、周四代之乐,以虞舜时的《韶》为最。一般认为,舜的天子之位由尧"禅让"而来,故孔子以为"尽善"。

谓《武》:孔子论《武》。《武》,相传是周武王时的乐曲。盖即《左传》襄公二十九年吴公子季札聘鲁时见舞之《大武》。

尽美矣,未尽善也:十分的美啊,却不是十分的善哩。《左传》襄公二十九年:"〔季札〕见舞《大武》者,曰:'美哉!周之盛也,其若此乎!'"季札评虞、夏、商、周四代之乐,以周武王时的《大武》为次。其他则夏禹时乐《大夏》再次之,曰:"美哉!勤而不德,非禹,其谁能修之?"商汤时乐《韶濩》又次之,曰:"圣人之弘也,而犹有惭德,圣人之难也。"一般认为,周武王的天子之位由讨伐商纣而来,孔子便以为"未尽善"。

〔译文〕先生论《韶》:"十分的美啊,又十分的善哩。"论《武》:"十分的美啊,却不是十分的善哩。"

(二十五)

子曰:"居上不宽,为礼不敬,临丧不哀,吾何以观之哉?"

〔注释〕居上不宽:居上位不宽厚。居上,在上位之人,指国君或执政之卿大夫。此犹言执政。邢昺:"居上位者宽则得众,不宽则失于苛刻。"

为礼不敬:行礼时不庄重。邢昺:"凡为礼事在于庄敬,不敬则失于傲惰。"

临丧不哀:吊丧时不悲哀。邢昺:"亲临死丧当致其哀,不哀则失于和易。"《礼记·曲礼》:"临丧则必有哀色。"临,音吝(lìn)。

〔**译文**〕先生说:"执政不宽厚,行礼不庄重,吊丧不悲哀,这种人我怎么看得下去呢?"

里仁篇第四

（一）

子曰："里仁为美。择不处仁，焉得知？"

〔注释〕里仁为美：与有仁德的人居住在一个地方，才是好事。何晏引郑玄："里者，民之所居也。居于仁者之里，是为善也。"里，居处。这里用作动词，居住。

择不处仁，焉得知：选择居所，不与有仁德的人相处，哪里算得上明智？何晏引郑玄："求善居而不处仁者之里，不得为有智之也。"处，音楚（chǔ），居住，相处。

〔译文〕先生说："与有仁德的人住在一起才是好事。选择居所，不与有仁德的人相处，哪里算得上明智？"

（二）

子曰："不仁者不可以久处约，不可以长处乐。仁者安仁。知者利仁。"

〔注释〕不仁者不可以久处约，不可以长处乐：禀性不仁厚的人，不可以长久地处于贫贱的境地〔，时间长了，就会采取非法手段以谋求摆脱这种境地〕；也不可以长久地处于富贵的境地〔，时间长了,难免骄奢淫逸〕。约,贫与贱。乐,富与贵。何晏引孔安国:"'不可以久处约',久困则为非也。'不可以长处乐',必骄佚也。"

仁者安仁:禀性仁厚的人守仁不渝。何晏引包咸:"唯性仁者自然体之,故谓安仁也。"皇侃:"若禀性自仁者,则能安仁也。何以验之?假令行仁获罪,性仁人行之不悔,是仁者安仁也。"

知者利仁:聪明睿智的人因利行仁。何晏引王肃:"知者知仁为美,故利行之也。"上一句言仁者因禀性仁厚而安仁,这一句言智者明白为仁的好处而行仁。刘宝楠:"'安仁'者,心安于仁也。'利仁'者,知仁为利而行之也。"

〔**译文**〕先生说:"禀性不仁厚的人,不可以长久地处于贫贱的境地,时间长了就会为非作歹;也不可以长久地处于富贵的境地,时间长了难免骄奢淫逸。禀性仁厚的人守仁不渝。聪明睿智的人因利行仁。"

(三)

子曰:"唯仁者能好人,能恶人。"

〔**注释**〕唯仁者能好人,能恶人:只有仁人才能够好(hào)人之好(hǎo),恶(wù)人之恶(è)。好、恶,皆读去声,喜爱、厌恶。此句即是说只有仁者才能正确地评价什么人是好人,什么人是恶人,或者说,什么是人的善行,什么是人的恶行。如孔安国的解释:"唯仁者能审人之好恶也。"好、恶,皆读如字。为什么只有仁人才能正确地评价人?这是因为仁者掌握了一个评价标准——仁。合于仁则好(hǎo),故好(hào)之;悖于仁则恶(è),故恶(wù)之。在《宪问篇》第十六、十七两章中,孔子关于管仲的评价能说明这一点。子路和子贡提出的问题,实际上反映了当时一般人对管仲个人人品的否定性评价("未仁"、"非仁者")。孔子的回答,则从天下、人民、和平等大处着眼,得出对管仲的肯定性评价("如其仁"、"民到于今受其赐")。

〔**译文**〕先生说:"只有仁人才知道爱什么人,讨厌什么人。"

(四)

子曰:"苟志于仁矣,无恶也。"

〔**注释**〕**苟志于仁矣,无恶也**:〔一个人〕若是立志践行仁道,他便不会出现大的过错了。苟,假如。恶,罪过,大过。朱熹引杨氏:"苟志于仁,未必无过举也,然而为恶则无矣。"

〔**译文**〕先生说:"一个人若是立志修养践行仁道,便不会犯大的过错了。"

(五)

子曰:"富与贵,是人之所欲也;不以其道得之,不处也。贫与贱,是人之所恶也;不以其道得之,不去也。君子去仁,恶乎成名?君子无终食之间违仁,造次必于是,颠沛必于是。"

〔**注释**〕**富与贵,是人之所欲也;不以其道得之,不处也**:发财和做官,这是人人都想得到的;不遵循仁道达到目的,〔君子〕不接受。是,此。以,由,遵循。其道,据下文"去仁"、"违仁",指仁道。得之,即实现"所欲"。

贫与贱,是人之所恶也;不以其道得之,不去也:贫困和低贱,这是人人都厌弃的;不遵循仁道达到目的,〔君子〕不摆脱。恶,去声,厌恶。得之,即实现“所恶”。

君子去仁,恶乎成名:君子抛弃了仁道,哪里成其为君子呢?恶,音乌(wū)。恶乎,哪里。朱熹:“言君子所以为君子,以其仁也。”

君子无终食之间违仁,造次必于是,颠沛必于是:君子一刻都不会背离仁道,哪怕情况紧急也一定遵循仁道,颠沛流离也一定遵循仁道。终食之间,吃顿饭的时间。造次,仓促。颠沛,跌倒,指困顿。

〔译文〕先生说:“发财和做官,这是每个人都想得到的;不遵循仁道达到目的,君子不接受。贫困与低贱,这是每个人都厌弃的;不遵循仁道达到目的,君子不摆脱。君子抛弃了仁道,哪里成其为君子?君子一刻都不会背离仁道,哪怕情况紧急也一定遵循仁道,颠沛流离也一定遵循仁道。”

(六)

子曰:“我未见好仁者,恶不仁者。好仁者,无以尚之;恶不仁者,其为仁矣,不使不仁者加乎其身。有能一日用其力于仁矣乎?我未见力不足者。盖有之矣,我未之见也。”

〔注释〕我未见好仁者,恶不仁者:我不曾见过爱好仁道的人,〔也未曾见过〕厌恶不仁的人。好、恶,皆读去声。“恶不仁者”之前蒙上文省“未见”二字。这句话,皇侃认为是孔子“叹世衰道丧仁道绝”,并引范宁:“世衰道丧,人无廉耻,见仁者既不好之,见不仁者亦不恶之。好仁恶不仁,我未睹其人也。"

好仁者,无以尚之:爱好仁道的人,以仁道为最高目标。尚,超过。之,指"仁"。皇侃:"言若好仁者,则为德之上,无复德可加胜此也。故李充曰:'所好唯仁,无物以尚之也。'"

恶不仁者,其为仁矣,不使不仁者加乎其身:厌恶不仁的人,他行仁德,是不使背离仁德的东西施加到自己身上。矣,语气词,表示停顿。

有能一日用其力于仁矣乎:有谁能用一天的时间尽自己的力量去爱好仁道和厌恶不仁呢?一日,这里指一整天的时间。仁,指前述"好仁"、"恶不仁"。

〔**译文**〕先生说:"我不曾见过爱好仁道的人,也不曾见过厌恶不仁的人。爱好仁道的人,以仁道为最高目标;厌恶不仁的人,他行仁德,是不使背离仁德的东西施加到自己身上。有谁能用一天的时间尽自己的力量去爱好仁道和厌恶不仁呢?我没有见过因为力量不够而不这样做的人。大概有这样的人吧,只不过我从来没有见到过哩。"

(七)

子曰:"人之过也,各于其党。观过,斯知仁矣。"

〔**注释**〕**人之过也,各于其党**:人的举止〔每每〕失当,在于各各有其偏私。过,失当。党,与"吾闻君子不党"(《述而篇》)之"党"义同。何晏引孔安国:"相助匿非曰党。"即偏私。本章从人性倾向论仁。

观过,斯知仁矣:观察人的过失,就知道什么是"仁"了。孔子的意思,似对人“各于其党”抱理解的态度。故君子的目标是将此偏私之仁扩而大之,即是君子不党之义。进而“博施于民而能济众”,则达到圣人的境界了(《雍也篇》)。本章之旨,绝大多数注家都从“党,类也”作解。今不从。刘开:“党,非类也。有所亲比谓之党。《书》云‘无偏无党’,子曰‘群而不党’,皆言比也。人之过于礼而用其情者,各于其亲比而深讳之,如父为子隐,子为父隐,虽有偏私而情不得不如此也,故观过可知仁矣。”(《论语补注》)

〔**译文**〕先生说:“人的举止每每失当,在于各各有其偏私。观察人的过失,就知道什么是‘仁’了。”

(八)

子曰:“朝闻道,夕死可矣。”

〔**注释**〕**朝闻道,夕死可矣**:早晨得知仁道〔行于天下〕,就是晚上死去都好啊。朝,音召(zhāo),早晨。道,据《卫灵公篇》:“子曰:‘志士仁人,无求生以害仁,有杀身以成仁。’”则此“道”指仁道。本章表现了孔子盼望天下有道的迫切心情。何晏:“言将至死不闻世之有道也。”

〔**译文**〕先生说:“早晨得知仁道行于天下,就是晚上死去都好啊。”

(九)

子曰:“士志于道,而耻恶衣恶食者,未足与议也。”

〔**注释**〕**士志于道**:士人立志实现仁道。士,当时的读书人或知识分子。钱穆指士在孔子时乃由平民社会升入贵族阶层一过渡的身份。或指士即最低阶层的贵族。统观《论语》全篇,孔子心目中理想的士,其特征有四:立志、知书、识礼、任事。道,此处指仁道,于本篇第四章“志于仁”与第八章“朝闻道”可知。

而耻恶衣恶食者:却以〔生活上〕粗劣的衣食为耻辱。恶,读如字,粗劣。《子罕篇》:“子曰:‘衣敝缊袍,与衣狐貉者立,而不耻者,其由也与?’”义适与本章相参。不过,值得注意的是,孔子并非主张士人必须以艰苦生活作为求道行道的途径,而是从人性出发,强调要经受艰苦生活的考验。故他也说:“富而可求也,虽执鞭之士,吾亦为之。”(《述而篇》)关键是,求富贵须“以其道得之”(本篇第五章)。不然,还是“从吾所好”罢。

未足与议也:不值得同他讨论〔仁道〕了。议,评议,讨论。朱熹:“心欲求道,而以口体之奉不若人为耻,其识趣之卑陋甚矣,何足与议于道哉?”

〔**译文**〕先生说:“士人立志实现仁道,却以生活上粗劣的衣食为耻辱,这种人是不值得同他讨论仁道的。”

(十)

子曰:“君子之于天下也,无适也,无莫也,义之与比。”

〔**注释**〕君子之于天下也:君子对于天下〔的某个地方〕。

无适也,无莫也:是去呢,还是不去呢。无,发声助词。参见王引之《经传释词》卷十“无毋亡忘妄”条。适,读如字,前往。莫,犹不适。王闿运:“适,往也。莫,定也。此言己历聘之意,可以仕则仕,可以止则止,不义则不与亲也。”(《论语训》卷一)历代注家于此句有多种解释,王说与本义相近。

义之与比:合适就靠拢它〔,不合适就离开它〕。义,适宜。比,音闭(bì),挨着,靠拢。言比,态度有保留,故加释“不合适就离开它”。

〔译文〕先生说:“君子对于天下的某个地方,去那里呢,还是不去那里呢,就看自己觉得合适不合适,合适就去看看,不合适就离开。”

(十一)

子曰:“君子怀德,小人怀土;君子怀刑,小人怀惠。”

〔注释〕君子怀德:君子想的是为政以德。君子,指诸侯、卿大夫等在位者,但非泛指,包含理想人格。怀,心里面想着。朱熹:“怀,思念也。”德,“为政以德”之“德”,非私德。

小人怀土:小人想的是安居乐业。小人,治于人者,但包含与君子相对的人格。土,指依赖土地的生产生活。朱熹:“怀土,谓溺其所处之安。”

君子怀刑:君子想的是齐之以刑。刑,“齐之以刑”之“刑”,刑罚。将此章与《为政篇》第三章比较,可以看出,孔子认为最理想的治国方式是“道之以德,齐之以礼,〔民〕有耻且格”。但实际上不一定完全行得通,任何统治少了刑罚这一手都不行,所以次之但更切实的治国方式是德与刑相结合。

小人怀惠:小人想的是好处几多。惠,恩惠,实惠。上言土,此亦可指收获。

〔译文〕先生说:“君子想的是为政以德,小人想的是安居乐业;君子想的是齐之以刑,小人想的是收获几许。”

（十二）

子曰："放于利而行，多怨。"

〔**注释**〕放于利而行：事事依据个人的利益去做。何晏引孔安国："放，依也。每事依利而行之也。"放，旧读仿（fǎng），依据。

多怨：自己往往还有怨气。孔安国解怨为取怨，即人怨己，历代注家多依此解。钱穆别解曰："惟《论语》教人，多从自己一面说。若专在利害上计算，我心对外不免多所怨。孔子曰：'求仁而得仁，又何怨。'若行事能依仁道，则不论利害得失，己心皆可无怨。此怨字，当指己心对外言。放于利而行多怨，正与求仁得仁则无怨，其义对待相发。"今从钱解，并略作补充：重利之人多有怨气，盖实利有限而欲望无穷。此正"小人喻于利"（本篇第十六章）、"小人长戚戚"（《述而篇》）之义。

〔**译文**〕先生说："事事依据个人的利益去做，自己往往还有怨气。"

（十三）

子曰："能以礼让为国乎？何有？不能以礼让为国，如礼何？"

〔**注释**〕能以礼让为国乎：〔为政者〕能以礼让的精神治理国家吗？这段话是针对治国说的，故为政者是主语，既可以指诸侯国君，也可以指把持国政的卿大夫。礼让，这里指为政者要有礼让，非指被治者言。当时诸侯相互攻伐，君与臣、臣与臣之间相互攘夺，故尧舜禅让、夷齐礼让的传说兴起，反映了包括孔子在内的一些人提倡礼让以消弥争夺的愿望和努力。刘宝楠:"'让'者,礼之实;'礼'者,让之文。"又:"先王虑民之有争也,故制为礼以治之。"后面的解释显然是秦汉以后皇帝专制时代的思想了。孔子的时代,为政者有争是主要矛盾,民之有争不是主要矛盾。为国,治国。皇侃:"为,犹治也。"

何有:有什么困难?何晏:"何有者,言不难之也。"这是说为政者如能以礼让治国,治国也不是什么难事。

如礼何:怎样对待礼仪制度呢?何晏引包咸:"如礼何者,言不能用礼也。"这是说为政者如不能以礼让治国,礼仪制度是行不通的。

〔译文〕先生说:"为政者能够用礼让的精神治理国家吗?若是这么做了,治国有什么困难?如果不能够用礼让的精神治理国家,礼仪制度如何行得通呢?"

(十四)

子曰:"不患无位,患所以立。不患莫己知,求为可知也。"

〔注释〕患所以立:〔应该〕担心的是凭什么立得住。立,立于位,胜任的意思。

不患莫己知:不担心没有人知道自己。莫,无指代词,没有谁。

〔译文〕先生说:"不要担心没有职位,该担心的是靠什么胜任。不要担心没有人知道自己,该努力的是拿什么让别人知道。"

(十五)

子曰:"参乎!吾道一以贯之。"曾子曰:"唯。"子出,门人问曰:"何谓也?"曾子曰:"夫子之道,忠恕而已矣。"

〔**注释**〕参乎:参呀!参,曾子之名。

吾道一以贯之:我的学说贯穿着一个基本观念。吾道,自己平时所讲的道理,主体是仁道。这里孔子指自己的学说。贯,贯穿,统贯。

唯:是。唯,答词。何晏引孔安国:"直晓不问,故答曰'唯'也。"

夫子之道,忠恕而已矣:他老人家的学说,不过"忠"与"恕"罢了。皇侃:"忠,谓尽中心也。恕,谓忖我以度于人也。"朱熹:"尽己之谓忠,推己之谓恕。"

〔**译文**〕先生说:"参呀!我的学说贯穿着一个基本的观念。"曾子说:"是。"孔子出门以后,别的学生问道:"这是什么意思啊?"曾子说:"他老人家的学说,不过'忠'与'恕'罢了。"

(十六)

子曰:"君子喻于义,小人喻于利。"

〔**注释**〕君子喻于义:君子〔凡事〕明辨是非。喻,明白,知晓。

小人喻于利:小人〔凡事〕算清利害。

〔**译文**〕先生说:"君子凡事明辨是非,小人凡事算清利害。"

(十七)

子曰:"见贤思齐焉,见不贤而内自省也。"

〔**注释**〕见贤思齐焉:看见杰出的人,就想着向他看齐。何晏引包咸:“思与贤者等也。”朱熹:“思齐者,冀己亦有是善。”焉,语气辞。

见不贤而内自省也:看见平庸的人,就内心省察自己〔同样的不足之处〕。内,内心。自省,自我反省。皇侃引范宁:“顾探诸己,谓之内省也。”朱熹:“内自省者,恐己亦有是恶。”

〔译文〕先生说:“看见杰出的人,就想着向他看齐;看见平庸的人,就内心省察自己同样的不足之处。”

(十八)

子曰:“事父母,几谏,见志不从,又敬不违,劳而不怨。”

〔注释〕事父母,几谏:〔子女〕侍奉父母,〔若父母有过错,〕当委婉地劝止。几,音机(jī),轻微,委婉。何晏引包咸:“几,微也。”句意即《礼记·内则》所云:“父母有过,下气怡色,柔声以谏。”

见志不从,又敬不违:看到自己的意见没有被接受,仍然恭恭敬敬,不去触犯他们〔,再找机会加以劝止〕。句意即《礼记·内则》所云:“谏若不入,起敬起孝,说则复谏。”

劳而不怨:〔即使反反复复,〕操心劳神,也不怨恨。《礼记·内则》续云:“不说,与其得罪于乡、党、州、闾,宁孰谏。父母怒,不悦,而挞之流血,不敢疾怨,起敬起孝。”似已超出“几谏”程度。

〔译文〕先生说:“子女侍奉父母,若父母有过错,当委婉地劝止。看到自己的意见没有被接受,仍然恭恭敬敬,不去触犯他们,再找机会加以劝止。即使反反复复,操心劳神,也不怨恨。”

（十九）

子曰："父母在，不远游，游必有方。"

〔**注释**〕**父母在，不远游**：父母在世，不出远门。朱熹："远游，则去亲远而为日久，定省旷而音问疏；不惟己之思亲不置，亦恐亲之念我不忘也。"

游必有方：〔即使就近〕出门，也一定考虑周全。游，上句既云"不远游"，此则指就近游可知。刘宝楠引吴嘉宾《说》："必有方者，亦非远游也。"方，法则，方法。何晏引郑玄："方犹常也。"朱熹解"方"为方向。邢昺解"方"为"常所"。南怀瑾认为"方"是安顿父母的法子(《论语别裁》)。这些或许是出门时都要考虑的因素，都是为了不使父母担忧。

〔**译文**〕先生说："父母在世，不出远门，即使就近出门，也一定考虑周全。"

（二十）

子曰："三年无改于父之道，可谓孝矣。"

〔**注释**〕重出。见《学而篇》。

（二十一）

子曰："父母之年，不可不知也。一则以喜，一则以惧。"

〔**注释**〕**不可不知也**：不可不记挂在心啊。朱熹："知，犹记忆也。"

一则以喜,一则以惧:有时因〔其寿命长〕而高兴,有时因〔其年事高〕而担忧。黄式三:"刘星若曰:'一,犹或也。能知父母之年,或有时喜其寿,或有时惧其衰。'"

〔译文〕先生说:"父母的年纪,不能不记挂在心啊。有时看到他们福寿长,心里高兴;有时想到他们年事高,不免担心。"

(二十二)

子曰:"古者言之不出,耻躬之不逮也。"

〔注释〕耻躬之不逮也:耻于自己的行动跟不上〔说出去的话〕。躬,自身躬行。逮,音代(dài),及,赶上。

〔译文〕先生说:"古时候的人有话不轻易说出口,他们以说了话而做不到为可耻。"

(二十三)

子曰:"以约失之者鲜矣。"

〔注释〕以约失之者鲜矣:〔凡事〕因为节制而犯过失的就很少了。约,节制,约束。《论语》的"约"字有穷困、节俭义,但当不限于此。朱熹引尹氏:"凡事约则鲜失,非止谓俭约也。"

〔译文〕先生说:"凡事因为节制而犯过失的就很少了。"

(二十四)

子曰:"君子欲讷于言而敏于行。"

〔**注释**〕**君子欲讷于言而敏于行**:君子〔遇事〕想〔做到〕说话慢一点,行动快一点。讷,音 nè,说话迟钝。敏,敏捷。何晏引包咸:“讷,迟钝也。言欲迟钝而行欲敏也。”

〔**译文**〕先生说:“君子遇事想做到说话慢一点,行动快一点。”

(二十五)

子曰:“德不孤,必有邻。”

〔**注释**〕**必有邻**:一定会有〔同道的〕人为伴。邻,邻里,邻居。与本篇第一章“里仁为美”的“里”实指不同,这里的“邻”与“孤”相对,非实指。朱熹:“邻,犹亲也。德不孤立,必以类应。故有德者必有其类从之,如居之有邻也。”朱注盖本皇侃:“又一云:‘邻,报也。言德行不孤矣,必为人所报也。’故殷仲堪曰:‘推诚相与,则殊类可亲;以善接物,物亦不皆忘,以善应之。是以德不孤焉,必有邻也。’”又物茂卿:“邻,如臣哉邻哉之邻,谓必有助也。”义亦可参。

〔**译文**〕先生说:“有道德的人不会孤单,一定会有同道的人为伴。”

(二十六)

子游曰:“事君数,斯辱矣;朋友数,斯疏矣。”

〔**注释**〕**事君数,斯辱矣**:对国君反复规劝,不厌其烦,就会招致屈辱。数,音朔(shuò),频密,屡屡。指对君上的过错屡屡规劝。斯,则。《先进篇》:“所谓大臣者,以道事君,不可则止。”《颜渊篇》:“子贡问友。子曰:‘忠告而善道之,不可则止,毋自辱焉。’”杨树达按:“孔子于事君处友并云不可则止。数者,不可而不止者之谓也。

不可而不止,则见辱与疏矣。君臣朋友皆以义合,合则相与,不合则不必强也。”(《论语疏证》)

〔**译文**〕子游说:“对国君反复规劝,不厌其烦,就会自取其辱;对朋友反复规劝,苦口婆心,反而会被疏远。”

公冶长篇第五

（一）

子谓公冶长："可妻也。虽在缧绁之中，非其罪也。"以其子妻之。

〔**注释**〕**子谓公冶长**：孔子说到公冶长。谓，谈论，评论。公冶长，孔子的学生，据《史记·仲尼弟子列传》，为齐人，字子长。一说为鲁人。他在《论语》中就出现这一次。

可妻也：可以把女儿嫁给他。妻，音气（qì），动词，嫁与为妻。

虽在缧绁之中，非其罪也：虽然〔曾经〕被关在监狱之中，但不是他的罪过哩。缧绁，音雷泄（léi xiè），捆绑犯人的绳索，这里代指监狱。

以其子妻之：把自己的女儿嫁给他。子，儿女，这里指女儿。对于本章的意义，皇侃引范宁："公冶行正获罪，罪非其罪。孔子以女妻之，将以大明衰世用刑之枉滥，劝将来实守正之人也。"朱熹："夫有罪无罪，在我而已，岂以自外至者为荣辱哉？"李泽厚："孔子不以一时之荣辱取人，虽在今日，亦属不易。"（《论语今读》）

〔**译文**〕先生说到公冶长："可以把女儿嫁给他。他虽曾遭受牢狱之灾，但不是他的罪过哩。"便把自己的女儿嫁给了他。

(二)

子谓南容:“邦有道,不废;邦无道,免于刑戮。”以其兄之子妻之。

〔注释〕子谓南容:孔子说到南容。南容,孔子的学生南宫适(kuò),《史记·仲尼弟子列传》称“南宫括”,字子容。

邦有道,不废:国家政治清明,他不会被埋没。废,弃而不用。何晏引王肃:“不废,言见任用也。”

邦无道,免于刑戮:国家政治黑暗,他也能免遭刑罚。戮,音路(lù),杀,或训辱。

以其兄之子妻之:把兄长的女儿嫁给他。杨伯峻:“孔子之兄叫孟皮,见《史记·孔子世家》索隐引《家语》。这时孟皮可能已死,所以孔子替他女儿主婚。”康有为:“公冶长以才高好奇取祸,南宫以言行修谨保家,二子性行不同,孔子皆取之。或曰,公冶长之贤不及南容,故圣人以其子妻长,而以兄子妻容,盖厚于兄而薄于己也。”(《论语注》)李泽厚:“这比公冶长要更保险、更安全一些了,所以不是把女儿而是把侄女嫁给他。先人后己,是宗教性私德,亦‘礼让’之意。”(《论语今读》)

〔译文〕先生说到南容:“国家政治清明,他不会被埋没;国家政治黑暗,他也能免遭刑罚。”于是把自己的侄女嫁给了他。

(三)

子谓子贱:“君子哉若人!鲁无君子者,斯焉取斯?”

〔注释〕子谓子贱:孔子说到宓子贱。子贱,孔子弟子宓(fú)不齐,子贱为其字,据《史记·仲尼弟子列传》,比孔子小三十岁。

君子哉若人:这人是个君子啊!若人,犹言此人。

斯焉取斯:这人从哪里学得这样的好品德呢?钱穆:"斯,此也。上斯字指子贱,下斯字指其品德。取,取法义,亦获取义。"又:"此章言君子成德,有赖于尊贤取友之益,亦称子贱之善学。"

〔**译文**〕先生说到宓子贱:"这人是个君子啊!如果鲁国没有君子,他从哪里学得这样的好品德呢?"

(四)

子贡问曰:"赐也何如?"子曰:"女,器也。"曰:"何器也?"曰:"瑚琏也。"

〔**注释**〕**女,器也**:你好比是一个〔有用的〕器皿。女,即"汝"。

瑚琏也:〔宗庙里那贵重的〕瑚琏哩。瑚琏,音胡脸(hú liǎn),古代祭祀时盛粮食的器皿。何晏引包咸:"瑚琏者,黍稷器也。夏曰瑚,殷曰琏,周曰簠簋,宗庙器之贵者也。"在孔子诸弟子中,子贡的长处在"言语"(见《先进篇》)。孔子说过:"赐也达,于从政乎何有?"(《雍也篇》)是可使从政的人才,故以瑚琏作比。不过,根据"君子不器"(《为政篇》)的观点,孔子也指出了子贡的不足或者说继续努力的方向。

〔**译文**〕子贡问道:"我是一个怎样的人?"先生说:"你好比是一个有用的器皿。"又问:"什么样器皿呢?"先生说:"宗庙里的瑚琏。"

(五)

或曰:"雍也仁而不佞。"子曰:"焉用佞!御人以口给,屡憎于人。不知其仁,焉用佞!"

〔**注释**〕**雍也仁而不佞**:冉雍这个人有仁德,却不大会表达。雍,孔子的学生,姓冉,名雍,字仲弓。佞,音泞(nìng),口才好。宦懋庸:"春秋时以多能多闻为圣,以口才之美者为佞。自夫子恶夫佞者,而佞乃为不美之名。此古今训诂之不同也。"(《论语稽》)物茂卿:"仲弓为人,盖慈惠而短于言,故时人仁之。时人贵佞,每欲仁之兼佞,以为全材。"(《论语征》)

御人以口给,屡憎于人:对人逞口舌之能,常常遭人憎恶。御,防御,对付。口给,应对敏捷,而且话也多。给,音挤(jǐ),敏捷,又有充足义。

不知其仁:〔我〕不知道冉雍是否称得上仁人。杨伯峻:"孔子说不知,不是真的不知,只是否定的另一方式,实际上说冉雍还不能达到'仁'的水平。"

〔**译文**〕有人说:"冉雍这个人有仁德,却不大会表达。"先生说:"哪里一定要会说话呀!对人逞口舌之能,常常遭人憎恶。我不知道冉雍是否称得上仁人,但哪里一定要会说话呀!"

(六)

子使漆雕开仕。对曰:"吾斯之未能信。"子说。

〔**注释**〕**子使漆雕开仕**:先生叫漆雕开去做官。漆雕开,孔子的学生,姓漆雕,名开,字子开。或云漆雕开应为漆雕启,汉时避景帝讳而改"启"为"开"。

吾斯之未能信:我对此还没有信心。斯,此,指仕。刘宝楠:"信者,有诸己之谓也。由开之言观之,其平时好学,不自矜伐,与其居官临民谨畏之心,胥见于斯。"

子说:先生听了很高兴。说,音悦(yuè)。康有为:"漆雕子以未敢自信,不愿遽仕,则其学道极深,立志极大,不安于小成,不欲为速就,宜乎为八儒之一大派也,故孔子说之。"(《论语注》)《韩非子·显学》称孔子死后,儒分为八,其一即"漆雕氏之儒"。

〔**译文**〕先生叫漆雕开去做官。漆雕开回话说:"我对做官还不自信。"先生听了很高兴。

(七)

子曰:"道不行,乘桴浮于海。从我者,其由与?"子路闻之喜。子曰:"由也好勇过我,无所取材。"

〔**注释**〕**乘桴浮于海**:坐小筏子飘浮到海外去。桴,音符(fú),竹排或木排,以当船用,当时大的叫筏,小的叫桴。

由也好勇过我,无所取材:仲由这个人的勇敢精神超过了我,〔可惜〕我们没有地方弄到做筏子的材料。何晏引郑玄:"子路信夫子,欲行,故言好勇过我也。无所取材者,言无所取桴材也。以子路不解微言,故戏之耳。"钱穆:"此章辞旨深隐,寄慨甚遥。戏笑婉转,极文章之妙趣。两千五百年前圣门师弟子之心胸音貌,如在人耳目前,至情至文,在《论语》中别成一格调,读者当视作一首散文诗玩味之。"

〔**译文**〕先生说:"主张行不通,我想坐个小筏子漂浮到海外去。跟随我的人,恐怕只有仲由吧?"子路听到这话,大为高兴。先生又说:"仲由这个人的勇敢精神超过了我,可惜我们没有地方弄到做筏子的材料。"

（八）

孟武伯问:“子路仁乎?”子曰:“不知也。”又问。子曰:“由也,千乘之国,可使治其赋也,不知其仁也。”

“求也何如?”子曰:“求也,千室之邑,百乘之家,可使为之宰也,不知其仁也。”

“赤也何如?”子曰:“赤也,束带立于朝,可使与宾客言也,不知其仁也。”

〔注释〕子路仁乎:子路是一个仁人吗?仁,当指仁人,即符合“仁”的全部要求或标准的人。或解作仁德,不确。符合“仁”的某一要求即可谓仁德,却称不上仁人,故孔子答言不知。何晏引孔安国:“仁道至大,不可全名也。”皇侃:“言子路未能全受此仁名,故云不知也。”

不知也:不晓得呢。孔子不轻许人以仁(人)。《论语》全书中,孔子明确许人以仁者,唯“殷有三仁焉”(《微子篇》)。其次,肯定某人的德行为仁。他高度评价管仲,“如其仁,如其仁”(《宪问篇》),但尚未明确许其人为仁(人)。这都属盖棺论定。时人之中,孔子评价最高的,当属弟子颜回,说“其心三月不违仁”(《雍也篇》)。此又其次也。至于其他人,要么像他说他的其他弟子,于仁“日月至焉而已矣”,要么就连这个水平也达不到了。孔子不轻许人以仁人的原因,刘宝楠引用程瑶田《论学小记》的一段话说得明白:“夫仁,至重而至难者也。故曰‘仁以为己任,任之重也。死而后已,道之远也’。如自以为及,是未死而先已,圣人之所不许也。故曰‘回也其心三月不违仁’,‘吾见其进也,未见其止也’。言夫行恕以终其身,死而后已,不自以为及者也。故有问人之仁于夫子者,则皆曰‘未知’,盖曰吾未知其及焉否也。”

可使治其赋也:可以叫他掌管军队。赋,指兵赋。治赋即治军。孔子虽未许子路以仁,却肯定他有负责一个大国军事的才能。

千室之邑:千户人家的大邑。邑,居民聚落。《左传》庄公二十八年:“凡邑有宗庙先王之主曰都,无曰邑。”千室之邑,时为大邑,为卿大夫所拥有。

百乘之家:百辆兵车的大家。家,卿大夫的封地采邑,即私邑,由其派人治理并收取租税。何晏引孔安国:“卿大夫称家。诸侯千乘,卿大夫故曰百乘也。”

可使为之宰也:可以叫他当总管。宰,卿大夫的家臣。

赤也何如:公西赤这个人怎么样?赤,即公西赤,姓公西,名赤,孔子的学生,据《史记·仲尼弟子列传》,字子华,比孔子小四十二岁。何晏引马融:“赤,弟子公西华也。有容仪,可使为行人也。”行人,皇侃谓为出使邻国和接待邻国来使之职。《周礼》有大行人、小行人之职。

束带立于朝:穿着礼服,站在朝堂之上。束带,整束衣带。皇侃引范宁:“束带,整朝服也。”

可使与宾客言也:可以叫他与外宾交谈。与宾客言,即处理、应对外宾事宜(言谈是主要方式)。宾客,时宾客有别,贵客叫宾,一般客人叫客。这里合为一词,指外宾。皇侃引范宁:“宾客,邻国诸侯来相聘享也。”此犹今之外国政要。

〔**译文**〕孟武伯问:“子路是一个仁人吗?”先生说:“不晓得呢。”孟武伯又问了一遍。先生说:“仲由嘛,一个有一千辆兵车规模的国家,可以叫他掌管军队。他是不是个仁人,就不知道了。”

孟武伯接着问:“冉求这个人怎么样?”先生说:“冉求嘛,一个有着千户人家的大邑、百辆兵车的大家,可以叫他做总管。他是不是个仁人,就不晓得了。”

孟武伯再问:“公西赤这个人怎么样?”先生说:“公西赤嘛,穿着礼服,站在朝堂上,可以叫他接待外国贵宾。他是不是个仁人,就不晓得了。”

(九)

子谓子贡曰:“女与回也孰愈?”对曰:“赐也何敢望回!回也闻一以知十,赐也闻一以知二。”子曰:“弗如也。吾与女弗如也。”

〔**注释**〕**女与回也孰愈**:你和颜回相比,哪一个略胜一筹?愈,更强,更好。何晏引孔安国:“愈,犹胜也。”

赐也何敢望回:我么,怎敢与颜回相比!望,犹云望其项背,即与之相比。

吾与女弗如也:我和你〔一样,也〕不如他啊。与,连词。孔子说自己与子贡一样,不如颜回,旧注以为这样说,是为了安慰子贡,实则孔子所言不如,与子贡之不如,所指不同。如孔子自言:“富而可求也,虽执鞭之士,吾亦为之。如不可求,从吾所好。”(《述而篇》)他赞颜回:“贤哉回也!一箪食,一瓢饮,在陋巷,人不堪其忧,回也不改其乐。贤哉回也!”(《雍也篇》)两相比较,在孔子看来,似认为自己有不如颜回的地方。

〔**译文**〕先生对子贡说:“你和颜回,谁略胜一筹啊?”子贡回答说:“我么,怎敢和颜回相比!颜回呀,听说一件事,可以推知十件事。我呢，听说一件事，只能推知两件事。”先生说：“是赶不上他啊。我和你一样，也赶不上他啊。”

（十）

宰予昼寝。子曰：“朽木不可雕也，粪土之墙不可杇也。于予与何诛？”

〔注释〕宰予昼寝：宰予大白天睡觉。宰予，即宰我。郑玄：“寝，卧息也。”钱穆：“《韩诗外传》卫灵公昼寝而起，志气益衰。宋玉《高唐赋》楚王昼寝于高唐之台。知昼寝在古人不作佳事看。”

朽木不可雕也：腐烂了的木头是雕刻不得的。雕，皇本作“彫”。何晏引包咸：“朽，腐也。彫，彫琢刻画也。”

粪土之墙不可杇也：污秽了的土墙是涂抹不得的。粪土，秽土。刘宝楠引胡绍勋《四书拾义》：“《左传》云：‘小人粪除先人之敝庐。’是除秽谓粪，所除之秽亦谓粪。此经‘粪土’犹言‘秽土’。古人墙本筑土而成，历久不免生秽，故曰‘不可杇’。”杇，音污(wū)，泥工抹墙的工具，这里指涂抹以维修墙壁。

于予与何诛：对于宰予么，有什么可责备的？诛，责备。与，语气词，表示停顿。何晏引孔安国：“今我当何责于汝乎？深责之辞也。”

〔译文〕宰予大白天睡觉。先生说：“腐烂了的木头是雕刻不得的，污秽了的土墙是涂抹不得的。对于宰予么，有什么可责备的？”

（十一）

子曰：“始吾于人也，听其言而信其行；今吾于人也，听其言而观其行。于予与改是。”

〔**注释**〕于予与改是:从宰予那儿,我改变了态度。是,此指从听言信行到听言观行态度的不同。注家多将本章与上章合为一章,今不从。原因有二:一是本章有“子曰”,若与上章相连,于体例殊为不合。有人以为这种文法属于俞樾《古书疑义举例》中的“一人之辞而加曰字例”。但俞氏引证数条,中间只加一曰字,未见加两字如“子曰”者。他也引证《论语》三条,却未包括本章。二是本章的内容与上章的内容差异很大,前人对于两章的关联,虽曲为之说解,仍属牵强难通。包括对“于予与改是”的解释,认为孔子是因为上章宰予昼寝事而改变了态度。这可能是将两章合为一章的直接原因。实则孔子改变态度,固然因宰予而起,却可能是其他具体事项。什么事项?可能有脱文,不得而知。但可推知是宰予说了的话未兑现之类。

〔**译文**〕先生说:“原先,我对别人,听到他的话,便相信他的行为;今天,我对别人,听到他的话,还要考察他的行为。我是从宰予那儿,改变了态度。”

(十二)

子曰:“吾未见刚者。”或对曰:“申枨。”子曰:“枨也欲,焉得刚?”

〔**注释**〕吾未见刚者:我没有见过刚强不屈的人。依语气可译作“我怎么没有见过刚直的人呐?”下句“申枨”可译作“申枨不是吗?”刚,刚强,刚直。郑玄:“刚谓强志不屈桡。”刚与毅有别。子曰:“刚、毅、木、讷近仁。”(《子路篇》)刚也不同于勇。子曰:“好勇

不好学，其蔽也乱；好刚不好学，其蔽也狂。”（《阳货篇》）

枨也欲：申枨这个人欲望多了点。申枨：孔子的学生，注家多认为就是《史记·仲尼弟子列传》中的“申黨”（古音“黨”、“枨”相近）。枨，今读橙（chéng）。

〔**译文**〕先生说：“我怎么没有见到刚强不屈的人呐？”有人回答道：“申枨不是吗？”先生说：“申枨么，欲望多了点，哪里做得到刚强不屈？”

（十三）

子贡曰：“我不欲人之加诸我也，吾亦欲无加诸人。”子曰：“赐也，非尔所及也。”

〔**注释**〕**我不欲人之加诸我也，吾亦欲无加诸人**：我不愿别人强加给我什么，自己也不愿强加给别人什么。加，施加，有强加的意思。何晏引马融：“加，陵也。”可以是加任何东西，不一定是不好的。参见杨逢彬关于“加”的考证。我，与“人”相对。吾，就自己而言。

非尔所及也：〔这〕不是你能〔完全〕做到的。何晏引孔安国：“言不能止人使不加非义于己也。”孔子这句话实只与子贡所说的上半句有关，故加“完全”以明其义。

〔**译文**〕子贡说：“我不愿别人强加给我什么，自己也不愿强加给别人什么。”先生说：“赐呀，这不是你能完全做到的。”

（十四）

子贡曰：“夫子之文章，可得而闻也；夫子之言性与天道,不可得而闻也。”

〔**注释**〕**夫子之文章,可得而闻也**:老师关于历史文献的学问,讲得明明白白,〔我〕是能够知晓的。文,指有关过去的文献,即《诗》《书》礼乐等的学问。章,何晏注“明也”,即明了。此指讲(言)得明,故下接闻也。孔子曰:“夏礼,吾能言之,杞不足征也;殷礼,吾能言之,宋不足征也。”(《八佾篇》)对夏礼、殷礼,孔子都是“言”。闻,听见,知晓。这里有闻而知的意思。《说文》:“闻,知闻也。”《广雅·释诂》:“闻,智(知)也。”何晏:“文彩形质著见,可得以耳目自修也。”

夫子之言性与天道,不可得而闻也:老师关于人性和天道的言论,我就难以知晓了。性,人的天性。天道,浑指自然法则与上天意志。何晏:“性者,人之所受以生者也。天道者,元亨日新之道也。深微,故不可得而闻也。”

〔**译文**〕子贡说:“老师关于礼乐制度的学问,讲得明明白白,我是能够知晓的;老师关于人性和天道的言论,我就难以知晓了。”

(十五)

子路有闻,未之能行,唯恐有闻。

〔**注释**〕**子路有闻,未之能行**:子路有所闻,还没有能够去做。闻,听到,即“闻斯行诸”(《先进篇》)之“闻”。行,实行,即“闻斯行诸”之“行”。这里指子路听到一件应该做的事情,就想马上去做,但还没有来得及去做。闻斯行诸的具体例子,如颜渊问仁,在孔子回答了为仁的要求之后,颜渊曰:“回虽不敏,请事斯语矣。”(《颜渊篇》)“事”犹“行”。接下来仲弓问仁,也是如此。

唯恐有闻：只怕又有所闻。孔子讲“由也兼人”（《先进篇》）。本章形象地刻画了子路“兼人”的性格：前一事虽然还没来得及去做，又怕再有一件应该做的事情错过了（没听到）。

〔**译文**〕子路听说了一件该做的事，还没来得及去做，便生怕又有该做的事自己不知道。

（十六）

子贡问曰：“孔文子何以谓之‘文’也？”子曰：“敏而好学，不耻下问，是以谓之‘文’也。”

〔**注释**〕孔文子何以谓之“文”也：孔文子凭什么谥他为“文”呢？孔文子，卫国大夫孔圉。文，孔圉的谥号。《左传》哀公十一年记载孔文子和他的女婿大叔疾之间的冲突，孔子时在卫，曾处其间。旧注谓子贡质疑孔文子的为人。

敏而好学：〔孔文子〕天资聪颖，又喜爱学习。敏，反应快，悟性高。何晏引孔安国：“敏者，识之疾也。”

不耻下问：〔孔文子不懂就问，即使〕求教于地位比自己低下的人，也不以为耻。朱熹：“凡人性敏者多不好学，位高者多耻下问，故谥法有以‘勤学好问为文’者，盖亦人所难也。”

〔**译文**〕子贡问道：“孔文子的谥号凭什么叫做‘文’呢？”先生说：“他天资聪颖，又喜爱学习，即使向地位比自己低下的人求教，也不以为耻，所以用‘文’字做他的谥号。”

（十七）

子谓子产：“有君子之道四焉：其行己也恭，其事上也敬,其养民也惠,其使民也义。"

〔注释〕子谓子产:孔子说到子产。子产,姓公孙,名侨,字子产,春秋时郑国著名的政治家,在郑简公、郑定公时执政二十二年。

其行己也恭:他的一举一动都谦逊有礼。行己,即己身之行。蔡清:"盖出入起居升降进退见之一身者皆行己也。"(《四书蒙引》)

其养民也惠:他帮助老百姓得到实实在在的好处。养,《说文》解作"供养",于今义自然不当,这里译作中性的词"帮助"。

其使民也义:他役使老百姓合乎规矩。义,指包括使民以时在内的合乎时宜的规矩或道理。皇侃:"义,宜也。使民不夺农务,各得所宜也。"

〔译文〕先生谈到子产:"这个人具有四种君子的做法:他的一举一动谦逊有礼,他辅佐国君严肃认真,他帮助老百姓实实在在,他役使老百姓合乎情理。"

(十八)

子曰:"晏平仲善与人交,久而敬之。"

〔注释〕晏平仲善与人交:晏平仲善于与人打交道。晏平仲,齐国大夫晏婴,字仲,"平"是谥号。本章体现了孔子的一个重要观点,即何谓"善与人交"。可参《学而篇》曾子所言"三省吾身"之前两事,子夏曰"与朋友交,言而有信",以及孔子曰"主忠信,无友不如己者"等。

久而敬之:〔相交〕时间长,仍能认真对待别人。而,与"能"通。段玉裁《说文解字注》:"而,或释为'能'者,古音'能'与'而'同,叚'而'为'能'。"之,指相交之人。孔子言敬,多就当事人敬上、敬事、敬人而言。一时敬不难,久敬为难,故得谓“善与人交”。郑玄:“平仲性谦让,而与人交,久久而益敬之。”

〔译文〕先生说:“晏平仲善于与人打交道,相交时间长,仍能对别人保持认真的态度。”

(十九)

子曰:“臧文仲居蔡,山节藻棁,何如其知也?”

〔注释〕**臧文仲居蔡:**臧文仲〔像宝贝式的〕供养着一只大龟。臧文仲,鲁大夫臧孙长。居,动词,使……居,畜藏的意思,犹供养。皇侃:“居,犹畜也。”蔡,蔡地产的一种大龟,以产地为名。刘宝楠引王鎏《四书地理志》:“谓今黄梅县西南九十里,曰蔡山,西接广济县,此或包、郑所指龟所出之地名矣。”时人用龟甲占卜吉凶。

山节藻棁:〔龟室的〕柱上斗栱雕刻得像山一样,梁上短柱上画着水藻。节,柱上斗栱。棁,音捉(zhuō),梁上短柱。郑玄:“山节藻棁,天子之庙饰,皆非文仲所当有之。”(孔广林辑《郑学十八种·论语注》第十四之三)何晏引包咸:“言其奢侈也。”

何如其知也:这人的聪明劲怎样呀?知,同“智”。何晏引孔安国:“非时人谓以为智也。”孔子批评臧文仲,非指其僭越,而是指其奢侈装饰以媚神邀福。朱熹:“当时以文仲为知,孔子言其不务民义,而谄渎鬼神如此,安得为知。”

〔译文〕先生说:“臧文仲像宝贝似的供养着一只大龟,龟室的柱上斗栱雕刻得像山一样,梁上短柱上画着水藻,这人的聪明劲怎样呀?”

(二十)

子张问曰:“令尹子文三仕为令尹,无喜色。三已之,无愠色。旧令尹之政,必以告新令尹。何如?”子曰:“忠矣。”曰:“仁矣乎?”曰:“未知。焉得仁?”

“崔子弑齐君,陈文子有马十乘,弃而违之。至于他邦,则曰:‘犹吾大夫崔子也。’违之。之一邦,则又曰:‘犹吾大夫崔子也。’违之。何如?”子曰:“清矣。”曰:“仁矣乎?”曰:“未知。焉得仁?”

〔**注释**〕**令尹子文三仕为令尹**:令尹子文三次就任〔楚国的〕宰相。令尹,楚官名,上卿执政者,其他诸侯国称相。子文,姓鬬,名榖於菟(音构乌徒 gòu wū tú)。根据《左传》,子文从鲁庄公三十年开始担任令尹,至僖公二十三年止,前后二十八年,其间可能有三次或几次起落。《国语·楚语下》:“鬬且曰:‘昔鬬子文三舍令尹,无一日之积。’”

三已之:三次被罢免职务。已,罢免。皇侃:“已,谓黜止也。”

未知:不得而知。犹本篇第五章“不知其仁”、第八章“不知也”的“不知”,语气略有不同。

崔子弑齐君:崔杼杀了自己的国君齐庄公。崔子,齐国的大夫崔杼(音助,zhù)。弑,杀害。《经典释文》:“弑,本又作‘殺’,同。”《说文》:“弑,臣杀君也。”段玉裁:“述其实则曰杀君,正其名则曰弑君。”此当就其实而言。崔子弑齐君事,见《左传》襄公二十五年。

陈文子有马十乘,弃而违之:陈文子有马四十匹,舍弃不要,离开了齐国。陈文子,齐国的大夫,名须无。十乘,一乘即一车四马,共计四十匹马。相比百乘之家而言,陈文子当为下大夫。违之,离开齐国。皇侃:"违,去也。"

清矣:可称得上"清"了。皇侃引李充:"违乱求治,不污其身,清矣。"孔子于上文许令尹子文以"忠",是对国君而言;此处许陈文子以"清",是对执政之卿大夫而言。

〔**译文**〕子张问:"令尹子文三次就任楚国的宰相,都没有显得高兴。三次被罢黜,也没有显得恼火。而且每次总是把自己过去施政的情况告诉接任的人。这人怎么样?"先生说:"可称得上忠诚了。"子张又问:"算不算仁呢?"先生说:"不知道,怎么称得上仁呢?"

子张接着问:"崔杼杀死了自己的国君齐庄公,陈文子有马四十匹,舍弃不要,离开了齐国。到了另一个国家,说:'这里的执政者和我国的大夫崔子差不多。'于是离开了那儿。再到一个国家,又说:'这里的执政者和我国的大夫崔子是一路货色。'于是又离开了那儿。这人怎么样?"先生说:"可称得上清白了。"子张又问:"算不算仁呢?"孔子说:"不知道,怎么称得上仁呢?"

(二十一)

季文子三思而后行。子闻之,曰:"再,斯可矣。"

〔**注释**〕季文子三思而后行:季文子凡事考虑再三才去做。季文子,鲁国的大夫季孙行父,"文"是谥号。三思,思考多次。

子闻之:孔子听到有人这样议论季文子。闻,听到,听说。孔子与季文子非同时代人,季文子在孔子出生前十余年便已辞世。之,指"季文子三思而后行"事。

再,斯可矣:想一想,再想一想,也就可以了。再,即"再思"。唐石经《论语》作"再思"。斯,语辞。孔子认为季文子顾虑太多,故言再思即可。这种评论,既不偏于贵思,亦不偏于重行,而是就个体之"过与不及"而发,犹"求也退,故进之;由也兼人,故退之"(《先进篇》)。

〔**译文**〕季文子凡事都要考虑再三才行动。孔子听到有人这样议论季文子,便说:"想一想,再想一想,就可以了。"

(二十二)

子曰:"甯武子,邦有道,则知;邦无道,则愚。其知可及也,其愚不可及也。"

〔**注释**〕**甯武子**:甯武子这个人。甯武子,卫国大夫,姓甯,名俞,"武"是谥号。根据《左传》,他做官是在卫成公时期。

邦无道,则愚:国家危乱时,就〔表现得〕愚直。愚,愚直。取《阳货篇》孔子曰"古者民有三疾"之"古之愚也直,今之愚也诈而已矣"之义。钱穆:"甯子仕于卫成公,成公在位三十余年,其先国尚安定,甯武子辅政有建白,是其智。后卫受晋迫,甯武子不避艰险,立朝不去,人见为愚。"

其愚不可及也:他是愚直,别人是做不到的。朱熹:"成公无道,至于失国,而武子周旋其间,尽心竭力,不避艰险。凡其所处,皆智巧之士所深避而不肯为者,而能卒保其身以济其君,此其愚之不可及也。"故此愚非愚笨,更非装傻,而是愚直,即忠之至也,宜乎人之不可及也。从孔子一贯思想看,这句话不一定是对甯武子的赞扬,自然也不是贬抑。如他肯定南容:"邦有道,不废;邦无道,免于刑戮。”以其兄之子妻之。（本篇第二章）他主张“天下有道则见，无道则隐”（《泰伯篇》）。

〔**译文**〕先生说：“甯武子这个人，国家安宁时，就表现出他的聪明；国家危乱时，就表现出他的愚直。他的聪明，别人赶得上；他的愚直，别人就做不到了。”

（二十三）

子在陈，曰：“归与！归与！吾党之小子狂简，斐然成章，不知所以裁之。”

〔**注释**〕**子在陈**：孔子在陈国。陈，陈国，都于宛丘，即今河南淮阳县。

吾党之小子狂简：我在家乡的那些弟子进取心强，志向又大。党，乡党，家乡。此点明归鲁。小子，年轻人，孔子对弟子的称呼。狂，勇于进取。皇侃：“狂者，直进无避者也。”简，志大。

斐然成章：文章已斐然可观。斐然，有文彩的样子。章，文章，指篇籍。朱熹：“成章，言其文理成就，有可观者。”或谓此指在家乡的弟子依孔子之意整理《诗》《书》礼乐。刘宝楠：“《孔子世家》言阳虎乱政时，‘孔子不仕，退而修《诗》《书》礼乐，弟子弥众，至自远方，莫不受业’。是孔子年五十内，已修《诗》《书》礼乐，非至晚年归鲁始为之也。弟子受业，即受孔子所修之业。当时洙、泗之间，必有讲肄之所，不皆从夫子出游，故此在陈得思之也。”

不知所以裁之：〔我〕不知道该怎样决定它们的取舍。裁，裁制，裁定。本义指裁剪布帛以成衣。《说文》：“裁，制衣也。”之，指文章。此以布帛裁剪为喻，指整理、删定古代文献，如使“乐正，

《雅》、《颂》各得其所"(《子罕篇》)。这里是针对弟子们的前期工作而言,故译为"决定取舍"。张栻:"圣人道不行于当时,故退而明诸书以私淑诸人。方圣人历聘之时,《诗》《书》礼乐之文,固已付门人次序之矣。及圣人归于鲁,而后有所裁定,所谓删《诗》、定《书》、系《周易》、作《春秋》也。"

〔**译文**〕先生在陈国,说道:"回去吧!回去吧!我在家乡的那些弟子进取心强,志向又大,文章已斐然可观,我都不知道该怎样决定取舍。"

(二十四)

子曰:"伯夷、叔齐不念旧恶,怨是用希。"

〔**注释**〕**伯夷、叔齐不念旧恶**:伯夷、叔齐不把过去的怨恨放在心上。伯夷、叔齐,孤竹君的两个儿子。据《史记·伯夷列传》,孤竹君死后,两兄弟相互推让,都不肯继位,后来跑到西伯昌(即周文王)那里。周武王起兵伐纣时,他俩拦住车马劝阻。周朝建立后,他俩耻于做新朝的臣民,不食周粟,饿死在首阳山。念,心想。《说文》:"念,常思也。"旧恶,夙怨。毛奇龄:"此'恶'字,即是'怨'字,犹《左传》'周、郑交恶'之'恶'。旧恶,即夙怨也。惟有夙怨,而相忘而不之念,因之恩怨俱泯,故怨是用希。"(《四书改错》卷十)有人认为就是批武王伐商,不听二人叩马之谏事。

怨是用希:怨恨的情绪因此表现得很少了。是用,因此。希,稀少。物茂卿:"希,微也。谓怨之迹不可见也。"可参《述而篇》:"(子贡)曰:'伯夷、叔齐何人也?'(孔子)曰:'古之贤人也。'曰:'怨乎?'曰:'求仁而得仁,又何怨?'"

〔译文〕先生说:"伯夷、叔齐不把过去的怨恨事放在心上,也就很少表现出怨恨的情绪。"

(二十五)

子曰:"孰谓微生高直?或乞醯焉,乞诸其邻而与之。"

〔**注释**〕**孰谓微生高直**:谁说微生高这个人〔只是〕直爽?微生高,孔安国说他是鲁国人,姓微生名高。旧注多以为即是《庄子·盗跖》、《战国策·燕策》所载尾生高守信的故事里的尾生高。即便是同一人,"直"与"信"毕竟有别。

或乞醯焉:有人向他讨点醋。或,有人。乞,求。醯,音西(xī),醋。

乞诸其邻而与之:〔他不直说自己没有了,却〕到邻居那里转讨一点给人。在孔子看来,"直"主要是一个优点,但也有不足的一面。比如"直而无礼则绞"(《泰伯篇》)、"好直不好学,其蔽也绞"(《阳货篇》),则"绞"为"直"者之不足。"绞"有尖刻伤人义。孔子以此小事为例,说明微生高虽然直爽,却对人热心周到,没有直者通常有的绞之不足。

〔**译文**〕先生说:"谁说微生高这个人只是直爽?有人向他讨点醋,他不直说自己没有了,却到邻居那里转讨了一点给人。"

(二十六)

子曰:"巧言、令色、足恭,左丘明耻之,丘亦耻之。匿怨而友其人,左丘明耻之,丘亦耻之。"

〔**注释**〕**巧言、令色、足恭**:〔那种一向〕好言好语、和颜悦色、〔现在又〕点头哈腰的态度。巧言、令色,注见《学而篇》第三章。足恭,指用脚的动作取悦于人,故解作“点头哈腰”。何晏引孔安国:“足恭,便僻之貌也。”邢昺疏:“便僻其足以为恭。谓前却俯仰,以足为恭也。”

左丘明耻之,丘亦耻之:左丘明认为可耻,我孔丘也认为可耻。左丘明,历来相传为《左传》的作者,孔安国谓为鲁大夫,皇侃注谓其受《春秋》于孔子。按:《学而篇》:“子曰:‘巧言令色,鲜矣仁。’”据此,巧言、令色,当不致使左丘明、孔子耻之;加上足恭,则为可耻。

匿怨而友其人:心里对人怨恨,表面却同人要好。匿,隐藏,指藏在心里。何晏引孔安国:“内心相怨,而外诈亲也。”

〔译文〕先生说:“那种一向好言好语、和颜悦色,现在又点头哈腰的态度,左丘明以为可耻,我孔丘也以为可耻。心里对人怨恨,表面上却同人要好,左丘明以为可耻,我孔丘也以为可耻。”

(二十七)

颜渊、季路侍。子曰:“盍各言尔志?”子路曰:“愿车马、衣轻裘与朋友共敝之而无憾。”颜渊曰:“愿无伐善,无施劳。”

子路曰:“愿闻子之志。”子曰:“老者安之,朋友信之,少者怀之。”

〔注释〕颜渊、季路侍:颜渊、季路陪着孔子。侍,陪同在长者、尊者旁边。

盍各言尔志:〔你俩〕何不说说各人的志向。盍,音何(hé),何不。

愿车马、衣轻裘与朋友共敝之而无憾：〔我〕愿将车马、衣服与朋友共同使用，直到坏掉也不感到遗憾。轻，此字为后人所加。说详阮元《论语注疏校勘记》。裘，皮服。敝，破旧。车马、衣裘，在当时及后世相当一个时期都是财富的象征。

愿无伐善，无施劳：我愿不夸耀自己的好处，不将烦难的事情推到别人头上。伐，自夸。施，外推。何晏引孔安国："无以劳事置施于人也。"

老者安之，朋友信之，少者怀之：老者使他们有所养，朋友使他们互信赖，少者使他们得关怀。老有所养，故能安。朱熹："老者养之以安。"朋友之间要相互信任，不仅是使之信任我。少年得关怀，故能怀人。皇侃："少者怀己，己必有慈惠故也。"

〔译文〕颜渊、季路陪着先生。先生说："二位何不说说各人的志向？"子路说："我愿将车马、衣服与朋友共同使用，直到坏掉也不感到遗憾。"颜渊则说："我愿不夸耀自己的好处，不将烦难的事情推到别人头上。"

子路说："希望听听先生的志向。"先生道："我的志向是，老者能够颐养天年，朋友能够互相信赖，少者能够得到关怀。"

（二十八）

子曰："已矣乎！吾未见能见其过而内自讼者也。"

〔注释〕已矣乎：到此为止了吧！朱熹："恐其终不得见而叹之也。"

吾未见能见其过而内自讼者也：我没有看见过能够发现自己的错误，便在内心作自我批评的人哩。讼，责备。

〔**译文**〕孔子说:"不会有啦!我没有见过能够发现自己的错误,便在内心作自我批评的人哩。"

(二十九)

子曰:"十室之邑,必有忠信如丘者焉,不如丘之好学也。"

〔**注释**〕十室之邑:十户人家的村落。刘宝楠引凌曙《典故覈》:"四井为邑,井有三家。四井,凡十二家。云'十室',举成数也。"实则此犹云"三人行"之类,三人成众,十室成聚,大略言之。那时人口不多,十室之邑,就算得上一个初具规模的居民聚居区了。

〔**译文**〕先生说:"只要是一个十户人家的村落,就一定有像我这样忠诚、信实的人,只是不像我一样爱好学习罢了。"

雍也篇第六

（一）

子曰："雍也，可使南面。"

〔注释〕可使南面：可以让他去做治国理政的事儿。南面，面向南，指人君听治之位。刘宝楠："《周官·撢人》注：'面，犹乡也。'人君向明而治，故位皆南面。"旧注"南面"，或谓天子，或云诸侯、卿大夫。孔子对诸弟子的期许，未有涉及天子、诸侯者，又下章冉雍因问子桑伯子而论"以临其民"之法，则此"南面"当指卿大夫。

〔译文〕先生说："冉雍这个人，可以让他去做治国理政的事儿。"

（二）

仲弓问子桑伯子。子曰："可也，简。"仲弓曰："居敬而行简，以临其民，不亦可乎？居简而行简，无乃大简乎？"子曰："雍之言然。"

〔注释〕仲弓问子桑伯子：仲弓问子桑伯子这个人怎么样。仲弓，即冉雍。子桑伯子，有人以为是《庄子》中的子桑户，不可考。既称伯子，下文又云"以临其民"，则当为卿大夫之类人物。

可也,简:可以呀,〔这人〕不烦琐。简,简要,大略。何晏:"以其能简,故曰'可也'。"

居敬而行简:自处严肃认真,行事宽大不烦。居,孔安国谓"居身",朱熹谓"自处",指要求自己。按仲弓之意,虽同为行简,可与不可,则取决于居敬还是居简,所以本句及下句诸"简"字,用不同而义近词译解。朱熹:"言自处以敬,则中有主而自治严,如是而行简以临民,则事不烦而民不扰,所以为可。"

无乃大简乎:不是太简单了吗?无乃,相当于"不是",用于反问句。大,同"太"。朱熹:"若先自处以简,则中无主而自治疏矣,而所行又简,岂不失之太简,而无法度之可守乎?"刘宝楠认为仲弓的这些话,为上章孔子所说"雍也可使南面"之证。又说:"是知当日弟子类记,不为无意。"

〔**译文**〕仲弓问子桑伯子这人怎样。先生说:"可以呀,这人不烦琐。"仲弓说:"自处严肃认真,行事宽大不烦,这样去治理老百姓,不也是可以的吗?自处散漫,行事粗疏,这样去治理老百姓,不是太简单了吗?"先生说:"冉雍的话是对的。"

(三)

哀公问:"弟子孰为好学?"孔子对曰:"有颜回者好学,不迁怒,不贰过。不幸短命死矣。今也则亡,未闻好学者也。"

〔**注释**〕**不迁怒,不贰过**:不拿别人出气,不犯同样过失。迁,转移。贰,重复。这两句不是并列句,前者是后者的原因。不迁怒,表面是不发别人的脾气,实际是不将自己的过失归罪到别人头上。颜回曾表明自己愿“无施劳”,即不将烦难的事情推到别人头上(见《公冶长篇》)。其德性如此,正与本句义相发。又程树德分辨古今“学”之别:“问好学而答以不迁怒不贰过,则古人所谓学,凡切身之用皆是也。古人之学,在学为人。今人之学,在求知识。”

不幸短命死矣:不幸短命死了。短命,《史记·仲尼弟子列传》:“回年二十九,发尽白,蚤死。”确切寿命,有二十九、三十一、三十二、四十一等不同说法。

〔**译文**〕鲁哀公问:“你的弟子中,谁称得上好学?”孔先生回答说:“有个叫颜回的好学,不拿别人出气,不犯同样的过失。不幸他短命死了。现在就没有这样的弟子了,也没有听说过这么好学的人了。”

(四)

子华使于齐,冉子为其母请粟。子曰:“与之釜。”请益。曰:“与之庾。”冉子与之粟五秉。子曰:“赤之适齐也,乘肥马,衣轻裘。吾闻之也:君子周急不继富。”

〔**注释**〕**子华使于齐**:公西华出使齐国去了。子华,即公西赤。使,旧读去声,出使。

冉子为其母请粟:冉有替子华的母亲请求发给粮食。冉子,即冉有。冉有称“子”,有人因以谓此章是冉有弟子所记。粟,小米,或指米。

与之釜:给她一釜粮食。釜,音抚(fǔ),古代量名。何晏引马融:“六斗四升曰釜也。”约合今量一斗二升八合。又钱穆:“六斗四升为一釜。古量约合今量之半,三斗二升,仅一人终月之食。盖孔子以子华家甚富,特因冉求之请而少与之。”

请益:冉有请求增加一些。益,增添。

与之庾:〔再〕给她一庾粮食。庾,音雨(yǔ),古代量名,二斗四升为一庾。

冉子与之粟五秉:冉有给了她五秉粮食。秉,音丙(bǐng),古代量名,十六斛为一秉。一斛十斗,五秉合八百斗。

乘肥马:车前驾着高头大马。乘,指车驾之乘,非骑乘之乘。

衣轻裘:身上穿着柔软的皮袍。衣,音义(yì),穿。

君子周急不继富:君子只雪中送炭,不锦上添花。周,同“赒”,救济。继,接济。朱熹:“周者,补不足。继者,续有余。”

〔**译文**〕公西华出使齐国去了,冉有替他的母亲向先生请求发给粮食。先生说:“给她一釜。”冉有请求增加一些。先生说:“再给她一庾。”冉有却给了五秉。先生说:“公西赤这次到齐国去,车前驾着高头大马,身上穿着柔软的皮袍。我听人说这样的话:君子只会雪中送炭,不搞锦上添花。”

(五)

原思为之宰,与之粟九百,辞。子曰:“毋!以与尔邻里乡党乎!”

〔**注释**〕原思为之宰:原思做了孔子家的总管。原思,孔子的学生,姓原,名宪,字子思。之,指孔子。此当为孔子做鲁国的司空、司寇时事。

与之粟九百:〔孔子〕给他九百斛米〔作为报酬〕。之,指原思。九百,孔安国注云九百斗,朱熹注云不可考,刘宝楠引胡绍勋《四书拾义》,云孔子当时为小司寇,即下大夫,其家宰可用上士为之,俸米九百斗偏少,当为九百斛,约当四百五十亩田的收成。

以与尔邻里乡党乎:〔有多的,〕就送给你左邻右舍〔有需要的〕乡亲嘛!邻里乡党,古代地方居民单位名称。何晏引郑玄:"五家为邻,五邻为里,万二千五百家为乡,五百家为党也。"以九百粟之数,赒济乡人是有限的,只能以左邻右舍大略言之。

〔译文〕原思做了先生家的总管,先生给他九百斛米作为报酬,他不肯接受,认为多了。先生说:"不要推辞!有多的,就送给你左邻右舍有需要的乡亲嘛!"

(六)

子谓仲弓曰:"犂牛之子骍且角,虽欲勿用,山川其舍诸?"

〔注释〕犂牛之子骍且角:耕牛的儿子通体红色,还长出坚细的双角。犂牛,即耕牛。《说文》:"犂,耕也。"又:"耕,犂也。"段玉裁注:"二字互训,皆谓田器。""犂"即"犂"之省。骍,音辛(xīn),赤色。周朝以赤色为贵,故以红色的牲畜作祭祀山川之用。角,据俞樾《群经平议》,祭祀之牛,其角以小为贵,但童牛无角还不能用,这里说角表明可以用了。

虽欲勿用,山川其舍诸:虽然想不以它作祭祀用的牺牛,山川之神会舍得放弃它吗?用,指用牲以祭。其,语气词。诸,"之乎"的合音字。时以耕牛喻微贱,供祭祀的牺牲不用耕牛。孔子这句话的意思是,耕牛之子如果够得上作牺牲的条件("骍且角"),山川之神也是会接受的。仲弓是"可使南面"的人,孔子劝其打破世俗的界限,广泛地使用人才。刘沅:"盖周家乡举里选,至春秋而法弊,取人惟以名望,寒微类多屈抑,子故晓之。"

〔**译文**〕先生对仲弓说:"耕牛生的小牛浑身赤色,还长出坚细的双角,虽然想不用它供作祭品,山川之神会舍得放弃吗?"

(七)

子曰:"回也,其心三月不违仁,其余则日月至焉而已矣。"

〔**注释**〕**其心三月不违仁**:他的心一连几个月都琢磨着如何克己复礼。此言"心"不言"行",并非没有行,而着重强调颜回"好学"。正如皇侃所言:"仁是行盛,非体仁则不能,不能者心必违之,能不违者唯颜回耳。"三月,指较长时间。此章与《颜渊篇》第一章接着读最为恰当,即是颜渊"请事斯语"的体现。仁就是"克己复礼",不违仁,就是"非礼勿视,非礼勿听,非礼勿言,非礼勿动"。心不违仁,则是强调修养、涵养心性。

其余则日月至焉而已矣:其他的学生,要么只有一天,要么最多一个月,能做到这样就是了。其余,指其他弟子。日月,与"三月"相对而言,指时间较短,且或日或月,参差不齐。至,达到。焉,或代指"仁",或代指"不违仁",义皆通。

〔**译文**〕先生说:"颜回这个人,他的心思一连几个月都花在克己复礼上,其他的学生,要么只有一天,要么最多一个月,能做到这样罢了。"

(八)

季康子问:"仲由可使从政也与?"子曰:"由也果,于从政乎何有?"曰:"赐也可使从政也与?"曰:"赐也达,于从政乎何有?"曰:"求也可使从政也与?"曰:"求也艺,于从政乎何有?"

〔**注释**〕**由也果**:仲由敢于决断。果,果敢。何晏引包咸:"果,谓果敢决断也。"孔子说过:"由也,千乘之国,可使治其赋也。"(《公冶长篇》)

于从政乎何有:让他治理政事有什么困难?从政,指做大夫、家宰之类以治理政事。何有,犹言何难。

赐也达:端木赐明于事理。达,通达。观《论语》全篇,端木赐之通达在在都有表现:一是有悟性。如《学而篇》:"子曰:'赐也,始可与言《诗》已矣,告诸往而知来者。'"又《先进篇》:"子曰:'赐不受命,而货殖焉,亿则屡中。'"二是求自在。如《公冶长篇》:"子贡曰:'我不欲人之加诸我也,吾亦欲无加诸人。'"三是不拘泥。如《八佾篇》:"子贡欲去告朔之饩羊。"四是能自知。如《子张篇》载,有人说"子贡贤于仲尼",子贡听到后以宫墙作喻,说自己的墙只及肩之高,老师的墙则有数仞之高。

求也艺:冉求长于办事。艺,才能。何晏引孔安国:"艺,谓多才能也。"刘宝楠:"古以礼、乐、射、御、书、数为六艺。人之才能,由六艺出,故艺即训才能。"孔子说过:"求也,千室之邑,百乘之家,可使为之宰也。"(《公冶长篇》)又说过:"今由与求也,可谓具臣矣。"(《先进篇》)孔子还因冉求为季氏聚敛而号召弟子们"鸣鼓而攻之"(《先进篇》)。本章反映孔子因材施教、因材使用的思想。

〔**译文**〕季康子问道:"仲由这人,可以让他来治理政事么?"先生说:"仲由嘛,勇于决断,对于治理政事有什么困难?"又问:"端木赐呢,可以让他来治理政事么?”先生说:“端木赐嘛,明于事理,对于治理政事有什么困难?”再问:“冉求呢,可以让他来治理政事么?”先生说:“冉求嘛,长于办事,对于治理政事有什么困难?”

(九)

季氏使闵子骞为费宰。闵子骞曰:“善为我辞焉!如有复我者,则吾必在汶上矣。”

〔**注释**〕**季氏使闵子骞为费宰**:季氏〔派人〕请闵子骞做费邑的长官。季氏,接上章,可能是季康子。闵子骞,骞,音迁(qiān),孔子的学生,姓闵,名损,字子骞,据《史记·仲尼弟子列传》,比孔子小十五岁。费,旧音必(bì),今读如字,季氏的采邑,故城在今山东费县西北二十里。何晏引孔安国:“季氏不臣,而其邑宰叛,闻闵子骞贤,故欲用也。”

善为我辞焉:好好替我推辞了吧!《史记·仲尼弟子列传》称闵子骞“不仕大夫,不食污君之禄”,并引本章的后两句话。

如有复我者,则吾必在汶上矣:若是再来找我的话,那我一定会在汶水边上了。复,又使,再来召我。何晏引孔安国:“复我者,重来召我也。”汶上,汶,音问(wèn),汶水边。此从杨逢彬说。汶水为鲁国与齐国之间的界河,此言离开鲁国到齐国去,表明推辞的决心。

〔**译文**〕季氏派人请闵子骞做他的私人领地费邑的长官。闵子骞对来人说:“好好替我推辞了吧!若是再来找我的话,那我一定是在汶水边上了。”

(十)

伯牛有疾,子问之,自牖执其手,曰:“亡之,命矣夫!

斯人也而有斯疾也！斯人也而有斯疾也！”

〔**注释**〕**伯牛有疾**：伯牛得了重病。伯牛，孔子的学生，姓冉，名耕，字伯牛，以德行著称。有疾，《史记·仲尼弟子列传》作“有恶疾”。有人认为是得了传染病。

自牖执其手：从窗口握着伯牛的手。牖，音友（yǒu），窗户。执，握着。何晏引包咸：“牛有恶疾，不欲见人，故孔子从牖执其手也。”本章见师生真情。

亡之：没有道理。亡，即“无”。亡之，犹今言“没有道理啊”，不愿相信也。刘宝楠：“吴氏英《经句说》读‘亡’为‘无’，云：‘《春秋传》“公子曰‘无之’”，谓无其事也。此“无之”，谓无其理也。’案：吴说亦通。”

〔**译文**〕伯牛患了重病，先生去探问他，从窗口握着他的手，说：“没有道理的，命运捉弄人啊！这样的人竟会得这样的病！这样的人竟会得这样的病！”

（十一）

子曰：“贤哉，回也！一箪食，一瓢饮，在陋巷，人不堪其忧，回也不改其乐。贤哉，回也！”

〔**注释**〕**一箪食**：一竹筐饭。箪，音单（dān），盛饭用的小圆形竹器。

一瓢饮：一瓜瓢水。瓢，破瓠为之以盛水。

在陋巷：住在偏僻的巷子里。陋，僻陋，从杨逢彬说。前两句形容颜回生活清贫，这一句进而说明颜回自甘清贫。

人不堪其忧：别人都受不了他们〔看到这种情形时的〕担忧。

其忧,指人之忧,非回之忧,与下文"其乐"相对。

〔**译文**〕先生说:"多么了不起啊,颜回这个人!一个小竹筐装饭,一个瓜瓢盛水,住在偏僻的巷子里,人们都为他愁得受不了,他却自得其乐不改变。多么了不起啊,颜回这个人!"

(十二)

冉求曰:"非不说子之道,力不足也。"子曰:"力不足者,中道而废。今女画。"

〔**注释**〕非不说子之道,力不足也:不是我不喜爱先生的学说,是自己的力量不够啊。说,同"悦"。道,指孔子关于仁的主张。力不足,指践行仁道的力量不够。同《里仁篇》"有能一日用其力于仁矣乎?我未见力不足者"之"力不足"。冉求说这话,当是为自己的某个具体行为辩解。

力不足者,中道而废:所谓力量不够,〔是指〕在前行的过程中不得不停下来。者,语气词。中道,即"道中"。废,力竭而止。《礼记·表记》"中道而废"郑玄注:"废,喻力极罢顿,不能复行则止也。"

今女画:现在你却自己不想走了。女,同"汝"。画,同"划",犹划地自限。皇侃:"画,止也。"朱熹:"力不足者,欲进而不能。画者,能进而不欲。谓之画者,如画地以自限也。"

〔**译文**〕冉求说:"不是不喜爱先生的学说,实在是自己的力量不够啊。"先生说:"所谓力量不够,是指走在路上实在走不动了。现在你是不想走。"

（十三）

子谓子夏曰："女为君子儒，无为小人儒。"

〔**注释**〕**女为君子儒**：你要做君子般的儒者。女，同"汝"。君子，指有位亦有德者。孔子说："君子之道四焉，其行己也恭，其事上也敬，其养民也惠，其使民也义。"（《公冶长篇》）这可以说是他心目中理想君子的标准。儒，掌握礼、乐、射、御、书、数等六艺的人。《说文》："儒，柔也，术士之称。"儒字仅见于本章。

无为小人儒：不要做小人般的儒者。小人，指无位亦无德者。孔子说"小人"，大多数是与君子相对而言。

〔**译文**〕先生对子夏说："你要做一个君子般的儒者，不要做一个小人般的儒者。"

（十四）

子游为武城宰。子曰："女得人焉尔乎？"曰："有澹台灭明者，行不由径，非公事，未尝至于偃之室也。"

〔**注释**〕**子游为武城宰**：子游做了武城邑的长官。武城，鲁国城邑，在今山东费县西南。

女得人焉尔乎：你在这儿得到什么人才没有？女，同"汝"。焉尔，犹"于此"。

有澹台灭明者：有一个叫澹台灭明的人。澹台灭明，姓澹台，名灭明，字子羽，后成为孔子的学生，据《史记·仲尼弟子列传》，比孔子小三十九岁。澹，音坛（tán）。

行不由径：走路不插小道。径，小路，喻捷径。朱熹引杨氏："后世有不由径者,人必以为迂;不至其室,人必以为简。”杨氏所指之现象,至今犹然。

〔**译文**〕子游做了武城的长官。先生问:“你在武城得到什么人才没有?”子游回答说:“有一个叫澹台灭明的人,他行事不走捷径,如果不是公事,从不到我的住处来。”

(十五)

子曰:“孟之反不伐。奔而殿,将入门,策其马,曰:‘非敢后也,马不进也。’”

〔**注释**〕孟之反不伐:孟之反不夸耀自己。孟之反,姓孟,名侧,字之反,鲁国大夫。下举之例,注家皆谓即《左传》哀公十一年齐伐鲁时发生的事。鲁右师败逃,齐人追逐。“孟之侧后入以为殿,抽矢策其马,曰:‘马不进也。’”伐,自夸。

奔而殿:鲁军败逃,孟之反率军殿后。奔,因败逃而奔走。殿,殿后。何晏引马融:“殿,在军后者也。前曰启,后曰殿。”朱熹:“战败而还,以后为功。”

〔**译文**〕先生说:“孟之反是一个不自夸的人。鲁国军队战败而逃,他率军在后掩护,快入城门时,便鞭打自己的马,说:‘不是我敢于殿后,是马儿不努力向前呀!’”

(十六)

子曰:“不有祝鮀之佞,而有宋朝之美,难乎免于今之世矣。”

〔**注释**〕**不有祝鮀之佞**：没有祝鮀〔那样〕的口才。祝鮀，卫国大夫，字之鱼，善词令，受到卫灵公重用。《左传》定公四年有载。鮀，音驼(tuó)。

而有宋朝之美：却有宋朝〔那样〕的美色。宋朝，宋国的公子朝，有美貌，在卫国为大夫。《左传》记载他先后于昭公二十年私通于襄公夫人宣姜，定公十四年私通于灵公夫人南子，都引发乱子。

难乎免于今之世矣：在今天的社会是不易避开灾难的了。免于，犹免害于。今之世，犹今之时。本章孔子的话，是指出一个社会现象，即佞吃香，有美无佞都不行。刘宝楠引五河君《经义说略》："美必兼佞，方可见容。……故夫子叹时世不佞之人，虽美难免。夫子非不恶宋朝也，所以甚言时之好佞耳。"

〔**译文**〕先生说："没有祝鮀那样的口才，却有宋朝那样的美色，在今天的社会是不易避开灾难的了。"

（十七）

子曰："谁能出不由户？何莫由斯道也？"

〔**注释**〕**谁能出不由户**：谁能出屋不经过房门？出，指走出室外。户：门户，房门。

何莫由斯道也：为何不走这条道呢？莫，非。斯道，此道，当指仁道，礼乐秩序是主要内容。道犹户，则道乃人生必由之路。何晏引孔安国："言人立身成功当由道，譬犹人出入要当从户也。"

〔**译文**〕先生说："谁能出屋不走房门？为什么不走这条道呢？"

（十八）

子曰："质胜文则野，文胜质则史。文质彬彬，然后君子。"

〔**注释**〕**质胜文则野**:人的本色多于文采,便像一个村夫。质,本质,本色,指人的先天禀赋。胜,多于。文,文饰,文采,指人的后天修养。这里主要是指礼节仪式,如《宪问篇》"文之以礼乐"。野,本指都城郊外之地,这里指居住其地的人。《说文》:"野,郊外也。"何晏引包咸:"野如野人,言鄙略也。"

文胜质则史:人的文采多于本色,便像一个司仪。史,指祝史,宗庙司祭祀之官。这里指其为一种表面化、形式化的角色。戴望:"史,祝史也,唯司威仪,诚敬非其事也。"

文质彬彬:文采和本色搭配适当。彬彬,文质兼备不偏的状态。何晏引包咸:"彬彬,文质相半之貌也。"

〔**译文**〕先生说:"人的本色多于文采,便像一个村夫;文采多于本色,便像一个司仪。文采和本色搭配适当了,才成为一个君子。"

(十九)

子曰:"人之生也直,罔之,生也幸而免。"

〔**注释**〕**人之生也直**:人的天性是诚实无欺的。生,天生,天性。直,诚实。郑玄:"始生之性皆正直。"刘宝楠:"盖直者,诚也。诚者,内不自以欺,外不以欺人。"

罔之:没有了它。罔,同"无"。《尔雅·释言》:"罔,无也。"之,指"直"。

生也幸而免:即使活着,也只是有幸而不死罢了。生,此"生"与上"生"不同,如朱熹所言:"此'生'字是生存之生。"(《朱子语类》卷三十二"人之生也直章")幸而免,幸"言非分而得,可庆幸也"

(刘宝楠);免即“民免而无耻”、“免于刑戮”之“免”。反复申说,强调“直”对人生的重要性。荀悦《汉纪·高后纪》:“……故孔子曰:‘死生有节。’又曰:‘不得其死然。’又曰:‘幸而免。’死生有节,其正理也。不得其死,未可以死而死。幸而免者,可以死而不死。”

〔译文〕先生说:“人的天性是诚实无欺的,失去了它,活着也只是有幸活着罢了。”

(二十)

子曰:“知之者不如好之者,好之者不如乐之者。”

〔注释〕知之者不如好之者:〔对于学问,〕获取真知的人不如好学不倦的人。“知之”、“好之”及“乐之”,形容学习的三种状态。知之者,即“知之为知之,不知为不知,是知也”(《为政篇》)这种状态,是就具体知识而言,且含有及知而止的意思。好之者,即“君子食无求饱,居无求安,敏于事而慎于言,就有道而正焉,可谓好学也已”(《学而篇》)。这种状态,是就人生态度而言,含有进而不止的意思。

好之者不如乐之者:好学不倦的人不如乐在其中的人。乐之者,即“发愤忘食,乐以忘忧,不知老之将至云尔”(《述而篇》)这种状态,亦即“在齐闻《韶》,三月不知肉味”(同篇)这种状态,是就精神境界而言,达此境界,学习已然成为一种深度的人生享受。何晏引包咸:“学问,知之者不如好之者笃,好之者又不如乐之者深也。”

〔译文〕先生说:“对于学问,获取真知的人不如好学不倦的人,好学不倦的人不如乐在其中的人。”

(二十一)

子曰:“中人以上,可以语上也;中人以下,不可以语上也。”

〔注释〕中人以上,可以语上也:具有中等智力而努力上进的人,是可以告诉他上等学问的。中人,中等智力之人。孔子将人因“学”与“知”不同分为四等:“生而知之者,上也;学而知之者,次也;困而学之,又其次也;困而不学,民斯为下矣。”(《季氏篇》)他又说:“唯上知与下愚不移。”(《阳货篇》)则此“中人”当指中间两等。以,犹“而”,说详王引之《经传释词》。上,指学而上移。语,音预(yù),告诉。上,指上等智力才能掌握的学问。何晏引王肃:“上谓上知(智)之人所知也。”

中人以下,不可以语上也:具有中等智力而不进反退的人,是不可以告诉他上等学问的。以,犹“而”也。下,与“上”相对,因主观原因(“不学”)而退步。黄式三:“中人以上,是中人而能上进者。中人以下,是中人而下流者。”(《论语后案》)

〔译文〕先生说:“具有中等智力而努力上进的人,是可以告诉他上等学问的;具有中等智力而不进反退的人,是不可以告诉他上等学问的。”

(二十二)

樊迟问知。子曰:“务民之义,敬鬼神而远之,可谓知矣。”问仁。曰:“仁者,先难而后获,可谓仁矣。”

〔注释〕樊迟问知:樊迟问〔从政〕如何才算明智。刘宝楠:“窃以夫子此文论仁知,皆居官临民之事,意樊迟时或出仕故也。”

务民之义:管好老百姓的要义。务,致力,从事。务民,犹治民。义,适宜的办法,因举其要,故释为“要义”。何晏引王肃:“务所以化导民之义也。”

敬鬼神而远之:〔引导老百姓〕虔诚地祭拜鬼神但不沉湎其中。远之,指不沉湎于“敬鬼神”之事。何晏引包咸:“敬鬼神而不渎也。”皇侃:“渎犹数近也。”敬鬼神,即“慎终追远,民德归厚”(《学而篇》)之义。远之,即“周人尊礼尚施,事鬼敬神而远之,近人而忠”(《礼记·表记》)之义。所谓“近人而忠”,就是要尽力服事好统治者(国君和贵族)。两者之间是有矛盾的,故民间若敬鬼神太甚,统治者往往斥之为“淫祀”。

仁者,先难而后获:践行仁道,〔使老百姓〕在付出辛勤的劳动之后有〔应得的〕收获。仁者,泛指在位者,直接指樊迟。先难而后获,承前“问知”句,仍是就“民”而言。王闿运:“言不以姑息为仁,先令民为其难,乃后得其效。”(《论语训》)

〔译文〕樊迟问从政如何才算明智。先生说:“管好老百姓的要义,在于引导老百姓虔诚地祭拜鬼神但不沉湎其中,这可以称得上明智了。”又问从政如何才算有仁德。先生说:“践行仁道,在于使老百姓付出辛勤劳动之后有应得的收获,这可以称得上有仁德了。”

(二十三)

子曰:“知者乐水,仁者乐山。知者动,仁者静。知者乐,仁者寿。”

〔**注释**〕知者乐水,仁者乐山:智者乐于水,仁者乐于山。乐水,以水为乐。乐山,以山为乐。朱熹:"知者达于事理而周流无滞,有似于水,故乐水;仁者安于义理而厚重不迁,有似于山,故乐山。动静以体言,乐寿以效言也。动而不括故乐,静而有常故寿。"朱注为本章意旨之概括。

〔**译文**〕先生说:"智者乐于水,仁者乐于山。智者如水一样活跃,仁者如山一样沉静。智者快乐,仁者长寿。"

(二十四)

子曰:"齐一变,至于鲁;鲁一变,至于道。"

〔**注释**〕齐一变,至于鲁:齐国一有大的变化,就可达到鲁国的水平。至于鲁,指达到鲁国所具有的礼乐制度的水平。鲁国是保存周礼最多的国家,有"周礼尽在鲁"之说(《左传》昭公二十年)。齐国是一个强国,又是周王室当年所封最大的异姓诸侯国,齐若至于鲁,在恢复周礼("先王之道")方面便有标杆意义。至于"变"的内容,顾炎武认为"变齐而至于鲁者,'道之以政,齐之以刑'"对下一句,"变鲁而至于道者,'道之以德,齐之以礼'"(《日知录》卷七)。

〔**译文**〕先生说:"齐国一有大的变化,就可达到鲁国的水平;鲁国再有大的变化,就能恢复先王之道了。"

(二十五)

子曰:"觚不觚,觚哉! 觚哉!"

〔**注释**〕觚不觚:觚不是〔原来那个〕觚了。觚,音孤(gū),古代有棱角的盛酒器。至孔子时,去方从圆,变成圆筒形酒器。这里是说名实不符了。

觚哉:就是觚啊! 章太炎:"案《论语》称直哉、君子哉、尚德哉、贤哉、小哉、大哉、沽之哉沽之哉,皆可辞,非否辞。"(《广论语骈枝》)在孔子看来,如同礼有损益仍称礼,觚有变化何妨仍称觚。

〔**译文**〕先生说:"觚不是原来那个觚了,可就是觚啊! 就是觚啊!"

(二十六)

宰我问曰:"仁者,虽告之曰:'井有仁焉。'其从之也?"子曰:"何为其然也? 君子可逝也,不可陷也;可欺也,不可罔也。"

〔**注释**〕仁者:一个有仁德的人。物茂卿:"仁者,暗指孔子也。"(《论语征》)

虽告之曰"井有仁焉":即使告诉他说"井里有个像你一样的人〔掉下去〕啦"。仁,即"仁者",与"泛爱众而亲仁"(《学而篇》)、"殷有三仁焉"(《微子篇》)的"仁"用法相同。定州竹简本、皇侃义疏本"仁"作"仁者"。因前呼"仁者",此处复以"井有仁焉"为假设,可见宰我故意设问,含有开玩笑的成分。但孔子的回答却郑重其事,似有被惹恼之意。

君子可逝也,不可陷也:君子可以作出牺牲,却不可被人陷害。上言"仁者",此言"君子",意不必如仁厚者易陷易罔。逝,犹言"死"。杨伯峻:"古代'逝'字的意义和'往'字有所不同,'往'而不复才用'逝'字。"陷,陷害,故意使人遭害。

可欺也,不可罔也:可受人欺侮,却不可被人愚弄。这句话实是重申前一句话,意思略有不同。可见孔子对宰我提出的问题,着实有些恼火。

〔译文〕宰我问道:“一个有仁德的人,即使告诉他说:‘井里有个像你一样的人掉下去啦。’他会跟着跳下去吗?”先生说:“为什么要这样做呢?君子可以作出牺牲,却不可遭人陷害;可以受人欺负,却不可被人愚弄。”

(二十七)

子曰:“君子博学于文,约之以礼,亦可以弗畔矣夫!”

〔注释〕君子博学于文:君子广泛地学习历史文献。皇侃:“言君子广学六籍之文。”

约之以礼:再用礼节来规范自己。约,约束,规范。之,既指“君子”,又指“博学于文”。黄式三:“约之以礼,谓行其所学必节之以礼也。君子多识前言往行,非以为口耳之资,固孜孜然欲法古人之所为也。而法古人之所为必节之以礼。”(《论语后案》)

亦可以弗畔矣夫:也就能够做到不离经叛道了。畔,同“叛”。何晏引郑玄:“弗畔,不违道。”夫,音扶(fú),语气词。

〔译文〕先生说:“君子广泛地学习历史文献,再用礼节来规范自己,也就能够做到不离经叛道了。”

(二十八)

子见南子,子路不说。夫子矢之曰:“予所否者,天厌之!天厌之!”

〔**注释**〕子见南子：孔子见了〔卫灵公的夫人〕南子。南子，卫灵公的夫人，《史记·孔子世家》及各家注，都说她名声不好，对灵公影响很大。（何晏引孔安国："淫乱，而灵公惑之。"）子见南子，孔安国认为是主动见："孔子见之者，欲因以说灵公使行治道也。"朱熹认为是被动见："孔子至卫，南子请见，孔子辞谢，不得已而见之。盖古者仕于其国，有见其小君之礼。"当从孔。

夫子矢之曰：先生发誓说。何晏引孔安国："矢，誓也。"盖子路不悦其见南子而有损声名，夫子亦虑及于此，故急而誓之以辩解。

予所否者：我若是做了伤天害理的事。所，假设连词，否，不当。

天厌之：老天爷惩罚我吧！厌，厌弃。董楚平："学生敢于干预老师的男女交往，其亲密程度可想而知。"

〔**译文**〕先生见了卫灵公夫人南子，子路不高兴。先生对他发誓说："我若是做了伤天害理的事儿，天打雷劈！天打雷劈！"

（二十九）

子曰："中庸之为德也，其至矣乎！民鲜久矣。"

〔**注释**〕中庸之为德也，其至矣乎：凡事适中，作为一种德行，那是最好的了！中，适中，指处于两个极端之间的某种恰如其分的状态。庸，用，指一种常行状态。何晏："庸，常也。中和可常行之德也。"

民鲜久矣：老百姓缺乏〔它〕已经很久了。中庸之为德，是指为政之德，老百姓缺乏的，正是这种德政，非指老百姓自身缺乏此德。

〔**译文**〕先生说："凡事适中，作为一种德行，那是最好的了！老百姓缺少它已经很久了。"

(三十)

子贡曰:"如有博施于民而能济众,何如?可谓仁乎?"子曰:"何事于仁,必也圣乎!尧、舜其犹病诸。夫仁者,己欲立而立人,己欲达而达人,能近取譬,可谓仁之方也已。"

〔注释〕**如有博施于民而能济众**:如果有人广施恩惠及于老百姓,能使众人〔有困难时〕得到救助。博,广泛。施,音士(shì),施予,含上对下施予恩惠之义。民,老百姓。这里就阶级言。孔子讲仁,重在爱"人",尚未及"民"。故博施于民,便超仁入圣了。

何事于仁,必也圣乎:何止是仁人,简直就是圣人啊!事,犹止,仅。圣,孔门树立的最高理想人格。圣、仁比较,圣是至高的、完美的,仁是次高的、尚不完美的。《论语》中谈到圣,没有指出不足,而谈到仁,虽然孔子不轻许人以仁,且言"若圣与仁,则吾岂敢!"(《述而篇》),但也说"好仁不好学,其蔽也愚"(《阳货篇》)。《论语》中孔子及其他人没有指出过谁是圣人。从本章来看,似乎尧、舜近于圣人却还不是圣人,后世径将孔子赞美过的古代帝王尧、舜、禹、汤、文、武及周公称为圣人,未必完全合于孔子原意。

尧、舜其犹病诸:尧、舜恐怕都难以做到哩!尧、舜,传说中的上古两位帝王,也是孔子心目中最完美的帝王形象化身。病,为难。《广雅·释诂》:"病,难也。"诸,"之乎"的合音。何晏引孔安国:"若能广施恩惠,济民于患难,尧、舜至圣,犹病其难也。"

能近取譬,可谓仁之方也已:能够将心比心,推己及人,可以说是成为仁人的方法了。取譬,即取喻以比照。就自身打比方,明了推己及人的道理。何晏引孔安国:"但能近取譬于己,皆恕己所不欲而勿施人也。”方,方法,路径。

〔**译文**〕子贡问道:“如果有人广施恩惠及于老百姓,能使众人有困难时得到接济,怎么样?可以称得上仁人吗?”先生说:“何止是仁人,简理就是圣人啊!尧、舜两位伟大的帝王恐怕都难以做到哩!所谓仁人,就是自己立得住,同时也使别人立得住;自己走得顺畅,同时也使别人走得顺畅。能够将心比心,推己及人,可以说是成为仁人的方法了。”

述而篇第七

（一）

子曰："述而不作，信而好古，窃比于我老彭。"

〔注释〕述而不作：只陈述，不发挥。述、作，皆是对待古代文献的态度，指在整理、传授古代文献时，原汁原味地传述前人的学说，而不借题发挥，妄增己意。

窃比于我老彭：私下里和我那老彭相比。窃，私下。刘宝楠："夫子谦言，不敢显比老彭，故言私比也。老彭，殷大夫。夫子亦殷人，故加'我'以亲之。"何晏引包咸："老彭，殷贤大夫也，好述古事。"

〔译文〕先生说："只陈述，不发挥，相信并且喜爱古代文化，私下里和我那老彭相比。"

（二）

子曰："默而识之，学而不厌，诲人不倦，何有于我哉！"

〔注释〕默而识之：自己〔常常〕不说话而用心领会别人的话。识，音义同"志"，揣摩，领会。《说文》："志，意也。"又："意，志也。察言而知意也。"皇侃："见事心识而口不言，谓之默识也。"

何有于我哉：〔做到这些，〕对我来说有什么呢！黄式三："何有，不难词，全经通例。"（《论语后案》）此语气与本篇后文"抑为之不厌，诲人不倦，则可谓云尔已矣"相似。这句话里包含的另一层意思是，其他人是难以做到上述三事的。何晏引郑玄："人无有是行，于我独有之也。"此孔子自负之处。无应有之自负，便无应有之使命感。

〔**译文**〕先生说："默默领会别人的话，不断学习从不满足，传授知识总不疲倦，这对我来说有什么呢！"

（三）

子曰："德之不修，学之不讲，闻义不能徙，不善不能改，是吾忧也。"

〔**注释**〕**闻义不能徙**：听到更为合宜的思想和做法却不能随时跟进。义，时宜，指因时制宜的思想、行为。《释名》："义，宜也。裁制事物，使合宜也。"徙，迁移。从不合宜到合宜，从合宜到更合宜，如同从甲地迁移到乙地，从乙地迁移到丙地一样。黄式三："徙义是进善之无穷，与改不善异；闻义不徙，拒所闻而自足，惮于徙而苟安也。"（《论语后案》）

〔**译文**〕先生说："品德不勤加培养，学问不经常讲习，听到更为合宜的思想和做法不能跟进，有了毛病不能改掉，这些都是我忧虑的哩。"

（四）

子之燕居，申申如也，夭夭如也。

〔**注释**〕子之燕居:先生在家休息。燕居,闲居。皇侃:"燕居者,退朝而居也。"本章记孔子闲居时的状态,与他在宗庙、朝廷及办公事时的状态恰成对比(见《乡党篇》)。

申申如也,夭夭如也:一副舒展的样子,开心的样子。申,同"伸",伸展。申申,姿体舒展、轻松的样子。夭夭,形容精神饱满而舒缓的样子。《诗经·桃夭》:"桃之夭夭,灼灼其华。"毛传:"桃有华之盛者,夭夭其少状也。"又《凯风》:"棘心夭夭,母氏劬劳。"毛传:"夭夭,盛貌。"朱熹引杨氏:"申申,其容舒也;夭夭,其色愉也。"

〔**译文**〕先生在家休息,轻轻松松的样子,开开心心的样子。

(五)

子曰:"甚矣吾衰也,久矣吾不复梦见周公!"

〔**注释**〕久矣吾不复梦见周公:很长时间我都没有再梦见周公了!周公,姓姬名旦,周文王的儿子,武王的弟弟,成王的叔父,鲁国的始封之君,曾辅佐成王,制礼作乐,开创西周的礼乐文明。孔子曾表示:"周监于二代,郁郁乎文哉,吾从周。"(《八佾篇》)何晏引孔安国:"孔子衰老,不复梦见周公也,明盛时梦见周公,欲行其道也。"

〔**译文**〕先生说:"我衰老得太厉害了,好长时间我都没有再梦见周公!"

(六)

子曰:"志于道,据于德,依于仁,游于艺。"

〔**注释**〕志于道:追寻正确道路。志,内心的追求。何晏:"志,慕也。"道,通往理想社会目标的可行途径。皇侃:"道者,通而不雍也。"

据于德：坚守道德准则。据，执持。朱熹："据者，执守之意。"德，人立身行事及处理人际关系应遵循的准则，如孝、忠、信等皆是。

依于仁：遵循仁爱精神。依，遵循。朱熹："依者，不违之谓。"仁，即"爱人"（《颜渊篇》），亦即"己欲立而立人，己欲达而达人"（《雍也篇》）。

游于艺：贯穿六艺之中。游，如水之流行，无处不在，无孔不入。艺，指礼、乐、射、御、书、数，所谓"六艺"之类，即日常生活的方式、方法和技艺等形而下者。形而上者如道、德、仁，须以形而下者为载体和实行的手段。而六艺之类的日常生活方式范围广泛，志道、据德、依仁须如水之周流，方能贯彻实行，故云"游于艺"。皇侃："游者，履历之辞也……宜遍游历以知之者。"

〔译文〕先生说："追寻正确道路，坚守道德准则，遵循仁爱精神，贯穿六艺之中。"

（七）

子曰："自行束脩以上，吾未尝无诲焉。"

〔注释〕自行束脩以上：年龄在十五岁以上。自，从。行，行年。束脩，束带脩饰，指年十五。黄式三："自行束脩以上，谓年十五以上能行束带脩饰之礼。"（《论语后案》）王泗原认为"束脩非从师之礼敬"，并详论之（见《古语文例释》146 则）。

〔译文〕先生说："年龄在十五岁以上的，我从来没有不传授知识的。"

(八)

子曰:“不愤不启,不悱不发。举一隅不以三隅反,则不复也。”

〔**注释**〕**不愤不启**:〔教导学生,〕不到他使劲儿地想都想不明白的时候,不去开导他。愤,烦懑,心里憋着劲的样子。扬雄《方言》:“愤,盈也。”《说文》:“愤,懑也。”又:“懑,烦也。”朱熹:“愤者,心求通而未得之意。”启,开导。

不悱不发:不到他非要说又说不出来的时候,不去启发他。悱,音匪(fěi)。朱熹:“悱者,口欲言而未能之貌。”

举一隅不以三隅反,则不复也:告诉他〔方形的〕一个角,他却不能以另外三个角来回答,就不要再告诉他了〔,让他继续思考吧〕。隅,方形物体之一角。皇侃:“隅,角也。床有四角,屋有四角,皆曰隅也。”三隅,谓非一隅、二隅,考其类推能力,且欲其全。反,“举”之“反”,同“返”,回答。复,“反”之“复”,再次。朱熹:“复,再告也。”前两句盖就事论事,这一句则要求举一反三(举一反二都达不到要求,从子贡自言“闻一以知二”(《公冶长篇》)可知)。

〔**译文**〕先生说:“教导学生,不到他使劲儿地想都想不明白的时候,不去开导他;不到他非说不可又说不出来的时候,不去启发他。告诉他方形的一个角,他却不能以另外三个角来回答,就不要再告诉他了,让他继续思考吧。”

(九)

子食于有丧者之侧,未尝饱也。

子于是日哭，则不歌。

〔**注释**〕**子于是日哭**：先生在当天哭泣。是日，承上指吊丧之日。哭，这里指吊丧时哭泣。陆德明："旧以为别章，今宜合前章。"(《论语音义》)

〔**译文**〕先生在居丧的人旁边吃饭，未曾吃饱过。他在当天哭过，就不再唱歌。

（十）

子谓颜渊曰："用之则行，舍之则藏，唯我与尔有是夫！"子路曰："子行三军，则谁与？"子曰："暴虎冯河，死而无悔者，吾不与也。必也临事而惧，好谋而成者也。"

〔**注释**〕**用之则行，舍之则藏**：用我呢，就推行自己的主张；不用了呢，就保存自己的志向。用，指出仕，即孟子称孔子"可以仕则仕"。行，为。这里指推行自己的主张，如仁道之类。舍，同"捨"。用而后不用，谓之舍。藏，存。不行则存，谓之藏。用、舍在人，行、藏在己。杨树达："行义以达其道，用之则行也；隐居以求其志，舍之则藏也。"

唯我与尔有是夫：只有我和你能做到这样吧！是，此，指"用之则行，舍之则藏"。

子行三军，则谁与：先生若率领军队，那会找谁一起干呢？行，为，这里是率领军队的意思。三军，大国的军队。皇侃："天子六军，大国三军，小国一军。军万二千五百人也。"与，偕同。

暴虎冯河：赤手空拳和老虎搏斗，不用船只就敢过河。冯，音平(píng)。《诗·小雅·小旻》："不敢暴虎，不敢冯河。"毛传："冯，陵也。徒涉曰冯河,徒搏曰暴虎。"河,当指大河。

必也临事而惧,好谋而成者也:〔我要找的人,〕一定是那接受任务就打起十二分精神,善于谋划而取得成功的人。惧,恐惧,总怕做不好的样子。朱熹:"惧,谓敬其事。成,谓成其谋。"

〔**译文**〕先生对颜渊说:"用我呢,就推行自己的主张;不用呢,就保存自己的志向。只有我和你能做到这样吧!"子路问:"先生若率领军队,那会找谁一起干?"先生说:"赤手空拳和老虎搏斗,不用船只就过河,这样死了都不后悔的人,我是不会和他一起干的。我要找的人,一定是那接受任务就打起十二分精神,善于谋划而志在必成的人哩。"

(十一)

子曰:"富而可求也,虽执鞭之士,吾亦为之。如不可求,从吾所好。"

〔**注释**〕**富而可求也**:财富若是可以正当地追求得到。可,含二义,一是能够,二是正当。

虽执鞭之士:即使拿着鞭子替人开道的差使。执鞭之士,最低级的官员(下士)。《周礼·秋官·条狼氏》:"条狼氏掌执鞭以趋辟,王出入则八人夹道,公则六人,侯伯则四人,子男则二人。"

〔**译文**〕先生说:"财富若是可以正当地追求得到,就是拿着鞭子替人开道的差使,我也干。若是不可以正当地追求得到,还是干我自己喜欢的事。"

(十二)

子之所慎:齐,战,疾。

〔**注释**〕**齐,战,疾**:斋戒、战争、疾病。齐,同"斋",即斋戒,祭祀前整洁身心的行为。《左传》成公十三年:"国之大事,在祀与戎。"可见斋、战之重要。又《为政篇》:"孟武伯问孝。子曰:'父母唯其疾之忧。'"可见疾之重要。

〔**译文**〕先生小心谨慎对待的事儿:斋戒、战争、疾病。

(十三)

子在齐,闻《韶》三月,不知肉味。曰:"不图为乐之至于斯也。"

〔**注释**〕**子在齐**:孔子在齐国。从"齐"字断句,与"子在陈"(《公冶长篇》)同例。据《史记·孔子世家》,鲁昭公二十五年(前517年),鲁国发生内乱,大约是在第二年,孔子跑到了齐国。

闻《韶》三月:一连三个月欣赏《韶》乐。《韶》,相传是虞舜时的乐曲。三月,形容时间长,不必拘泥三个月,也不必认为天天闻《韶》,或仅仅闻《韶》。《韶》当为美乐的代表。《史记·孔子世家》续云:"〔子〕与齐太师语乐,闻《韶》音,学之三月。"

不知肉味:肉的滋味竟然都忘记了。此句极言闻《韶》时用心以至于痴迷的程度。"不知肉味"可能是当时常用的俗语。至二十世纪六七十年代,若是有人吃肉时"不知肉味",一定会被别人称为"发愤忘食"了。《孔子世家》续云"齐人称之",古今意味竟然如此相似。

不图为乐之至于斯也:想不到欣赏音乐能到这种地步。不图,没有料想到。《说文》:"图,画计难也。"段玉裁注:"谋之而苦其难也。"即深谋之意。刘宝楠:"'不图'者,言《韶》乐之美,非计度所及也。”斯,指“不知肉味”。

〔译文〕先生在齐国,有一段时间,经常去听《韶》乐,连肉的滋味都忘记了。他感叹道:“想不到欣赏音乐能到这种地步。”

（十四）

冉有曰:“夫子为卫君乎?”子贡曰:“诺,吾将问之。”入,曰:“伯夷、叔齐何人也?”曰:“古之贤人也。”曰:“怨乎?”曰:“求仁而得仁,又何怨?”出,曰:“夫子不为也。”

〔注释〕夫子为卫君乎:老师会帮助卫君吗?为,去声,帮助。卫君,历代注家都认为指卫出公辄。据《左传》,鲁定公十四年(前496年),辄的父亲、卫灵公的太子蒯聩,因灵公夫人南子与宋公子朝私通而欲杀之,未能成功,遂出逃。鲁哀公二年(前493年),卫灵公卒,辄继位。据《史记·卫康叔世家》,晋国的赵简子送蒯聩回国,被卫人拒绝了。下文子贡以伯夷、叔齐为问,则是以兄弟让国对比父子争国,以探明孔子对卫出公的态度。据《史记·孔子世家》,本章所载孔子与弟子的对话,其时当在鲁哀公七年(前488年),似与《子路篇》第三章所载为同一年事。

诺,吾将问之:好,我去问问他。诺,应答声。《说文》:“诺,譍也。”段玉裁注:“譍者,应之俗字。”将,且,姑且。参见《经传释词》卷八。

求仁而得仁:〔他们〕追求仁道,也实现了仁道。孝悌为仁之本。叔齐敬其兄,让国于伯夷,是谓悌;伯夷遵父命,不受叔齐之让,是谓孝。

夫子不为也:老师不会帮助卫君的。子贡从老师赞赏伯夷、叔齐,知老师必不会赞同卫出公对他父亲的态度,也就不会帮卫君做事(《孔子世家》:“卫君欲得孔子为政。”)。

〔**译文**〕冉有问:“先生会帮助卫君吗?”子贡说:“好,我去问问先生。”他进到了先生屋里,问道:“伯夷、叔齐是什么样的人?”先生回答:“古代的贤人哪。”子贡又问:“他俩都不愿做孤竹国的国君,一起跑到国外,最后饿死在首阳山。他们真的没有一点怨悔吗?”先生说:“他们追求仁德,也实现了仁德,又怨悔什么呢?”子贡出来,告诉冉有道:“老师不会帮助卫君的。”

(十五)

子曰:“饭疏食,饮水,曲肱而枕之,乐亦在其中矣。不义而富且贵,于我如浮云。”

〔**注释**〕**饭疏食**:吃粗粮。饭,动词,吃。疏食,粗粮。《说文》:“粗,疏也。”

饮水:喝冷水。水,古代常指冷水,热水为“汤”。

曲肱而枕之:弯着胳膊做枕头。肱,音公(gōng),上臂,这里指胳膊。下文言“浮云”,则曲肱而枕之当在户外,悠然之态跃然纸上。

于我如浮云:对我来说就像那天上的浮云。浮云在上我在下,此言不义之富贵与我不相干,即《里仁篇》“富与贵,是人之所欲也,不以其道得之,不处也”之义。

〔**译文**〕先生说:“吃粗粮,喝冷水,弯着胳膊当枕头,乐趣自在其中了。不走正道得来的富贵,对我来说就像那天上的浮云。”

(十六)

子曰:“加我数年,五十以学《易》,可以无大过矣。”

〔**注释**〕**加我数年**:增加我几年的时间。加,增加。此"加"不是加在今后,而是加在说这话之前,犹言"若是多学几年"或"若是早几年时间"。

五十以学《易》:从五十岁就开始学《易》。《易》,古时一部有关占卜吉凶的书。这里表明孔子说这话时在五十多岁。这与《史记·孔子世家》说"孔子晚而喜《易》"相合。李零:"孔子五十以学《易》","五十而知天命",两个"五十",不是巧合。我们要知道,古人知天命,主要靠数术;孔子知天命,主要靠学《易》。"孔子学《易》,是为了知命,知道自己是不是应该出来做官。"

可以无大过矣:就不会有大的过错了。大过,相对于一般的"过"或"小过"而言。孔子五十岁后数年间,始出仕,为鲁中都宰,由中都宰为司空,又为司寇,相鲁定公会齐侯于夹谷,助季孙氏堕三都。孔子一生出仕仅在这四五年间(参钱穆《孔子传》),其言"大过"或许与上述事件相关。故孔子学《易》知命,该是反思如何做官了。至于他说"五十而知天命",主要指知天赋使命(见《为政篇》第四章注释)。

〔**译文**〕先生说:"若是早几年时间,从五十岁开始学《易》,就不会有大的过错了。"

(十七)

子所雅言,《诗》、《书》。执礼,皆雅言也。

〔**注释**〕**子所雅言,《诗》、《书》**:先生使用官话的地方,是诵《诗》、读《书》。雅言,官话,指西周国都一带的语音。刘宝楠:"周室西都,当以西都音为正。平王东迁,下同列国,不能以其音正乎天下,故降而称《风》。而西都之雅音,固未尽废也。夫子凡读《易》及《诗》、《书》、执礼,皆用雅言,然后辞义明达,故郑以为义全也。后世人作诗用官韵,又居官临民,必说官话,即雅言矣。”

执礼,皆雅言也:赞礼的时候,也都是用的官话。执礼,即掌礼、赞礼。翟灏:“古者学礼行礼,皆有诏赞者为之宣唱校呼,使无失错,若今之赞礼官,其书若今之仪注,于此而不正其言,恐事亦失正也。”本章断句,俞樾独出心裁:“《论语》文法简质,此章既云‘子所雅言’,又云‘皆雅言也’,于文似复,盖由经师失其读矣。此当以‘《诗》、《书》’断句,言孔子诵《诗》、读《书》无不正其音也。‘执礼’二字自为句,属下读。执礼,谓执事也。《周官·太史》曰:‘凡射事,执其礼事。’《礼记·杂记》曰:‘女虽未许嫁,年二十而笄礼之,妇人执其礼。’皆执礼之证也。孔子执礼之时,苟有所言,如《乡党》所记‘宾不顾矣’之类,皆正言其音,不杂以方言俗语,故曰‘执礼皆雅言也’。《诗》、《书》或诵或读或教授弟子,若执礼,自为一事,故别言之耳。”(《论语平议》)今从俞说。

〔**译文**〕先生诵《诗》、读《书》,用的是西周官话;主持各种礼仪,说的都是西周官话。

(十八)

叶公问孔子于子路,子路不对。子曰:“女奚不曰,其为人也,发愤忘食,乐以忘忧,不知老之将至云尔。”

〔**注释**〕**叶公问孔子于子路,子路不对**:叶公问子路,孔先生是一个什么样的人,子路不回答。叶公,楚国叶地的长官。叶,音射(shè),今河南叶县南三十里有古叶城。问孔子,根据后文,当是问孔子的"为人"。不对,子路不愿评价老师。

女奚不曰:你为什么不〔这样〕说。奚,为何。

发愤忘食:发愤用功,〔常常〕忘记吃饭。发愤,既指勤于学,又指勤于事。

乐以忘忧:乐在其中,便忘记了忧愁。乐,既指乐其所得,又指享受过程。

不知老之将至云尔:不晓得衰老就要到来,如此而已。云,如此。尔,同"耳",而已,罢了。

〔**译文**〕叶公问子路,孔先生是一个什么样的人,子路不回答。先生对子路说:"你何不告诉他:你问的这个人呀,发愤用功,常常忘记吃饭;乐在其中,便忘记了忧愁,浑然不觉衰老就要到来,如此而已。"

(十九)

子曰:"我非生而知之者,好古,敏以求之者也。"

〔**注释**〕我非生而知之者:我不是生来就有那么多知识的人。从这句话可知,时人认为孔子是生而知之者,故孔子作答。

好古,敏以求之者也:爱好历代文化,如饥似渴地从中寻求知识的人。古,过去的时代,主要指夏、商、周三代及其所流传下来的文化。敏,敏捷,勤勉。求,寻求,探求。之,求的对象,指有关夏、商、周礼乐制度的知识。

〔**译文**〕先生说:"我不是生来就有那么多知识的人,而是爱好历代文化,如饥似渴地从中寻求知识的人。"

（二十）

子不语：怪、力、乱、神。

〔**注释**〕子不语：先生不〔与人〕讨论。语，谈论，讨论。《说文》："直言曰言，论难曰语。"皇侃："发端曰言，答述曰语，此云不语，谓不诵答耳，非云不言也。"历代注家纠结于孔子不说怪、力、乱、神与事实（记载）不合（《论语》中的"怪"，只出现这一次；"力"，13 次；"乱"，14 次；"神"，6 次），实则孔子有"言"而无"语"。又朱熹引谢氏："圣人语常而不语怪，语德而不语力，语治而不语乱，语人而不语神。"

〔**译文**〕先生不与人讨论怪异、暴力、悖乱、鬼神的话题。

（二十一）

子曰："三人行，必有我师焉。择其善者而从之，其不善者而改之。"

〔**注释**〕**三人行，必有我师焉**：几个人一道行走，其中便一定有我可以学习的对象。三人，几个人，若干人，非实指。刘宝楠："'三人'者，众辞也。"此即子贡所言"夫子焉不学，而亦何常师之有"（《子张篇》）。

〔**译文**〕先生说："几个人一道行走，其中一定有我可以学习的对象。择取他们的优点，照着去做；对照他们的缺点，加以改正。"

（二十二）

子曰："天生德于予，桓魋其如予何？"

〔**注释**〕**天生德于予**:上天赋予我使命。德,德性,这里指使命。郑玄:“天生德于予者,谓授我以圣性,欲使我制作法度。”(《唐写本论语郑氏注》)

桓魋其如予何:桓魋他能把我怎么样?桓魋,魋音颓(tuí),宋国的司马向魋,因为是宋桓公的后代,所以又叫桓魋。孔子在宋国遭桓魋威胁事见《史记·孔子世家》。

〔**译文**〕先生说:“上天赋予我使命,桓魋他能把我怎么样?”

(二十三)

子曰:“二三子以我为隐乎?吾无隐乎尔!吾无行而不与二三子者,是丘也。”

〔**注释**〕**二三子以我为隐乎**:你们几个小子以为我有所隐瞒吗?二三子,指诸弟子。隐,隐匿,犹今言“保留”。子贡说过:“夫子之文章,可得而闻也;夫子之言性与天道,不可得而闻也。”(《公冶长篇》)可见弟子中有人认为孔子的教授是有所保留的。

吾无隐乎尔:我对你们是没有隐瞒的。乎,同“于”。尔,同“汝”。

吾无行而不与二三子者,是丘也:我没有什么事不是和诸位一起做的,这就是我孔丘啊。与,参与,即“和……一起做”的意思。者,句尾代词,引出判断。

〔**译文**〕先生说:“诸位以为我对你们打了埋伏吗?我对你们没有保留!我没有什么事不是和你们一块儿做的,这就是我孔丘哩。”

(二十四)

子以四教:文、行、忠、信。

〔**注释**〕文:好学。非指文献,而是“孔文子何以谓之‘文’也”之“文”,其内容为:“敏而好学,不耻下问。”(《公冶长篇》)此正对应所谓“孔门四科”之“文学”(《先进篇》)。

行:力行。即“先行其言而后从之”(《为政篇》)之“行”,亦“躬行君子”(《述而篇》)之“行”。此对应“孔门四科”之“德行”。

忠:尽心。即“为人谋而不忠乎”(《学而篇》)之“忠”。此对应“孔门四科”之“政事”。

信:守信。即“与朋友交而不信乎”、“与朋友交,言而有信”(《学而篇》)之“信”。此对应“孔门四科”之“言语”。

〔**译文**〕先生教导学生四种德性:好学、力行、尽心、守信。

(二十五)

子曰:“圣人,吾不得而见之矣;得见君子者,斯可矣。”

子曰:“善人,吾不得而见之矣;得见有恒者,斯可矣。亡而为有,虚而为盈,约而为泰,难乎有恒矣。”

〔**注释**〕**圣人,吾不得而见之矣**:〔那使所有的人都得到恩惠的〕圣人,我是不能见到的了。圣人,即“博施于民而能济众”(《雍也篇》)者。孔子认为“尧舜其犹病诸”,故发此叹。

得见君子者,斯可矣:能够见到〔那推己及人的〕君子,就可以了。君子,即“己欲立而立人,己欲达而达人”的“仁者”(同上)。何以见得此“仁者”即是君子?孔子曾回答子路关于君子的提问,告之以“修己以敬”、“修己以安人”、“修己以安百姓”(《宪问篇》),义同此。请参见该章注释。

善人,吾不得而见之矣:〔那长期致力于克服战争祸害的〕善人,我是不能见到的了。善人,即“善人为邦百年,亦可以胜残去杀”的“善人”(《子路篇》)。该篇又一章载孔子说:“善人教民七年,亦可以即戎矣。”接着载孔子说:“以不教战,是谓弃之。”于此可见,“善人”,一指在位者,当指诸侯;二指有德者,即克服战争祸害的人。但这个意义上的“善人”概念,《论语》使用的不多(“善人”一词在该书中一共出现五次)。

得见有恒者,斯可矣:能够见到〔那为克服战争祸害而〕有所坚持的人,就可以了。有恒者,相对于善人而言。善人“为邦百年”、“教民七年”,则“有恒”只能概略指“有所坚持”或“坚持一段时间”。

亡而为有,虚而为盈,约而为泰,难乎有恒矣:吸引不来别国的人,却说来了不少;仓库里没什么粮食了,却装作满登登的;人们日子过得苦,却以为还舒坦,这种状态是坚持不了多久的。亡,同“无”。约,穷困。泰,舒泰。物茂卿:“有亡以人言,盈虚以仓廪言,约泰以民生言。亡人而以为有人,仓廪虚而以为盈,民困约而以为泰,务夸大以自憙,是无所守者也,故难可名之为有常也。”今姑从其说。“亡人以为有人”,当指“远人不服,则修文德以来之”(《季氏篇》)之意。在列国纷争中,执政者首要任务就是“庶之”(《子路篇》),即增加人口,这样才又有劳力,又有兵力。而使人口增多的办法,最管用的就是吸引其他诸侯国的人口迁移过来。

〔**译文**〕先生说:“那使所有的人都得到恩惠的圣人,我是不能见到了;能够见到那推己及人的君子,就可以了。”

先生又说:“那长期致力于克服战争祸害的善人,我是不能见到了;能够见到那为克服战争祸害而有所坚持的人,就可以了。然而,没有别国的人迁来,却说来了不少;仓库里空了,却装作是满的;日子紧巴巴的，却以为还舒坦，这样就坚持不了多久了。”

（二十六）

子钓而不纲，弋不射宿。

〔**注释**〕**子钓而不纲**：先生钓鱼，不用群钩捕鱼。钓，《说文》谓“钩鱼也”，何晏引孔安国云“一竿钓也”，与今天持竿钓鱼相似。纲，何晏引孔安国解作“为大纲以横绝流，以缴系钓，罗属着纲也”。纲为大绳，缴是小绳。即将众多的鱼钩以小绳系在大绳上，横置河流上以取鱼。

弋不射宿：射鸟，不射巢中之鸟。弋，音亦（yì），一种射鸟的方法。何晏引孔安国：“弋，缴射也。”即用生丝系矢而射。宿，《说文》谓“止也”，指栖息于鸟窝中的小鸟或哺育、孵化小鸟的鸟。黄式三：“此言日中巢栖之鸟，非必夜止也。鸟飞集无常所，其日中栖巢者必伏卵育雏之类，夫子不射之，《礼》所谓‘不卵不杀胎，不殀夭，不覆巢’是也。”（《论语后案》）则本章既反映孔子“游于艺”之情趣，又体现孔子取物有节的思想。

〔**译文**〕先生钓鱼，不用群钩捕鱼；射鸟，不射巢中之鸟。

（二十七）

子曰：“盖有不知而作之者，我无是也。多闻，择其善者而从之；多见而识之，知之次也。”

〔**注释**〕**盖有不知而作之者，我无是也**：大概有一种〔对古代的知识〕并不明白却借题发挥的做法，我没有这种毛病。不知，指对古代知识即夏礼、殷礼等的无知。作，即本篇首章“述而不作”之

“作”。

多闻,择其善者而从之:〔我的做法是,〕多多地听〔别人说〕,选择其中好的加以接受。多闻,其对象是能口述古代知识的贤人。古代知识来源于“文献”。“文献”有历史文献和能口述这些知识的贤人两种含义。参见《八佾篇》第九章注释。

多见而识之:多多地看〔历史文献〕,用心地加以领会。多闻多见,即“好古敏以求之者也”(本篇第十九章)。

知之次也:这是仅次于真知的做法。朱熹:“如此者虽未能实知其理,亦可以次于知之者。”

〔译文〕先生说:“大概有一种对古代的知识并不明白却借题发挥的做法,我没有这种毛病。我的做法是,多多地听别人说,选择其中好的加以接受;多多地看历史文献,用心地加以领会。这是仅次于对古代知识真知真懂的做法。”

(二十八)

互乡难与言。童子见,门人惑。子曰:“与其进也,不与其退也。唯何甚?人洁己以进,与其洁也,不保其往也。”

〔注释〕互乡难与言:互乡这地方的人〔是出了名的〕不好说话。互乡,地名,不详所在,这里指互乡人。可能有一个地方,人们觉得与那里的人交流起来费劲,所以称为互乡。江声:“互读与午同。午,牾也。互乡之人性多牾,难与之言,故乡得互名。”(《论语竢质》卷上)戴望:“以其是非错互,乖牾正道,故目为互乡。”(《戴氏注论语》)

童子见，门人惑：一个〔互乡的〕少年来求见，〔孔子见了，〕弟子们疑惑不解。童子，未成年人。惑，疑惑。《卫灵公篇》："子曰：'可与言而不与之言，失人；不可与言而与之言，失言。'"杨树达按："互乡难言而孔子见其童子，门人疑孔子有失言之病，故惑也。"

与其进也，不与其退也：应该鼓励他来，不能打发他回去。与，音预(yù)，赞同，嘉许。

唯何甚：这有什么不当吗？唯，语助辞。甚，过分。

人洁己以进：人家把自己弄得干干净净而来。洁，清洁。指外表收拾干净、整齐，体现诚恳求学的态度。

与其洁也，不保其往也：嘉许他的这种态度，〔他就会〕改变过去〔的毛病〕。保，守，拘守。不保即改变。往，过去，既有，指难与言之习气。

〔译文〕互乡这地方的人很难打交道，却有一个少年得到先生的接见，弟子们疑惑不解。先生说："应该鼓励他来，不能打发他回去。这有什么不妥？人家把自己收拾得干干净净来见你，肯定这种态度，他就会改变过去的毛病了。"

（二十九）

子曰："仁远乎哉？我欲仁，斯仁至矣。"

〔注释〕仁远乎哉：仁是遥不可及的吗？孔子从不轻许人以仁，则人们以为成仁之道是遥远而极困难的。

我欲仁，斯仁至矣：我想行仁，仁就来了。何晏引包咸："仁道不远，行之则是至也。"在孔子看来，成仁难而行仁不难。成仁指成就全体之仁，故云"回也其心三月不违仁，其余则日月至焉而已矣"

(《雍也篇》)。行仁指行一时一事之仁,故尝问“有能一日用其力于仁矣乎”,又云“一日克己复礼,天下归仁焉”(《颜渊篇》)。本章之义,孔子鼓励人们行仁。

〔**译文**〕先生说:“仁是遥不可及的吗?我想行仁,仁就来了。”

(三十)

陈司败问:“昭公知礼乎?”孔子曰:“知礼。”孔子退,揖巫马期而进之,曰:“吾闻君子不党,君子亦党乎?君取于吴,为同姓,谓之吴孟子。君而知礼,孰不知礼?”巫马期以告。子曰:“丘也幸,苟有过,人必知之。”

〔**注释**〕**陈司败问**:陈国司败问道。司败,陈国、楚国的一种官居名,相当于他国的司寇。

昭公知礼乎:贵国的国君昭公是懂礼数的人吗?昭公,即鲁昭公,名裯,襄公庶子,继襄公而为君。“昭”是谥号。《周书·谥法解》:“容仪恭美曰昭。”鲁昭公当时有知礼之名,参《左传》昭公五年、《公羊传》昭公二十五年。

揖巫马期而进之:〔陈司败〕向巫马期作揖,请他走近自己。揖,古人相见之礼。巫马期,即孔子的学生巫马施,字子旗,据《史记·仲尼弟子列传》,比孔子小三十岁。孔子与陈司败谈话时,巫马期当在不远处候着,故孔子退出,陈司败向巫马期作揖,示意他走近自己。

吾闻君子不党,君子亦党乎:我听说君子没有偏私,君子其实是有偏私的么?按:前半句暗指闻之于孔子,后半句指孔子但不明言。继续称“君子”,似出于礼貌,实则否定孔子“君子不党”的话。

君取于吴，为同姓，谓之吴孟子：鲁昭公娶了吴国国君的长女为夫人，两国是同姓国家，〔不便称她为吴姬，〕于是叫她做吴孟子。取，同“娶”。同姓，鲁为周公之后，吴为太伯之后，都姓姬。吴孟子，犹云“吴国大小姐”。孟是排行，即老大。子是女子之称。作为国君夫人，本应称吴姬（国名加本姓），但因违背了同姓不婚的规定，故讳称吴孟子。

苟有过，人必知之：如果有过错，人家一定会知道。按：孔子前言“知礼”，是不愿评说本国国君的不是；此曰“有过”，则是接受陈司败的指责。两种态度并存，各得其理。黄式三：“以‘知礼’答，直辞也。爱君者自不深言，非必故讳之也。陈司败以失礼为不智，是深言之，则夫子自受其过，不辨其君知礼不守礼，讳之也；存司败之论，公议也。”（《论语后案》）

〔译文〕陈国司败问：“贵国国君昭公懂得礼数吗？”孔先生回答：“当然懂。”孔先生向外走去，司败向巫马期作揖，示意他走近自己，然后说道：“我听说君子公正不偏私，其实君子是有偏私的么？鲁君从吴国娶了位夫人，由于两国同姓，只能叫她吴孟子。鲁君若算是懂得礼数，还有谁不懂得礼数呢？”巫马期把这番话告诉了先生。先生说：“我真幸运，一旦有过错，人家就知道了。”

（三十一）

子与人歌而善，必使反之，而后和之。

〔注释〕必使反之：一定请人家再唱一遍。反，重复，重唱。朱熹：“必使复歌者，欲得其详而取其善也。”

而后和之：最后自己学着唱一遍。和，音贺（hè），答和。皇侃：

"重歌既竟,钦之无已,故孔子又自歌以答和之也。"朱熹:"而后和之者,喜得其详而与其善也。"此为孔子学歌之第三步骤。

〔**译文**〕先生和人唱歌,如别人唱得好,一定请人家再唱一遍,最后自己学着唱一遍。

(三十二)

子曰:"文,莫吾犹人也。躬行君子,则吾未之有得。"

〔**注释**〕**文,莫吾犹人也**:学问上的事,大约我同别人差不多罢。文,指所学内容,包括《诗》《书》礼乐等。莫,约莫,大约。朱熹:"莫,疑辞。"

〔**译文**〕先生说:"学问上的事,大约我同别人差不多罢。做一个身体力行的君子,那我还没有取得什么成就。"

(三十三)

子曰:"若圣与仁,则吾岂敢!抑为之不厌,诲人不倦,则可谓云尔已矣。"公西华曰:"正唯弟子不能学也!"

〔**注释**〕**若圣与仁,则吾岂敢**:说到圣人和仁人,那我怎么敢当!若,语气辞,提起后面的话。圣、仁,这里指圣人、仁人。圣与仁的关系,参见上篇第三十章注释。

抑为之不厌,诲人不倦,则可谓云尔已矣:不过是努力成圣成仁从不厌倦,以圣与仁的要求去教导别人从不疲劳,可以说就是如此罢了。抑,连词,语气有所转折。云尔,如此说。尔,指"为之不厌,诲人不倦"。朱熹:"为之,谓为仁圣之道。诲人,亦谓以此教人也。"

〔**译文**〕先生说:“至于圣人和仁人,我怎么敢当!不过是实践圣道仁道从不厌倦,教导别人走圣道仁道从不疲劳罢了。”公西华说:“这正是我们没法学得到的呀!”

(三十四)

子疾病,子路请祷。子曰:“有诸?”子路对曰:“有之。诔曰:‘祷尔于上下神祇。’”子曰:“丘之祷久矣。”

〔**注释**〕**子疾病**:先生病重。疾,病。病,形容病情严重。皇侃:“疾甚曰病。孔子疾甚也。”

诔曰:诔文说。诔,音磊(lěi),祈祷词。郑玄:“诔,六祈之辞。”(《唐写本论语郑氏注》)

丘之祷久矣:我已经祷告很长时间了。昭井一宅:“言祷久而不免离此疾病,今虽祷而亦将无益焉。”(《论语解》)

〔**译文**〕先生病重,子路请示为他祈祷求福。先生问:“有这回事吗?”子路说:“有的。诔文上说:‘为你向天神地祇祈祷。’”先生说:“我已经祷告很长时间了。”

(三十五)

子曰:“奢则不孙,俭则固。与其不孙也,宁固。”

〔**注释**〕**奢则不孙**:生活奢侈,就会态度傲慢。孙,同“逊”。朱熹:“孙,顺也。”不孙,即不顺从,不谦让。

俭则固:生活俭朴,就会态度拘谨。固,固陋,鄙陋,拘泥固执。皇侃:“固,陋也。”生活俭朴者,常因视野逼仄而见识有限,致处事拘谨甚至固执。

与其不孙也,宁固:与其傲慢,宁可拘谨。何晏引孔安国:“俱失之也。奢不如俭,奢则僭上,俭则不及礼耳。”

〔译文〕先生说:“奢侈就会傲慢,俭朴就会拘谨。与其傲慢,宁可拘谨。”

(三十六)

子曰:“君子坦荡荡,小人长戚戚。”

〔注释〕君子坦荡荡:君子〔总是〕坦坦荡荡。何晏引郑玄:“坦荡荡,宽广貌也。”

小人长戚戚:小人常常忧心忡忡。何晏引郑玄:“长戚戚,多忧惧貌也。”

〔译文〕先生说:“君子总是坦坦荡荡,小人常常忧心忡忡。”

(三十七)

子温而厉,威而不猛,恭而安。

〔注释〕子温而厉:孔子〔看上去〕温和而严谨。厉,一般解作严厉,当为严谨义。刘宝楠:“《文选·册魏公九锡文》注引《论语》郑注云:‘厉,严整也。’当即此文之注。”温和而不失严谨,两者可以并存。若温和与严厉,则势难中和。

威而不猛:有威仪但不盛气凌人。猛,威之过度状态。《说文》:“猛,健犬也。”引申为刚健、刚烈之义。

恭而安:肃敬而安详。恭,严肃认真的样子。《说文》:“恭,肃也。”段玉裁注:“肃者,持事振敬也。”

〔译文〕先生温和而严谨,有威仪但无盛气,肃敬而安详。

泰伯篇第八

（一）

子曰："泰伯，其可谓至德也已矣！三以天下让，民无得而称焉。"

〔**注释**〕泰伯，其可谓至德也已矣：太伯，这个人可以说具备至高无上的道德了。泰伯，即太伯，周朝始兴之祖古公亶父（周太王）的长子。太伯有两个弟弟，虞仲和季历。季历的儿子为姬昌，即后来的周文王。古公看好姬昌，认为周国取得天下的希望就在他的身上。太伯和虞仲了解父亲想把君位通过季历传给姬昌，于是出走到南方的荆蛮去了。姬昌后为西伯，周国果大兴，竟占有天下的三分之二，到他的儿子姬发（周武王），便灭了殷商。详见《史记·周本纪》及《吴太伯世家》。

三以天下让，民无得而称焉：再三推让，放弃了君位继承，〔而且使〕老百姓因不知情而无从歌颂他。三，屡次。或实指。郑玄："太王殁而不返，季历为丧主，一让；季历赴之，不来奔丧，二让也；免丧之后，遂断发文身，倮以为饰，三让。"（《唐写本论语郑氏注》）天下，自日后周文王、武王取代殷商而言。顾炎武："当其时以国让也，而自后日言之则以天下让也。当其时以让王季也，而自后日言之则让于文王、武王也。"(《日知录》卷七)无得,无由,无从。郑玄:"三让之美,皆隐蔽不著,故人无得称焉。三让之德,莫大于此。"(《唐写本论语郑氏注》)至德,当指"以天下让"和"民无得而称"两者。"以天下让"之意义,杨树达云:"此孔子赞和平,非武力之义也。"(《论语疏证》)"民无得而称"之意义,钱穆云:"本章孔子极称让德,又极重无名可称之隐德,让德是一种仁德,至于无名可称,故称之曰至德。"

〔**译文**〕先生说:"太伯,这个人可以说具有至高无上的道德了!他再三推让,放弃了君位继承,而且使老百姓不知情而无从歌颂他。"

(二)

子曰:"恭而无礼则劳,慎而无礼则葸,勇而无礼则乱,直而无礼则绞。君子笃于亲,则民兴于仁;故旧不遗,则民不偷。"

〔**注释**〕**恭而无礼则劳**:恭敬谦逊而不以礼节制,就会心力交瘁。礼,这里指礼的调节功能,即《学而篇》:"礼之用,和为贵。……知和而和,不以礼节之,亦不可行也。"朱熹:"无礼则无文,故有四者之弊。"

慎而无礼则葸:小心谨慎而不以礼节制,就会优柔寡断。葸,音洗(xǐ),畏惧,犹今言怕事(而不敢决断或采取行动)。

直而无礼则绞:直截了当而不以礼节制,就会尖刻伤人。绞,急切刺人。

君子笃于亲,则民兴于仁:君子厚待自己的亲人,老百姓就会兴起友爱之风。君子,指士以上阶层,即“在上者”,相对于“民”而言。此时冒出“君子”,则前四句,当以君子为主语,且为君子间事,后文则对民而言。笃,笃厚,厚道。

故旧不遗,则民不偷:故交旧友不忘弃,老百姓就不会对人势利。偷,这里指一种势利态度。黄式三:“偷,愉之借字。《说文》:‘愉,薄也。’愉又有暂义。《周礼》:‘以俗教安则民不愉。’注:‘愉谓朝不谋夕。’此经愉对故旧言,训为暂义,正通。”(《论语后案》)按:愉有暂义,则又有苟且之义,在待人方面讲,犹今言“势利眼”。

〔**译文**〕先生说:“恭敬谦逊而不以礼节制,就会心力交瘁;小心谨慎而不以礼节制,就会优柔寡断;敢作敢为而不以礼节制,就会违法乱纪;直截了当而不以礼节制,就会尖刻伤人。君子厚待自己的亲人,老百姓就会兴起友爱之风;君子不忘弃故交老友,老百姓就不会待人势利。”

(三)

曾子有疾,召门弟子曰:“启予足!启予手!《诗》云:‘战战兢兢,如临深渊,如履薄冰。’而今而后,吾知免夫!小子!”

〔**注释**〕启予足!启予手:抬抬我的脚!抬抬我的手!启,同“起”,抬起。历代注家皆以本章所载为曾子临终之事,其所言为临终之言,唯今人李零别具只眼,其曰:“他这么说,是叫学生过来看,我这手,我这脚,不都好好长在身上吗?这是死里逃生的心情。”

战战兢兢,如临深渊,如履薄冰:千万小心哪!千万谨慎哪!好像站在深渊边缘〔,眼看就要坠落〕;好像走在薄冰上面〔,眼看就要陷落〕。这三句诗见《诗经·小雅·小旻》。毛亨传:“战战,恐也。兢兢,戒也。如临深渊,恐坠也。如履薄冰,恐陷也。”程俊英、蒋见元:“以上三句,是诗人看见朝廷的谋犹回遹,恐怕国将败亡,产生了如临深履薄之感。”(《诗经注析》)曾子引此诗,以反映病中曾有过的极度紧张的心情,犹言“阎王门前走了一遭”。

而今而后,吾知免夫:从今天开始,我感到自己脱离苦海了!而今而后,即从今以后。免夫,免于祸患,即病好了,甚至不会有病了。这是曾子在弟子们面前表现自己乐观的精神。

〔**译文**〕曾子病了,把自己的学生召集到跟前说:“抬抬我的脚!抬抬我的手!《诗经》说:‘千万小心哪!千万谨慎哪!好像站在深渊边缘,好像走在薄冰上面。’从今以后,我知道自己不再这样了!同学们!”

(四)

曾子有疾,孟敬子问之。曾子言曰:“鸟之将死,其鸣也哀;人之将死,其言也善。君子所贵乎道者三:动容貌,斯远暴慢矣;正颜色,斯近信矣;出辞气,斯远鄙倍矣。笾豆之事,则有司存。”

〔**注释**〕孟敬子问之:孟敬子来探问他的病。孟敬子,鲁国大夫仲孙捷。之,指曾子之疾。

曾子言曰:曾子自顾自说道。言,指撇开孟敬子所问,说自己所想说的。皇侃引又一通:“出己曰言,答述曰语。”朱熹:“言,自言也。”

鸟之将死,其鸣也哀;人之将死,其言也善:鸟要死了,它的叫声是悲伤的;人要死了,他说出的话是善意的。这两句话,可能是当时的谚语。鸟将死而鸣哀,出于本能;人将死而言善,则发自内心,句对偶而义对证。

君子所贵乎道者三:君子对待祭礼有三方面应该注重。君子,曾子这番话是对孟敬子说的,孟敬子是大夫,则指大夫之辈。贵,注重。道,与下文“笾豆之事”的“事”相对,又前言鸟将死人将死,则此道当指祭祀之道,即对待祭祀的态度。何晏引郑玄:“此道,谓礼也。”注家多以为待人接物之礼,失之宽泛。

动容貌,斯远暴慢矣:举手投足,就当消除粗暴和怠慢。动,举动,变动。容,仪容。貌,形貌。朱熹:“容貌,举一身而言。”这里以意释。远,音苑(yuàn),远离。暴,粗暴无礼。慢,怠慢不敬。

正颜色,斯近信矣:端正表情,就当体现真情和实意。正,端正,整齐。颜色,指脸色。近,合于。信,信实,真实。孔子强调祭祀时要身在心在,“祭如在,祭神如神在”,“吾不与祭,如不祭”(《八佾篇》)。

出辞气,斯远鄙倍矣:表达话语,就当克服偏狭和乖戾。出,表达。辞,言语。气,声调。鄙,鄙陋。倍,同“背”,背理,乖戾。

笾豆之事,则有司存:〔至于〕摆放祭品之类的事情,自有工作人员在那儿〔操心〕。笾豆,笾音边(biān),礼器,一为竹制,盛果实;一为木制,盛有汁食物,皆用于祭祀。有司,主管官员。存,在(那里)。《礼记·乐记》:“铺筵席,陈尊俎,列笾豆,以升降为礼者,礼之末节也,故有司掌之。”时礼崩乐坏,许多祭祀活动不过虚应故事,曾子虑及身后之事,有感而发。

〔**译文**〕曾子病重,孟敬子来探问。曾子感慨说:“鸟要死了,它的叫声是悲伤的;人要死了,他说出的话是善意的。君子对于祭祀之道有三个方面应该注重:举手投足,就当消除粗暴和怠慢;端正表情,就当体现真情和实意;表达话语,就当克服偏狭和乖戾。至于摆放祭品之类的事情,自有工作人员在那儿操心。"

(五)

曾子曰:"以能问于不能,以多问于寡;有若无,实若虚,犯而不校。昔者吾友尝从事于斯矣。"

〔**注释**〕**以能问于不能,以多问于寡**:能力强却向能力比自己差的人请教〔,能力也就越来越强〕;见闻多却向见闻比自己少的人请教〔,见闻也就越来越多〕。本章可谓曾子对"不耻下问"(《公冶长篇》)的解释和说明。这头两句讲的是"下问",后三句讲的是"不耻"。括号里增释的部分交待了动机和效果,下三句("不耻")作为("下问"的)原因就好理解了。

犯而不校:被冒犯也不计较。犯,冒犯,既可以言语,也可以姿态,如蔑视、嘲讽或不理会之类。校,音较(jiào),计较。何晏引包咸:"校,报也。言见侵犯而不校之也。"

昔者吾友尝从事于斯矣:从前我的一位朋友曾经努力这样去做了。吾友,历代注家都指颜回。从这句话看,似乎前面五句话是孔子说过的话,"吾友"按照("从")这些话去践行("事")了。《颜渊篇》"回虽不敏,请事斯语矣"、"雍虽不敏,请事斯语矣",义相似。

〔**译文**〕曾子说:"能力强却向能力差的人请教,见闻多却向见闻少的人请教;有能力就像没能力一样,满腹知识就像空无所有一样,被冒犯也不计较。这些,从前我的一位朋友努力去做了。"

（六）

曾子曰："可以托六尺之孤，可以寄百里之命，临大节而不可夺也。君子人与？君子人也。"

〔**注释**〕**可以托六尺之孤**：可以将年幼的国君托付给他。六尺之孤，指幼小的国君。古时尺小，六尺为未成年人之身高。若以年龄论，指十五以下。孤，指死去父亲的小孩子。皇侃："六尺之孤，谓童子无父而为国君者也。"

可以寄百里之命：可以由他代掌治国大权。寄，义同"托"，这里指代摄。百里之命，指国政。百里，方圆百里之地，时为诸侯大国。命，指政令。

临大节而不可夺也：面临重大关头而不辱使命。大节，重大关头，重大事件。何晏："大节，安国家、定社稷也。"夺，被夺取，即丧失。

君子人与？君子人也：君子一类的人吗？君子一类的人哩。君子，这里当指卿大夫中才德兼具并足担托孤寄命使命的人。与，平声。朱熹："与，疑辞。也，决辞。"

〔**译文**〕曾子说："可以受托年幼国君，可以代掌治国大权，面对重大考验能不辱使命。这样的人是君子吗？当然是君子。"

（七）

曾子曰："士不可以不弘毅，任重而道远。仁以为己任，不亦重乎？死而后已，不亦远乎？"

〔**注释**〕士不可以不弘毅:士不可不志向远大、意志坚强。弘,宏大,宽广。毅,刚毅,坚韧。朱熹:“非弘不能胜其重,非毅无以致其远。”

〔**译文**〕曾子说:“士不可不志向远大、意志坚强,因为任务艰巨、路途遥远。以实现仁道为己任,不是很艰巨吗?死了才能罢休,不是很遥远吗?”

(八)

子曰:“兴于《诗》,立于礼,成于乐。”

〔**注释**〕兴于《诗》:以《诗》激发兴趣。兴,兴起,含开始之义。何晏引包咸:“言修身当先学《诗》也。”兴、立、成,固然有次序意味,也当就功能而言。皇侃引江熙:“览古人之志,可起发其志也。”朱熹引程子:“夫古人之诗,如今之歌曲,虽闾里童稚,皆习闻之而知其说,故能兴起。”

立于礼:以礼立足社会。立,立身,从次序来说,指有所成就。参《为政篇》第四章注释。朱熹引程子:“古人洒扫应对,以至冠、昏、丧、祭,莫不有礼。”

成于乐:以乐健全人格。成,完成。何晏引孔安国:“乐所以成性也。”朱熹引程子:“古人之乐,声音所以养其耳,采色所以养其目,歌咏所以养其性情,舞蹈所以养其血脉。”

〔**译文**〕先生说:“以《诗》激发兴趣,以礼立足社会,以乐健全人格。”

(九)

子曰:“民可使由之,不可使知之。”

〔**注释**〕民可使由之：老百姓，能够使他们跟着走。由，跟从。郑玄："言王者设教，务使人从之。"（《后汉书·方术传》注）

不可使知之：不能使他们知道为什么那么走。不可，非主观禁止义，乃客观不能义，即做不到。孔子是主张使民"知之"的，如他说："道之以政，齐之以刑，民免而无耻；道之以德，齐之以礼，有耻且格。"（《为政篇》）显然，"民免而无耻"不是他赞成的，"有耻且格"则需要某种程度的知情和自觉。至于不能使民"知之"的原因，当是民"困而不学"（《季氏篇》）。

〔**译文**〕先生说："老百姓，能够使他们跟着走，却不能使他们知道为什么。"

（十）

子曰："好勇疾贫，乱也。人而不仁，疾之已甚，乱也。"

〔**注释**〕好勇疾贫，乱也：敢作敢为却憎恶自己贫困，就会带来祸乱。好，去声，喜好。疾，怨恨。何晏引包咸："好勇之人而患疾己贫贱者，必将为乱也。"

人而不仁，疾之已甚，乱也：人若不仁，憎恶他太厉害，也会带来祸乱。已甚，太过分。朱熹："恶不仁之人而使之无所容，则必致乱。"

〔**译文**〕先生说："敢作敢为却憎恶自己贫困，就会带来祸乱。人若不仁，憎恶他太厉害，也会带来祸乱。"

（十一）

子曰："如有周公之才之美，使骄且吝，其余不足观也已。”

〔**注释**〕**如有周公之才之美**:如果〔一个人〕具备周公那样的才能和美德。周公,即周公旦。

使骄且吝:却变得又自大又小气。骄,矜夸。吝,鄙啬。戴望:“周公告武王曰:‘不骄不吝,时乃无敌。’夫子盖反其言以戒为人臣者。”不骄能致士,不吝能养贤,所谓“周公吐哺,天下归心。”(《戴氏注论语》)这一条是关键,所以下句说“其余不足观也已”。

其余不足观也已:其他方面也就不值得一看了。其余,指“不骄不吝”之外的其他才能和美德。

〔**译文**〕先生说:“假使一个人具备周公那样的才能和美德,却变得又自大又小气,其他方面也就不值得一看了。”

(十二)

子曰:“三年学,不至于谷,不易得也。”

〔**注释**〕**三年学**:完成了三年学业。李塨:“学,入大学也。《学记》‘比年入学’,谓每年皆有入学之人也。‘中年考校’,谓间一年而考校其道艺也,是三年矣。”(《论语传注》卷一)

不至于谷:没有出现做官的念头。至,到。这里指意念之所至。谷,官俸。古代以谷米为俸禄,故“谷”指做官。

不易得也:难能可贵呀!孔子认为“学也,禄在其中矣。君子忧道不忧贫”(《卫灵公篇》),故读书人应该专心向学,以期自然有成。

〔**译文**〕先生说:“读书三年了,还没有出现做官的念头,难能可贵呀!”

（十三）

子曰："笃信好学，守死善道。危邦不入，乱邦不居。天下有道则见，无道则隐。邦有道，贫且贱焉，耻也；邦无道，富且贵焉，耻也。"

〔注释〕笃信好学，守死善道：坚定不移，努力学习古代文化；至死不渝，善于维护先王之道。笃，坚定，坚实。《尔雅·释诂》："笃，固也。"信，即"信而好古"（《述而篇》）之义。守死，即守道至死。善道，即善待其道。

危邦不入，乱邦不居：将要发生内乱的国家，不要去，已经发生内乱的国家快离开。邦，诸侯国。这句话里的"邦"指父母之邦之外的其他诸侯国，即孔子周游的国家。何晏引包咸："危邦不入，谓始欲往也。乱邦不居，今欲去也。臣弑君，子弑父，乱也。危者，将乱之兆也。"

天下有道则见，无道则隐：天下太平就出仕，不太平就隐居。天下，指周朝名义上统治的范围。统指各诸侯国。见，同"现"。皇侃："见，谓出仕也。"

邦有道，贫且贱焉，耻也；邦无道，富且贵焉，耻也：自己的国家政治清明，若安于贫贱，〔无所作为，〕是一种耻辱；政治昏暗，若耽于富贵，〔助桀为虐，〕也是一种耻辱。邦，指父母之邦。如果其他国家非危即乱，则在自己的国家又当如何？孔子按照"有道则见，无道则隐"的原则申明具体的态度。这句话与《宪问篇》"邦有道，谷；邦无道，谷，耻也"义同。

〔译文〕先生说："坚定不移，努力学习古代文化；至死不渝，善加维护先王之道。将要发生内乱的国家不要去,已经发生内乱的国家快离开。天下太平就出仕,不太平就隐居。自己的国家政治清明,若安于贫贱,是一种耻辱;政治昏暗,若耽于富贵,也是一种耻辱。"

(十四)

子曰:"不在其位,不谋其政。"

〔**注释**〕**不谋其政**:不谋划其政事。刘宝楠:"谋,谓为之论议也。"即与人讨论谋划。本章之义,如何晏引孔安国说的:"欲各专一于其职也。"

〔**译文**〕先生说:"不居于那个职位,就不操心那里的政事。"

(十五)

子曰:"师挚之始,《关雎》之乱,洋洋乎盈耳哉!"

〔**注释**〕**师挚之始**:从太师挚演奏开始。师挚,鲁国的太师,名挚,为乐官之长,当即《八佾篇》第二十二章之鲁太师。

《关雎》之乱:到《关雎》合乐而结束。《关雎》,《论语》中出现两次,当是其时歌咏吟唱最为广泛的《诗》篇。乱,与"始"相对,指乐的结束。又指乐结束时,"变章乱节"(《国语·鲁语下》"齐间丘来盟"章韦昭注),即金奏、笙奏、歌唱一齐发声,达到高潮。参《八佾篇》第二十二章注。

洋洋乎盈耳哉:音乐滔滔不绝满耳都是呀!洋洋,水势盛大的样子。《诗经·卫风·硕人》:"河水洋洋,北流活活。"形容声盛。戴望:"洋洋,众多貌。谓合金石丝竹而歌之也。"(《戴氏注论语》)

〔**译文**〕先生说:“从太师挚演奏开始,到《关雎》合乐而结束,曼妙的乐声滔滔不绝,美不胜收呀!”

(十六)

子曰:“狂而不直,侗而不愿,悾悾而不信,吾不知之矣。”

〔**注释**〕**狂而不直**:勇于进取却不正直。何晏引孔安国:“狂者进取,宜直也。”孔注是说,“狂”作为人的天性,固然有偏,若内含“直”的特点,就有可取之处,否则便不足为训。理解本章意旨,可参朱熹引苏氏的一段话:“天之生物,气质不齐。其中材以下,有是德则有是病。有是病必有是德,故马之蹄啮者必善走,其不善者必驯。有是病而无是德,则天下之弃才也。”

侗而不愿:幼稚无知却不朴实。侗,音同(tóng),通“僮”,幼稚。朱熹:“侗,无知貌。”愿,拘谨,老实。朱熹:“愿,谨厚也。”何晏引孔安国:“侗,未成器之人也,宜谨愿也。”

悾悾而不信:貌似诚恳却不守信用。悾悾,悾音空(kōng),诚恳的样子。《广雅·释训》:“悾悾,诚也。”何晏引包咸:“悾悾,悫悫也,宜可信。”

吾不知之矣:我不知道这种人〔是怎么回事〕了。此犹言不可教也。

〔**译文**〕先生说:“勇于进取却不正直,幼稚无知却不朴实,貌似诚恳却不可靠,我不晓得这种人是怎么回事了。”

(十七)

子曰:“学如不及,犹恐失之。”

〔**注释**〕**学如不及,犹恐失之**:〔我〕学习〔一样知识,〕如同〔追赶一样东西,〕还没赶上呢,又担心丢掉它了。学如不及,形容勤于学习,如饥似渴。犹恐失之,形容珍惜知识,如获至宝。

〔**译文**〕先生说:“我学习一样知识,如同追赶一样东西,还没赶上呢,又担心丢掉了。”

(十八)

子曰:“巍巍乎!舜、禹之有天下也而不与焉。”

〔**注释**〕**巍巍乎**:多么崇高啊!何晏:“巍巍者,高大之称也。”

舜、禹之有天下也而不与焉:舜、禹拥有了天下却不大权独揽。禹,传说中夏朝开国之君,受舜禅让而即帝位。与,去声,参与,实指专政。不与,指不亲预政事,立德垂范,任贤使能。参《为政篇》第一章、本篇第二十章、《卫灵公篇》第五章。后世多有在这个意义上引用孔子这句话的。如《孟子·滕文公上》:“尧以不得舜为己忧,舜以不得禹、皋陶为己忧。……为天下得人者谓之仁。是故以天下与人易,为天下得人难。”接着连引下章与本章孔子的话。《论衡·语增篇》:“舜承安继治,任贤使能,恭己无为而天下治,故孔子曰:‘巍巍乎!舜、禹之有天下也而不与焉。’”

〔**译文**〕先生说:“多么崇高呀!舜、禹拥有了天下却不大权独揽,而是修身立德,任贤使能。”

(十九)

子曰:“大哉!尧之为君也。巍巍乎!唯天为大,唯尧则之。荡荡乎!民无能名焉。巍巍乎!其有成功也。焕乎！其有文章。"

〔**注释**〕**大哉！尧之为君也**：真是伟大啊！尧作为天下人的君主。哉，高度肯定之语气，下文一连四"乎"以相呼应，都是赞美尧之为君之大。

巍巍乎！唯天为大，唯尧则之：多么崇高呀！只有天称得上伟大，也只有尧能与天看齐。唯，唯独。则，一致，同等。《说文》："则，等画物也。"段玉裁注："引伸之为法则也。"上句言大哉，那么有多大，本句作出回答。

荡荡乎！民无能名焉：多么宽广呀！老百姓〔享受了尧的恩德，〕却表达不出他们的赞美。荡荡，形容尧的恩德博大，即"博施于民"(《雍也篇》)。何晏引包咸："荡荡，广远之称也。言其布德广远，民无能识名焉。"

巍巍乎！其有成功也：多么崇高呀！尧有安定天下的功绩。成功，已成之功。《说文》："功，以劳定国也。"上句说尧之德，百姓无能名，本句及下句犹言我能名，即"成功"与"文章"，两者又为果和因的关系。

焕乎！其有文章：多么光辉呀！尧有传于后世的礼乐典章。何晏："焕，明也。其立文垂制复著明也。"朱熹："焕，光明之貌。文章，礼乐法度也。"

〔**译文**〕先生说："真是伟大啊！尧作为天下人的君主。多么崇高呀！只有天称得上伟大，也只有尧可与天看齐。多么宽广呀！老百姓享受了尧的恩德，却表达不出他们的赞美。多么崇高呀！他有安定天下的功绩。多么光辉呀！他有垂范后人的礼乐制度。"

(二十)

舜有臣五人而天下治。武王曰:"予有乱臣十人。"孔子曰:"才难,不其然乎?唐、虞之际,于斯为盛。有妇人焉,九人而已。三分天下有其二,以服事殷。周之德,其可谓至德也已矣。"

〔**注释**〕**舜有臣五人而天下治**:舜有五位得力的助手,天下便得到有效的治理。五人,何晏引孔安国:"禹、稷、契、皋陶、伯益也。"

予有乱臣十人:我有十位能使天下拨乱返治的助手。乱臣,拨乱返治之臣。下言服事殷事,则此指拨殷末之乱返周人之治。《说文》:"乱,治也。"《尔雅·释诂》同。郑汝谐:"乱,本作𤔔,古治字也。"(《论语意原》)十人,何晏引马融:"谓周公旦、召公奭、太公望、毕公、荣公、大颠、闳夭、散宜生、南宫适,其余一人谓文母也。"文母指周文王妃太姒。周武王这句话与上一句,当为孔子之语。记者先叙此两句,后引出孔子的一段议论,颇有章法。

孔子曰:孔先生评说道。朱熹:"称孔子者,上系武王君臣之际,记者谨之。"

才难,不其然乎:〔常言道,〕人才难得。不正是这样么?才,此指德才兼备者。刘宝楠:"'才难'者,古语。《广雅·释诂》:'才,道也。'古之所谓才,皆言人有德能治事者也。"

唐、虞之际,于斯为盛:唐尧和虞舜的时候〔人才多〕,到武王这个时期人才更为兴盛。唐,尧的国号。虞,舜的国号。《论衡·正说篇》:"唐、虞、夏、殷、周者,土地之名。尧以唐侯嗣位,舜从虞地得达,禹由夏而起,汤因殷而兴,武王阶周而伐,皆本所兴昌之地,重本不忘始,故以为号,若人之有姓矣。”际,之间。斯,此也,指周武王时期。

三分天下有其二,以服事殷:周国得到天下三分之二诸侯的拥戴,仍然称臣服事殷商。三分天下有其二,指多数诸侯国与部落都拥护周文王。或指天下九州,其中六州归顺周国,只有三州尚属商纣。以服事殷,《左传》襄公四年:“文王帅殷之畔国以事纣。”

周之德,其可谓至德也已矣:周的道德,可以说是最高的道德了。《论语》中孔子两称“至德”,一是赞扬泰伯“三以天下让”(本篇第一章),再就是本章中赞扬周文王虽然早已拥有大多数诸侯的支持,仍然服事殷商。前者以让,后者在不争。同时,孔子在这里称“周之德”,而不称文王之德,显然是指乱臣十人先前辅佐文王时所起的作用。

〔**译文**〕舜有五位得力的臣子,天下便得到有效的治理。周武王也说过:“我有十位能使天下拨乱返治的助手。”孔先生评说道:“常言说得好,人才难得。不是这样么?唐尧和虞舜的时候人才多,周武王时期人才最为兴盛。其中还有一位是妇女,实际上只是九位罢了。他们先是辅佐文王得到天下大多数地方的拥戴,却仍然服事殷商。周的道德,可以说是最高的道德了。”

(二十一)

子曰:“禹,吾无间然矣。菲饮食而致孝乎鬼神,恶衣服而致美乎黻冕,卑宫室而尽力乎沟洫。禹,吾无间然矣。”

〔**注释**〕**禹,吾无间然矣**:禹,我对他没有什么毛病可挑剔的了。

间,去声,非议。朱熹:"间,罅隙也,谓指其罅隙而非议之也。"然,据王引之《经传释词》,同"焉",于之。

菲饮食而致孝乎鬼神:节省饮食以〔置办丰盛的祭品〕拜祭鬼神。何晏引马融:"菲,薄也。致孝乎鬼神,祭祀丰洁也。"

恶衣服而致美乎黻冕:平时穿粗劣的衣服以制做精美的礼服。衣服,指平常穿的衣服,孔安国谓之"常服"。黻冕,音弗免(fú miǎn),当兼指祭服和朝服。

卑宫室而尽力乎沟洫:自己住得简陋以把人财物更多地用在农田水利上。朱熹:"沟洫,田间水道,以正疆界、备旱潦者也。"并引杨氏:"薄于自奉,而所勤者民之事,所致饰者宗庙朝廷之礼,所谓有天下而不与也,夫何间然之有。"

〔**译文**〕先生说:"禹,我对他没有什么可挑剔的了。他节省饮食以置办丰盛的祭品,平时穿粗劣的衣服以制做精美的礼服,住得简陋以尽可能地把人财物用在农田水利上。禹,我无可挑剔啊!"

子罕篇第九

（一）

子罕言利与命与仁。

〔**注释**〕**子罕言利与命与仁**：先生很少将功利和天命、仁道〔放在一块儿〕说。罕，稀少。与，连词，和。《论语》全书，言“利”、“命”好几次，言“仁”百余次。这里从句式作解。

〔**译文**〕先生很少将功利和天命、仁道等话题放在一块儿说。

（二）

达巷党人曰：“大哉孔子！博学而无所成名。”子闻之，谓门弟子曰：“吾何执？执御乎？执射乎？吾执御矣。”

〔**注释**〕**达巷党人曰**：达巷的负责人说。达巷，地名，指一处有数百户居民的聚居区，当为孔子所居住的地方。党人，犹“封人”（《八佾篇》），指居民区的负责人。《释名》：“五百家为党。党，长也，一聚之所尊长也。”

大哉孔子：孔先生这个人了不起啊！大哉，历代注家多以为即上篇“大哉尧之为君也”之“大哉”，都是赞美之辞，但刻意比附。

博学而无所成名：〔孔先生〕学问广博，以至于没有什么〔专门的技能〕足以称述。无所,没有地方,没有什么,承后之射、御,则指没有具体技能(即“游于艺”之“艺”)。

吾何执:我做什么专门的事情呢?执,专执。这一句是孔子自嘲的话。他听说了达巷党人的赞美之辞,却另有一番滋味在心头,因为无所成名而难以被人理解也就不得其用,反不如有射、御的一技之长那么实用,尤其是替人驾车那么风光。当时替国君、卿大夫执御,尚是一较重要职位。这就像说“富而可求也,虽执鞭之士,吾亦为之。如不可求,从吾所好”(《述而篇》),前一句是自嘲的话,后一句才是重心,孔子这句话包含的重心在“博学”。

〔**译文**〕达巷的负责人说:“孔先生这个人了不起啊!他学问广博,很难用某个具体的专长去称述。”先生听说了这话,就对学生们说:“我该做专门的事情吧?赶马车吗?做射手吗?我赶马车好了。”

(三)

子曰:“麻冕,礼也;今也纯,俭,吾从众。拜下,礼也;今拜乎上,泰也,虽违众,吾从下。”

〔**注释**〕**麻冕,礼也**:用细密麻布制作礼帽,是符合礼的规定的。麻冕,一种用织得很细很密的麻布做的帽子,宗庙祭祀等隆重场合使用。礼,这里指周礼的规定。

今也纯,俭,吾从众:今天改用易织的丝料,虽然俭朴了些,我就顺着大家了。纯,黑色的丝。俭,指麻质粗,织得细密,非常费工,而丝质细,容易织成,固然俭省,也显得俭朴了些。盖当时以麻冕较丝冕为高级。孔子重祭礼,曾称赞大禹“恶衣服而致美乎黻冕”(《泰伯篇》),但他还是从众了,因为经济一些了。

拜下,礼也:〔臣见君,〕先在堂下拜,〔然后升堂再拜,〕是符合礼的规定的。拜下,指臣下对君主行礼,先在堂下磕头,然后到堂上磕头。这里突出“拜下”,与后文“拜乎上”相对。

今拜乎上,泰也,虽违众,吾从下:今天改为只在堂上拜,是不敬的表现,虽然逆着大家,我还是主张先在堂下拜。泰,骄泰。孔子行礼主敬,拜下拜上不涉及经济问题,而纯属敬不敬问题,所以他采取了违众的态度,主张遵从老规矩。

〔译文〕先生说:“用细密的麻布制作礼帽,符合礼的规定;今天改用易织的丝料,虽然俭朴了些,我就顺着大家了。臣见君,先在堂下拜,然后升堂再拜,符合礼的规定;今天改为只在堂上拜,是不敬的表现,虽然逆着大家,我还是主张先在堂下拜。”

(四)

子绝四:毋意,毋必,毋固,毋我。

〔注释〕子绝四:先生没有〔常人〕难以克服的四种毛病。皇侃:“绝者,无也。明孔子圣人,无此下四事,故云‘绝四’也。不云‘无’而云‘绝’者,据世人以言之也。四事世人未能绝,而孔子绝之,故云‘绝’也。故颜延之曰:‘谓绝人四者也。’”

毋意:不随心所欲。指有所遵循。毋,同“无”。何晏:“以道为度,故不任意也。”

毋必:不一成不变。指有所变通。何晏:“用之则行,舍之则藏,故无专必也。”

毋固:不故步自封。指与时俱进。何晏:“无可无不可,故无固行也。”

毋我:不自以为是。指见贤思齐。何晏:“述古而不自作,处群萃而不自异,唯道是从,故不自有其身也。”

〔**译文**〕先生没有常人难以克服的四种毛病,即做到了不随心所欲,不一成不变,不故步自封,不自以为是。

(五)

子畏于匡,曰:“文王既没,文不在兹乎?天之将丧斯文也,后死者不得与于斯文也;天之未丧斯文也,匡人其如予何?”

〔**注释**〕**子畏于匡**:先生在匡地〔被拘禁,〕心里有些害怕。畏,畏惧。匡,邑名,具体地方旧说不一,一说即《左传》僖公十五年的卫邑,今河南省长垣县西南十五里的匡城。《史记·孔子世家》载,匡人曾遭鲁国阳货残害,孔子经过匡地时,因他的相貌与阳货相似而被匡人囚禁,“拘焉五日”。

文王既没,文不在兹乎:周文王去世以后,文化传统不就在我这里吗?文王,用以指代文、武、周公等制礼作乐者。文,包括古代文献在内的文化传统或遗产,礼乐是主要内容,概言之即“文武之道”(《子张篇》)。兹,此也。未直指,即孔子自己。何晏引孔安国:“此,自此其身也。”

后死者不得与于斯文也:我这样的后继者就不会掌握这些文化了。后死者,孔子自谓。“后死”对“既没”言,表明孔子以周文化的继承者和代表者自居。言“后死”而不言“后生”,含视死如归之义,强化了使命感的意味。与,音预(yù),参与,得到。

〔**译文**〕先生在匡地被拘禁,心里有些害怕,于是对学生们说道:“周文王去世以后,文化传统不都在我这里吗?老天爷若是要消灭这种文化呢,我这样的后继者便不会掌握这些文化了;老天爷若是不想消灭这一文化呢,那匡人能把我怎么样?”

(六)

太宰问于子贡曰:“夫子圣者与?何其多能也?”子贡曰:“固天纵之将圣,又多能也。”子闻之,曰:“太宰知我乎?吾少也贱,故多能鄙事。君子多乎哉?不多也。”

〔**注释**〕**太宰问于子贡曰**:太宰向子贡问道。太宰,诸侯国大夫官名,郑玄注以为是吴太宰嚭。

夫子圣者与?何其多能也:你的老师是圣人吗?怎么会那么多的技艺呢?能,指技艺。何晏引孔安国:“疑孔子多能于小艺也。”邢昺:“太宰之意,以为圣人当务大忽小,今夫子既曰圣者与,又何其多能于小艺乎?”

固天纵之将圣,又多能也:本来就是上天使他既为圣人,又会那么多技艺。纵,使。将,且,又。将圣又多能,即又圣又多能。将……又……,犹《诗经·小雅·谷风》“将恐将惧”之“将……将……”。所以这句话也可以连读。

太宰知我乎:太宰了解我呀!孔子言外之意,指子贡的话并不恰当。他不乐意子贡说他是圣人。《述而篇》:“若圣与仁,则吾岂敢!”

吾少也贱,故多能鄙事:我打小就地位低下,所以学会了干很多粗活。贱,指社会地位或社会身分低下。鄙事,即社会身份低下的人所做的事。《史记·孔子世家》:"孔子贫且贱,及长,尝为季氏史,料量平;尝为司职吏,而畜蕃息。"孟子还说孔子做过"委吏"、"乘田"。则孔子青少年时期先后干过文书、仓库管理员、畜牧场的领班、花园的看守人等。这些可能是士阶层中最低级地位的体现,与乡野之人从事农活之类的体力劳动还是大不相同的,所以孔子不赞成樊迟学稼、学圃(见《子路篇》)。

君子多乎哉?不多也:君子需要这么多技艺吗?不需要这么多哩。君子,指为政之人。这里回避了圣人,而以君子作为学生们的目标。张栻:"其意则欲太宰知夫多能虽不害其为君子,然为君子不在多能也。"

〔**译文**〕太宰向子贡问道:"你的老师是圣人吗?怎么会那么多的技艺呢?"子贡说:"本来就是上天使他既为圣人,又会那么多技艺。"先生听到他俩的话,便说:"太宰了解我呀!我打小就没啥出息,所以学会了干很多粗活。君子需要这么多技艺吗?不需要这么多哩。"

(七)

牢曰:"子云:'吾不试,故艺。'"

〔**注释**〕**牢曰**:子牢说。牢,郑玄注谓"弟子子牢"。刘宝楠:"《史记·仲尼弟子列传》无牢名,当是偶阙。"今姑从郑说。

吾不试,故艺:我派不上大用场,所以学了不少技艺。试,见用,指出仕。艺,当指六艺之类,即"游于艺"之"艺",与上章"鄙事"之"能"有所不同,因"不试"的时间范围远大于"少也贱"的阶段。朱熹等人将本章与上章合为一章,有一定道理。何晏引郑玄:"言孔子自言,我不见用,故多能伎艺也。”

〔译文〕子牢说:“先生说过:‘我派不上大用场,所以掌握了一些谋生的技能。’”

(八)

子曰:“吾有知乎哉?无知也。有鄙夫问于我,空空如也。我叩其两端而竭焉。”

〔注释〕吾有知乎哉?无知也:我有学习知识的诀窍吗?没有诀窍哩。知乎,犹言“所以为知之知”,即学习知识的方法。有人发问,当因孔子博学多能,而欲知晓其学习的诀窍,而非正常方法,犹今之“速成学习法”之类。孔子既作出否定的回答,下文即举例说明自己的学习方法。

有鄙夫问于我,空空如也:〔假如〕有一个庄稼汉向我提问,〔我可能对他的问题是〕一无所知的。空空如也,空虚,一无所知的样子。从后文“叩其两端”看,这里可能是以某一有两端而中空的器物作比喻。

我叩其两端而竭焉:我推究那问题的来龙去脉而务求明了。叩,同“敂”,叩击,敲击。《说文》:“敂,击也。”段玉裁注:“自扣、叩行而敂废矣。”两端,始末,指事情的前因后果,来龙去脉。如“殷因于夏礼,所损益,可知也;周因于殷礼,所损益,可知也”。这是来龙,亦为前因。又“其或继周者,虽百世,可知也”,则是去脉,亦为后果。竭,竭尽,即明了究竟之义。

〔译文〕先生说:“我有学习知识的诀窍吗?没有哩。假设有一个庄稼汉向我提问,我可能是一无所知的。但我会抓住那问题的来龙去脉仔细推究,务求明了。”

(九)

子曰:“凤鸟不至,河不出图,吾已矣夫!”

〔**注释**〕凤鸟不至:凤凰不飞来。凤鸟,指凤凰,雄的叫凤,雌的叫凰,古代传说中的一种神鸟,祥瑞的象征。刘宝楠:“凤鸟至,为圣王之瑞。故《尚书》言‘箫韶九成,凤凰来仪’,《左传》言‘少皞氏凤鸟适至’,《周语》言‘周之兴,鸑鷟鸣于岐山’,贾逵《解诂》以为鸾凤别名,则知上古之时凤常至也。”

河不出图:黄河不出来图画。河,指黄河。图,一种天然但被神秘看待的画纹,也被视为圣人受命、天下太平的祥瑞。刘宝楠:“《书·顾命》有河图,与大玉、夷玉、天球并列东序,当是玉石之类自然成文。此元俞炎之说,最近事理者也。”

吾已矣夫:我恐怕是没有指望见到了!何晏引孔安国:“有圣人受命,则凤鸟至,河出图,今天无此瑞,‘吾已矣夫’者,不得见也。”

〔**译文**〕先生说:“凤凰不飞来,黄河也不出来图画,我恐怕是没有指望见到了!”

(十)

子见齐衰者、冕衣裳者与瞽者。见之,虽少必作;过之,必趋。

〔**注释**〕子见齐衰者、冕衣裳者与瞽者:先生望见穿丧服的人、戴礼帽着礼服的人,还有那瞎了眼睛的人〔走来〕。见,望见,指在一定距离外注目。刘宝楠:“‘见’谓目所接遇,非以礼往来也。”犹今之注目礼，表关切。齐衰，音咨崔（zī cuī），古代丧服。冕衣裳，大夫以上的人所穿戴的礼帽和礼服。上曰衣，下曰裳。瞽，瞎眼。

见之，虽少必作：碰面时，即使对方年少，先生一定站起来。见之，指与对方面对面相见。作，指坐而起。

过之，必趋：走过他们面前，一定快走几步。趋，疾行。何晏引包咸："此夫子哀有丧，尊在位，恤不成人之也。"

〔译文〕先生遇见穿丧服的人、戴礼帽着礼服的人，或是那瞎了眼睛的人，远远就望着。碰面的时候，即使对方年少，先生也一定站起来；走过他们面前，一定快走几步。

（十一）

颜渊喟然叹曰："仰之弥高，钻之弥坚；瞻之在前，忽焉在后。夫子循循然善诱人，博我以文，约我以礼，欲罢不能，既竭吾才。如有所立卓尔，虽欲从之，末由也已。"

〔注释〕颜渊喟然叹曰：颜渊深深地赞叹道。喟然，气息深深貌。《说文》："喟，大息也。"段玉裁注："《论语》两云'喟然叹曰'，谓大息而吟叹也。何晏云'喟然，叹声也'，殊非是。"

仰之弥高，钻之弥坚：老师的道德文章，越是仰望，越觉得高大；越是钻研，越觉得坚实。之，即后文"夫子"，这里指孔子的道德文章。下两"之"字同。弥，益发，更加。

瞻之在前，忽焉在后：眼看着遥遥在前，不经意间又缓缓在后。瞻，往前面看。《尔雅·释诂》："瞻，视也。"忽焉，忽然，有恍惚意。张栻："'瞻之在前'，则若不及；'忽焉在后'，则又过之。"指难以准确把握。

夫子循循然善诱人:老师总是那么温和亲切,善于诱导我们。循循,同"恂恂",或本作"恂恂"。刘宝楠:"'循循'作'恂恂'。《后汉书·赵壹传》:'失恂恂善诱之德。'注引《论语》'夫子恂恂然善诱人'。又《李膺传》注、《三国志·步骘传》、《孟子》明堂章章指引文并同。又蔡邕《姜伯淮碑》、《后汉·郭泰传》论、《宋书·礼志》载晋袁瑰疏、《南史·王琳传》、《魏书·高允传》、《贾思伯传》、《隋书·炀帝纪》用此文,亦作'恂恂'。其《赵壹传》注先引《论语》,复云'恂恂,恭顺貌',与郑注《乡党》'恂恂,恭慎貌'同。故翟氏灏《考异》、冯氏登府《异文考证》、臧氏庸《郑注辑本》并以'恭顺'之训亦本郑氏,则谓郑本作'恂恂'矣。"

欲罢不能,既竭吾才:使我想停止学习都停不下来,已经完全发挥了我的才力。竭,用尽。何晏引孔安国:"使我欲罢而不能已,竭我才矣。"

如有所立卓尔:假如老师又卓然有所建树。如,如果,假设。

末由也已:无从着手了。末,无。这一句呼应"既竭吾才",进一步说明夫子善诱之效。

〔**译文**〕颜渊深深地赞叹道:"老师的道德文章,越是仰望越觉得高大,越是钻研越觉得坚实;眼看着遥遥在前,不经意间又缓缓在后。虽然如此,老师总是那么温和亲切,善于诱导我们,用各种文献来扩充我的知识,又用一定的礼节来节制我的行为,使我想停止学习都停不下来,已经完全发挥了我的才力。假如老师又卓然有所建树,我就是想跟上去,恐怕也无从着手啊。"

(十二)

子疾病,子路使门人为臣。病间,曰:"久矣哉,由之行诈也！无臣而为有臣。吾谁欺？欺天乎？且予与其死于臣之手也，无宁死于二三子之手乎！且予纵不得大葬，予死于道路乎？”

〔**注释**〕**子路使门人为臣**：子路安排弟子们像对待国君那样为孔子准备后事。臣，即君臣之“臣”。孔子病重，子路等诸弟子担心老师一病不起，又有感于老师治国的抱负不得伸展，故欲以臣礼送老师最后一程。王充《论衡·感类篇》引此文后说：“孔子罪子路也。己非人君，子路使门人为臣，非天之心，而妄为之，是欺天也。”则是王充认为此臣对国君而言。皇侃引江熙：“子路以圣人君道足，宜有臣，犹祷于上下神祇也。”郑玄、朱熹等注谓家臣，对大夫而言，今不从。

病间：病情好转。皇侃：“孔子病少差也。少差曰间。”《方言》：“差、间、知，愈也。南楚病愈谓之差，或谓之间。”郭璞注：“间，言有间隙。”

久矣哉，由之行诈也：很长时间了啊，仲由想干这种弄虚作假的勾当！何晏引孔安国：“言子路久有是心，非唯今日也。”依当时情形，后世皇权专制时代所谓僭越，实习以为常，对子路等当事人不过是一种心理安慰而已。

吾谁欺？欺天乎：我能欺哄什么人呢？只能欺哄上天吧？这句话实际是说，枉费心机，谁都欺哄不了。因为自己有臣无臣，别人都知道，也许上天太高太远，才可能被欺吧。本章之义，即在不欺。

且予与其死于臣之手也，无宁死于二三子之手乎：况且我与其死在所谓的臣子手里，还不如死在你们几个小子手里呢！且，而且，况且。二三子,诸弟子。

且予纵不得大葬,予死于道路乎:再说我即使得不到像国君那样风风光光的葬礼,难道我会死在路上吗?大葬,国君死后的葬礼。何晏引孔安国:“君臣礼葬也。”上句以死言,本句以死后是否得葬言,都是极言不得诈欺。

〔**译文**〕先生病重,子路安排弟子们像对待国君那样准备后事。先生的病情好转了,便说:“很长时间了啊,仲由想干这种欺诈的勾当!我哄谁呢?哄上天吗?况且我与其死在所谓臣子手里,不如死在你们几个小子手里呢!再说我纵然得不到风风光光的葬礼,难道会死在路上吗?”

(十三)

子贡曰:“有美玉于斯,韫匵而藏诸?求善贾而沽诸?”子曰:“沽之哉!沽之哉!我待贾者也。”

〔**注释**〕**有美玉于斯**:〔假如〕这里有一块美玉。刘宝楠:“君子于玉比德。时夫子抱道不仕,故子贡借美玉以观夫子藏用之意。”

韫匵而藏诸:把它放在柜子里藏起来呢?韫,音蕴(yùn),收藏。匵,音毒(dú),同“椟”,柜子。诸,之乎。

求善贾而沽诸:求一个好价钱卖掉呢?贾,音嫁(jià),同“价”,价钱。皇侃:“善贾,贵价也。”

我待贾者也:我等着买主哩。贾,音古(gǔ),商人。朱熹:“孔子言固当卖之,但当待贾,而不当求之也。”

〔**译文**〕子贡说:“假如这里有一块美玉,是放在柜子里藏起来呢,还是求一个好价钱卖掉呢?”先生说:“卖掉它吧!卖掉它吧!

我等着买主哩。”

（十四）

子欲居九夷。或曰："陋，如之何？"子曰："君子居之，何陋之有？"

〔**注释**〕**子欲居九夷**：孔子想移居九夷之地。九夷，东方诸部族。九，指地小而数多。夷，对东方落后部族的统称。

〔**译文**〕先生想移居到九夷去。有人说："那地方僻陋得很，怎么办？"孔子说："君子住在那里，有什么僻陋的？"

（十五）

子曰："吾自卫反鲁，然后乐正，《雅》《颂》各得其所。"

〔**注释**〕**吾自卫反鲁**：我从卫国回到鲁国。反，返回，后来写作"返"。根据《左传》，时在鲁哀公十一年冬。

然后乐正，《雅》《颂》各得其所：错乱的乐章才得到纠正，《雅》乐和《颂》乐重归各自固有的门类。乐正，指乐曲得到整理，杂乱的状况得以纠正。《雅》、《颂》，《诗经》的两类，这里指《雅》乐和《颂》乐。程树德："正乐之说不一。或曰正乐章，毛西河主之。（详见《四书改错》，以文繁不录）或曰正乐音，包慎言主之。玩'各'字之义，则《雅》自《雅》、《颂》自《颂》。玩'乐'字之义，实指《雅》《颂》之奏于乐章而言。"

〔**译文**〕先生说："我从卫国返回鲁国后，错乱的乐章才得到整理，《雅》乐和《颂》乐重归各自固有的门类。"

(十六)

子曰:“出则事公卿,入则事父兄,丧事不敢不勉,不为酒困,何有于我哉!”

〔**注释**〕不为酒困:未尝为饮酒所困扰。困,困扰,扰乱。何晏引马融:“困,乱也。”指不因饮酒过量乱性而影响到以上三事。盖社会失序,酗酒之风便起,孔子不然,故下言“何有于我哉”。皇侃:“虽‘唯酒无量不及乱’,时多沉酗,故戒之也。卫瓘曰:‘三事为酒兴也。’侃案:如卫意,言朝廷、闺门及有丧者,并不为酒所困,故云三事为酒兴也。”

〔**译文**〕先生说:“外出便服事公卿,回家便服事父兄,有丧事不敢不尽礼,也不会因为饮酒过量而误了正事,这对我来说有什么呢!”

(十七)

子在川上,曰:“逝者如斯夫,不舍昼夜!”

〔**注释**〕子在川上,曰:孔子〔站〕在宽阔的河边,〔感叹〕说。川,大河,汇众流曰川。《说文》:“川,毌穿通流水也。《虞书》曰:‘濬く巜距巛。’言深く巜之水会为川也。”

逝者如斯夫,不舍昼夜:消逝的东西像滔滔河水一样呀,日日夜夜奔腾不息!逝者,指消逝的事物,包括时光、生命、机会等。斯,此,指川中之水。不舍,不停。舍,音赦(shè)。何晏引郑玄:“言凡往者如川之流也。”

〔**译文**〕先生站在宽阔的河边,说:“消逝的东西像滔滔河水一样呀，日日夜夜奔腾不息！”

（十八）

子曰：“吾未见好德如好色者也。”

〔**译文**〕先生说：“我没有见过像喜好美色那样喜好美德的人哩。”

（十九）

子曰：“譬如为山，未成一篑，止，吾止也；譬如平地，虽覆一篑，进，吾往也。”

〔**注释**〕**譬如为山**：〔学习〕好比堆土成山。《荀子·宥坐篇》：“如垤而进，吾与之；如丘而止，吾已矣。今学曾未如肬赘，则具然欲为人师。”与本章异文同义，指明孔子举譬论学。

未成一篑：没有成山，只差一筐土了。篑，音溃（kuì），盛土的竹筐。

止，吾止也：停下不干了，我不赞许这种做法。“吾止”，即《荀子·宥坐篇》“吾已”，“已”即“不与”。与，赞许。何晏引包咸：“为山者其功虽已多，未成一笼而中道止者，我不以其前功多而善之也。见其志不遂，故不与也。”

进，吾往也：继续干下去，我为这种做法加油。“吾往”，即《荀子·宥坐篇》“吾与”。何晏引马融：“平地者将进加功，虽始覆一篑，我不以其见功少而薄之也。据其欲进而与之也。”

〔**译文**〕先生说：“学习好比堆土成山，只差一筐土便成山了，可是从此停下不干，我对此不以为然；又好比还只是一块平地，纵是刚刚倒下一筐土,如果继续干下去,我为此加油鼓劲。”

(二十)

子曰:“语之而不惰者,其回也与!”

〔**注释**〕**语之而不惰者**:和他说话让我兴致不衰的人。语之,告诉他,和他说话。不惰,不懈怠,指保持说话的兴致,主语都是孔子。何晏:“颜渊解,故语之不惰;余人不解,故有惰语之时。”本章为孔子赞颜回语,可与《为政篇》第九章相参,也说明孔子诲人不倦是有条件的。

〔**译文**〕先生说:“和他说话让我兴致不衰的人,大概只有颜回吧!”

(二十一)

子谓颜渊,曰:“惜乎!吾见其进也,未见其止也。”

〔**译文**〕先生谈到颜渊,说:“可惜死得早啊!我只见他进取不已,从未见他停步不前。”

(二十二)

子曰:“苗而不秀者有矣夫!秀而不实者有矣夫!”

〔**注释**〕**苗而不秀者有矣夫**:出苗却不吐穗开花的情况有的吧!秀,谷类作物抽穗开花。朱熹:“谷之始生曰苗,吐华曰秀,成谷曰实。盖学而不至于成,有如此者,是以君子贵自勉也。”

〔**译文**〕先生说："出苗而不吐穗开花的情况有的吧！吐穗开花却不凝浆结实的情况有的吧！"

（二十三）

子曰："后生可畏，焉知来者之不如今也？四十、五十而无闻焉，斯亦不足畏也已。"

〔**注释**〕**后生可畏**：年轻人是可怕的。后生，年少者。本章可参看《为政篇》第四章，则后生非泛指，当指"十有五而志于学"者。可畏，可怕义，今言"不可轻视"。

〔**译文**〕先生说："有志于学的年轻人是不能轻视的，你怎能断定他们的将来就赶不上我们这些今天已有所成就的人呢？不过，若是一个人到了四五十岁还没有搞出什么名堂，他也就不值得那么重视了。"

（二十四）

子曰："法语之言，能无从乎？改之为贵。巽与之言，能无说乎？绎之为贵。说而不绎，从而不改，吾末如之何也已矣。"

〔**注释**〕**法语之言**：严正告诫的话。法，严正，严肃。语，音预（yù），告诫。朱熹："法语者，正言之也。"此针对有过失者言。

改之为贵：付诸改正过错的行动才可贵。之，指"法语"之言，改之，即据之以改，从之而改。前文"从"，谓听从，面从，非行从，"改"为行从。

巽与之言:婉转开导的话。巽,音义同"逊",恭敬。与,音预(yù),赞许。"巽与"犹今之"顺着说",故朱熹注谓"婉而导之也"。

绎之为贵:加以分析并择善而从才可贵。绎,分析以理出头绪。《说文》:"绎,抽丝也。"《方言》:"绎,理也。丝曰绎之。"郭璞注:"言解绎也。"之,指"巽与之言"。何晏引马融:"能寻绎行之,乃为贵也。"

吾末如之何也已矣:这种人我拿他是没有办法的了。末,无。

〔**译文**〕先生说:"严正告诫的话,能不听从吗?有改正过错的行动才可贵。婉转开导的话,能不喜欢吗?能辨明真正的用意才可贵。喜欢而不辨别,听从却不改正,这种人我拿他是没有办法的了。"

(二十五)

子曰:"主忠信,毋友不如己者,过则勿惮改。"

〔**注释**〕重出。见《学而篇》第八章。

(二十六)

子曰:"三军可夺帅也,匹夫不可夺志也。"

〔**注释**〕**三军可夺帅也**:庞大的军队是可以丧失它的主帅的。三军,指人数众多的军队。周朝的制度,诸侯中的大国可以拥有上中下三军。夺,被夺取,丧失,或同"脱",见《说文》段注。

匹夫不可夺志也:一个男子汉是不可以丧失自己的意志的。匹夫,独夫,一夫。本章以匹夫之志与三军之帅作比,说明个人意志的重要性。郑玄:“言匹夫之守志,重于三军之死将也。”

〔**译文**〕先生说:“纵是三军统帅可以丧失,一个人的意志却不可剥夺。”

(二十七)

子曰:“衣敝缊袍,与衣狐貉者立,而不耻者,其由也与?‘不忮不求,何用不臧?’”子路终身诵之。子曰:“是道也,何足以臧?”

〔**注释**〕**衣敝缊袍,与衣狐貉者立**:穿着破旧的袍子,和穿着狐貉皮衣的人站在一起。衣,音意(yì),穿衣。敝,破旧。缊,音运(yùn),旧絮。狐貉,这里指用狐貉皮做的衣服。

不忮不求,何用不臧:不嫉恨,不贪求,做什么不会好?这是《诗经·邶风·雄雉》中的两句诗。忮,音志(zhì),害。臧,善,好。程树德引《四书纂疏》:“忮者,嫉人之有而欲害之也。求者,耻己之无而欲取之也。”

子路终身诵之:以后很多年,子路时不时念着这两句诗。终身,指年头多,非必谓一生。

是道也,何足以臧:〔只是〕这样的做法,如何算得上足够好?何晏引马融:“尚复有美于是者,何足以为善也。”

〔**译文**〕先生说:“穿着破旧的袍子,和穿着狐貉皮衣的人站在一起,不觉得羞愧的,恐怕只有仲由罢!古代有诗说:‘不嫉恨,不贪求,做什么不会好?’”以后很多年,子路时不时念着这两句诗。先生又说:“只是这样的做法,如何算得上足够好?”

(二十八)

子曰:“岁寒,然后知松柏之后彫也。”

〔注释〕然后知松柏之后彫也:才知道松柏是最后落叶的。彫,同“凋”,凋零。朱熹引谢氏:“士穷见节义,世乱识忠臣。欲学者必周于德。”

〔译文〕先生说:“到了寒冷时节,才知道松柏是最后落叶的。”

(二十九)

子曰:“知者不惑,仁者不忧,勇者不惧。”

〔注释〕知者不惑:有智慧的人不迷惑。知,同“智”,聪明睿智。皇侃引孙绰:“智能辨物,故不惑也。”

仁者不忧:有仁德的人不忧愁。皇侃引孙绰:“安于仁,不改其乐,故无忧也。”

勇者不惧:有勇气的人不畏惧。皇侃引缪协:“见义而为,不畏强御,故不惧也。”

〔译文〕先生说:“有智慧的人不迷惑,有仁德的人不忧愁,有勇气的人不畏惧。”

(三十)

子曰:“可与共学,未可与适道;可与适道,未可与立;可与立,未可与权。”

〔注释〕可与共学:可以同他一道学习〔六艺〕。与,其宾语“之”

字略,泛指志于学之士人。朱熹:“可与者,言其可与共为此事也。”《述而篇》:“游于艺。”

未可与适道:未必可以同他一道追求仁道。适,往,追求之义。《里仁篇》:“有能一日用其力于仁矣乎?我未见力不足者。盖有之矣,我未之见也。”

可与适道,未可与立:可以同他一道追求仁道,未必可以同他一道养成依礼而行的习惯。《泰伯篇》:“立于礼。”

可与立,未可与权:可以同他一道事事依礼而行,未必可以同他一道通权达变。权,秤锤,以作权衡之用,引申为权变。权变是一时之变,复归于常(礼)方称权,犹秤锤随物之轻重以转移,得其平而止。皇侃:“权者,反常而合于道者也。”

〔译文〕先生说:“可以同他一起学习六艺,未必可以同他一起追求仁道;可以同他一起追求仁道,未必可以同他一起建立事事循礼的行为方式;可以同他一起事事依礼而行,未必可以同他一起通权达变。”

(三十一)

“唐棣之华,偏其反而。岂不尔思?室是远而。”子曰:“未之思也,夫何远之有?”

〔注释〕唐棣之华,偏其反而。岂不尔思?室是远而:〔古代有诗说:〕“唐棣树的花儿,翩翩地摇啊摇。哪是不思念你呀,只因离家路遥遥。”这四句诗是逸诗,不在《诗经》中。唐棣,植物名。华,同“花”。偏,同“翩”,翩翩。反,同“翻”,摇摆。而,语助辞。

未之思也,夫何远之有:不是真的思念哩,那有什么遥远呢?孔子此言,嘲讽不愿付诸行动却找借口的人,如同他所说“君子疾夫舍曰欲之而必为之辞”(《季氏篇》)。

〔**译文**〕谈及几句古诗:“唐棣树的花儿,翩翩地摇啊摇。哪是不思念你呀,只因离家路遥遥。”先生说:“不是真的思念哩,那有什么遥远呢?”

乡党篇第十

（一）

孔子于乡党，恂恂如也，似不能言者。其在宗庙朝廷，便便，言唯谨尔。

〔**注释**〕**孔子于乡党**：孔先生在乡里头。本篇过去合为一章，以“孔子”打头，为全篇之主语。朱熹分为十七节，今分为二十七节。乡党，犹乡里。孔子生于鲁国陬邑昌平乡，后迁于曲阜阙里，当指后者。

恂恂如也，似不能言者：〔对人〕总是客客气气的，好像不会说话的样子。恂，音旬（xún）。何晏引王肃：“恂恂，温恭之貌也。”

便便，言唯谨尔：从从容容，话也说得不多。便，音骈（pián）。俞樾：“此当以‘便便’为句。《诗·采菽》篇：‘平平左右。’《释文》引《韩诗》作‘便便’，闲雅之貌。是‘便便’以貌言，正与上文‘恂恂如也’，王注曰‘恂恂，温恭之貌’，其义一律，但省‘如也’两字耳。‘言唯谨尔’四字为句，凡有所言无不谨慎，故曰‘言唯谨尔’，此与上文‘似不能言者’相对。盖此两节皆上一句说孔子之容，下一句说孔子之言，郑注失之。”（《论语平议》）按：历代注家多以“便便言”为句，从郑玄注“便便，辩也”，似与孔子平素主张“敏于事而讷于言”不合。今从俞说。

〔**译文**〕孔先生在乡里头,对人总是客客气气的,好像不太会说话的样子。在宗庙和朝堂之上,从从容容,话也说得不多。

(二)

朝,与下大夫言,侃侃如也;与上大夫言,訚訚如也。君在,踧踖如也,与与如也。

〔**注释**〕**朝,与下大夫言,侃侃如也**:上朝的时候,同下大夫说话,轻松自在的样子。朝,指国君尚未视朝之时。下大夫,指卿以下官员。孔子时为鲁国的小司空或小司寇,属下大夫。刘宝楠:“上大夫职尊,孔子所事。下大夫则与孔子同列者也。不及上士以下者,统于下大夫也。”侃侃,何晏引孔安国注,和乐之貌。

与上大夫言,訚訚如也:同上大夫说话,郑重其事的样子。上大夫,指卿一类的官员,通常有三卿:司徒、司马、司空。訚訚,何晏引孔安国注,中正之貌。訚,音银(yín)。

君在,踧踖如也,与与如也:国君视朝的时候,恭恭敬敬的样子,不慌不忙的样子。踧踖,音促疾(cù jí),何晏引马融注,恭敬之貌。与与,何晏引马融注,威仪中适貌。又皇侃:“与与,犹徐徐也,所以恭而安也。”

〔**译文**〕先生上朝的时候,同下大夫说话,轻松自在的样子;同上大夫说话,郑重其事的样子。国君来了后,恭恭敬敬的样子,不慌不忙的样子。

(三)

君召使摈,色勃如也,足躩如也。揖所与立,左右手,衣前后，襜如也。趋进，翼如也。宾退，必复命曰：“宾不顾矣。”

〔注释〕君召使摈：国君命孔子去接待外国来的客人。君，当指鲁君。摈，音鬓（bìn），通“傧”，迎送客人。

色勃如也：顿时振作精神。色，指神色。勃，《说文》作“孛”，训“䔢也”，引《论语》本句。又：“䔢，草木孛之貌。”段玉裁注：“草木之盛如人色盛，故从子作孛。”《广雅·释训》：“勃勃，盛也。”“勃”“孛”义同。

足躩如也：快步前去。躩，音绝（jué），快步行走。皇侃引江熙：“不暇闲步，躩，速貌也。”

揖所与立，左右手，衣前后，襜如也：向前方站立的客人作揖致意，先从左到右拱手，再向中间的主宾打躬，一丝不苟的样子。所与，犹所向。这一句是迎宾，故“立”者指前方迎面而立之客人。左右手，从左至右作拱手状，或频频拱手。衣前后，犹身俯仰，且指向正前方主宾位。襜如，指行礼动作娴熟而严整的样子。襜音搀（chān）。皇侃引江熙说，以襜如为“动貌”，朱熹注为“整貌”。

趋进，翼如也：快步迎上前去，更加恭敬的样子。翼如，略张双臂，俯而向前，如鸟展翅，形容待客热情，更尽恭敬之礼。何晏引孔安国：“言端正。”朱注同。又《尔雅·释诂》：“翼，敬也。”《释训》：“翼翼，恭也。”前言形，后喻义。这一句续写迎宾。

宾退，必复命曰：“宾不顾矣”：客人辞别了，便回报国君说：“客人已经走了。”宾退，以客人辞别作结，故云不顾矣。何晏引郑玄：“复命白君，宾已去也。”这一句写送宾，略写。

〔译文〕鲁君命先生去接待外国客人，先生顿时振作精神，赶紧行动。在迎候的地方,他向前方站立的客人作揖致意,先从左至右拱手,再向中间的主宾打躬,一丝不苟的样子。又快步迎上前去,更加恭敬的样子。客人辞别了,便回报国君说:“客人已经走了。”

(四)

入公门,鞠躬如也,如不容。立不中门,行不履阈。过位,色勃如也,足躩如也,其言似不足者。摄齐升堂,鞠躬如也,屏气似不息者。出,降一等,逞颜色,怡怡如也。没阶趋,翼如也。复其位,踧踖如也。

〔注释〕**入公门,鞠躬如也,如不容**:走进朝廷的门,低头哈腰的样子,好像门不够大。公门,即君门,指上朝经过之门。如不容,好像容不下身。朱熹:“公门高大而若不容,敬之至也。”

立不中门,行不履阈:停下来,不站在门的中间;继续走,不踩着门槛过。阈,音玉(yù),门槛。朱熹引谢氏:“立中门而当尊,行履阈则不恪。”

过位:经过群臣站立的地方。位,堂下等待升堂的地方。

摄齐升堂:提起衣裳的下摆向堂上走。摄,提起。齐,音咨(zī),衣裳缝了边的下摆。摄齐是方便走得快一点。

屏气似不息者:憋住呼吸好像没有了气息。屏,音丙(bǐng),抑止。息,呼吸时进出的气息。朱熹:“近至尊,气容肃也。”

降一等,逞颜色:走下台阶的时候,神情便舒展开来。一等,一级台阶,指刚往下走。逞,舒展,放松。

没阶趋,翼如也:走完了台阶,快快地向前走,更加舒心的样子。没阶,下尽台阶。没,尽,走完。

复其位：回到自己的位置。其位，自己原来与群臣一起站立等待升堂的地方。前有过，此则复，不但回归其位，而且恢复到恭恭敬敬的样子。

〔**译文**〕先生走进朝廷的大门，低着头哈着腰，好像门不够大。停下来，不站在门的中间；继续走，跨过门槛去。经过其他人站立的位置，集中精神，快步前走，打个招呼好像都来不及似的。手牵着衣裳的下摆往堂上走，低着头哈着腰，大气不敢出。从大堂出来，走下台阶时，神色便放松了，怡然自得的样子。走完了台阶，快快地向前走，更加舒心的样子。回到自己的位置，恭恭敬敬的样子。

（五）

执圭，鞠躬如也，如不胜。上如揖，下如授。勃如战色，足蹜蹜如有循。享礼，有容色。私觌，愉愉如也。

〔**注释**〕**执圭**：手里握着圭。圭，一种玉器，上圆或剑头形，下方。孔子出使外国，执国君之圭作为信物。郑玄："执珪，谓以君命聘于邻国。"（《唐写本论语郑氏注》）

如不胜：好像有点拿不动的样子。胜，音升（shēng），担负，承受。举轻若重，形容使命感极强。

上如揖，下如授：稍向上举好像对人作揖，略向下垂好像献物于人。上，执圭稍高于胸口。下，执圭略低于胸口。

勃如战色，足蹜蹜如有循：全神贯注好像要作战，一步紧跟着一步往前走。战色，临阵作战神情。蹜蹜，蹜音速（sù），后脚跟前脚，步小而快。循，往前走。《说文》："循，行顺也。"以上是描写执圭行聘礼时的部分场景。皇侃："使臣礼主国之君，谓之为聘。聘，问也。

政言久不相见,使臣来问安否也。”

享礼,有容色:献礼物的时候,一脸的轻松。享礼,即享献礼,使臣行聘礼之后把各种礼品在庭中摆放罗列的仪式。有容色,与“勃如战色”相对,放松的样子,即《仪礼·聘礼》所谓“及享,发气焉盈容”。郑玄注:“发,舍气也。孔子之于享礼有容色。”刘宝楠案:“‘舍’与‘舒’同,谓颜色舒解。”

私觌,愉愉如也:以私人身分会见的时候,和颜悦色的样子。私觌,觌音狄(dí),私下见面。指公事已毕,和对方君臣以私礼相见。何晏引郑玄:“觌,见也。既享,乃以私礼见。愉愉,颜色之和也。”

〔**译文**〕先生出使外国,手里拿着代表国君的玉圭,低头哈腰的样子,好像非常沉重。稍向上举仿佛对人作揖,略向下垂仿佛献物于人。全神贯注好像要作战,一步紧着一步向前走。献礼物的时候,变得一脸的轻松。私下见面,则是和颜悦色的样子。

(六)

君子不以绀緅饰,红紫不以为亵服。当暑,袗絺绤,必表而出之。缁衣,羔裘;素衣,麑裘;黄衣,狐裘。亵裘长,短右袂。必有寝衣,长一身有半。狐貉之厚以居。去丧,无所不佩。非帷裳,必杀之。羔裘、玄冠不以吊。吉月,必朝服而朝。

〔**注释**〕**君子不以绀緅饰**:君子不用绀色、緅色布料作衣领、衣袖的滚边。君子,皇侃指士以上之人,邢昺、朱熹以为就是指孔子。绀,音赣(gàn),稍微带红的黑色,当时斋服的颜色。緅,音邹(zōu),也是带红的黑色,但比绀更深一些,当时丧服的颜色。饰,衣领、衣袖的缘边,即滚边、镶边。皇侃:"士以上衣服有法,不可杂色也。"

红紫不以为亵服:粉红和紫色布料不用来做家居衣服。红、紫皆为贵重的颜色。《说文》:"红,帛赤白色也。"段玉裁注引《论语》本句曰:"按此今人所谓粉红、桃红也。"亵服,犹今言家居服。

袗絺绤:穿着粗葛布或细葛布做的单衣。袗,音诊(zhěn),单衣。这里用作动词。絺,音吃(chī),细葛布。绤,音细(xì),粗葛布。

必表而出之:外出时一定加上一件上衣。表,上衣。这里用作动词,"加上衣"的意思。之,无义。刘宝楠:"云'出之'者,'之'是语辞,皇本无'之'字。"

缁衣,羔裘:〔冬天,〕黑色的外衣,里面穿黑羊毛皮袄。缁,黑色。羔裘,用黑羊羔皮做的袄子,毛向外。缁衣为朝服。本句及以下两句,表示衣服里外的颜色应该相称。

素衣,麑裘:白色的外衣,里面穿白麑毛皮袄。素,白色。麑,音倪(ní),小鹿,毛色近白。素衣为丧服。

黄衣,狐裘:黄色的外衣,里面穿黄狐毛皮袄。狐裘,狐色黄,黄衣为蜡祭之服。

亵裘长,短右袂:居家的皮袄做得比较长,右边的袖子则做得短一些。袂,音妹(mèi),袖子。何晏引孔安国:"私家裘长,主温也。短右袂者,便作事也。"

必有寝衣,长一身有半:〔睡觉时,〕一定有小被子〔盖在大被子上〕,长度是上衣长的一又二分之一。寝衣,被子。古代大被叫"衾",小被叫"被"。一身,大约是上衣的长度。此依王引之说,"身"非指"人自顶以下踵以上",而是指"颈以下股以上"。长一身有半,约长至膝盖(《经义述闻》卷三一“身”条)。这里还是讲孔子注意保暖,小被置于大被上,至今犹然。

狐貉之厚以居:用皮毛厚的狐貉皮做坐垫。居,坐,即“居,吾语女”(《阳货篇》)之“居”。

去丧,无所不佩:丧期已满脱掉丧服之后,适合佩带的东西都可佩带。何晏引孔安国:“去,除了。非丧则备佩所宜佩也。”

非帷裳,必杀之:除了上朝或祭祀时穿的礼服之外,其余的衣裳一定要裁去一些布。帷裳,上朝、祭祀时穿的礼服,用整幅布做,宽大如帷,不加裁剪,多余的布于腰间褶叠收紧,像百褶裙一样。杀,音晒(shài),减少,裁去。杀之,指对整幅进行裁剪,去掉多余的布,不用褶叠。此明衣服尺寸依礼有差别。

羔裘、玄冠不以吊:黑羊毛皮袄和黑色礼帽都不在吊丧时穿戴。玄冠,黑色的礼帽。何晏引孔安国:“丧主素,吉主玄。吉凶异服,故不相吊也。”

吉月,必朝服而朝:每月初一,一定穿着上朝的礼服去上朝。吉月,即月之吉,指每月朔日,古人都认为是吉日。鲁国自文公不视朔。子贡欲去告朔之饩羊,孔子不以为然,讥之曰“尔爱其羊,我爱其礼”(《八佾篇》)。故国君虽不视朔,孔子却一定朝服而朝。此从皇侃说。

〔**译文**〕君子不用绀色、缬色布料作衣领、衣袖的滚边,粉红和紫色布料不用来作家居衣服。暑热天,穿着粗葛布或细葛布做的单衣,外出时一定加上一件上衣。冬天,黑色的外衣,里面穿黑羊毛皮袄;白色的外衣,里面穿白麑毛皮袄;黄色的外衣,里面穿黄狐毛皮袄。居家的皮袄做得比较长,右边的袖子做得短一些。睡觉时,一定加上小被衣,长度是上衣长的一又二分之一。用皮毛厚的狐貉皮做坐垫。丧期满脱掉丧服后,适合佩带的东西都可佩带。除了上朝或祭祀时穿的礼服之外,其余的衣裳一定要裁去一些布。黑羊毛皮袄和黑色礼帽都不在吊丧时穿戴。每月初一,一定穿着上朝的礼服去上朝。

(七)

齐必有明衣,布。齐必变食,居必迁坐。

〔**注释**〕**齐必有明衣,布:**斋戒的时候,一定在沐浴后穿上浴衣,用布做的。齐,同“斋”,祭祀前斋戒一定时日。郑玄:“斋者,致肃敬于鬼神。”(《唐写本论语郑氏注》)明衣,沐浴之衣。布,指麻布、葛布。时无棉布。

齐必变食:斋戒时一定改变平常的饮食。变食,指不饮酒,不吃葱、蒜等味道重的食物。

居必迁坐:居住一定换个地方。居,这里指就寝。迁坐,指改换寝室,不与妻妾同房。

〔**译文**〕先生斋戒的时候,一定在沐浴后穿上整洁的布衣。饮食一定改变平时的嗜好,睡觉也一定换个地方。

(八)

食不厌精,脍不厌细。食饐而餲,鱼馁而肉败,不食,色恶,不食。臭恶,不食。失饪,不食。不时,不食。割不正,不食。不得其酱,不食。肉虽多,不使胜食气。惟酒无量,不及乱。沽酒市脯,不食。不撤姜,食。不多食。

〔**注释**〕**食不厌精,脍不厌细**:粮食不满足于精,肉丝不满足于细。厌,满足。脍,切细的肉,犹今之肉丝。《说文》:"脍,细切肉也。"意即粮食越精越好,肉丝越细越好,但也不是非得这样。朱熹解得细腻:"不厌,言以是为善,非谓必欲如是也。"所以,这与孔子所说"士志于道,而耻恶衣恶食者,未足与议也"(《里仁篇》)并不矛盾。

食饐而餲:米饭受潮了,变味了。饐,音易(yì),受潮。《说文》:"饐,饭伤湿也。"餲,音爱(ài),馊。皇侃:"餲,谓经久而味恶也。"

鱼馁而肉败:鱼腐烂了,肉腐臭了。《尔雅》:"肉谓之败,鱼谓之馁。"郭璞注:"败,臭坏;馁,肉烂。"

色恶:食物颜色变得不正常。皇侃:"食失常色,是为色恶。"

臭恶:食物气味变得难闻。臭,音嗅(xiù),气味。

失饪:食物煮得不熟或过熟。何晏引孔安国:"失饪,失生熟之节也。"

不时:食物尚未生长成熟。朱熹:"不时,五谷不成,果实未熟之类。"

割不正:割肉部位不当。割,指宰杀猪牛羊等牲畜时按部位的分解。不正,指切割的部位不当,也就是牲畜的有些部分君子是不吃的。王夫之:"正者,正当其处也。古之割肉,既皆大脔,而各有分理。骨有贵贱,髀不登于俎,君子不食圂腴。"(《论语稗疏》)圂腴,犹今言猪下水之类。

不得其酱:没有合适的酱。酱,调料。郑玄:"谓韭菹醯醢醢梅鱼脍芥酱之属也。"(《唐写本论语郑氏注》)何晏引马融:"鱼脍非芥酱不食也。"此犹今日本人吃生鱼片必就芥末,既可提味,也可杀菌。

不使胜食气:吃肉不超过吃主食。胜,多于。气,通"饩",音细

(xì),粮食,主食。

惟酒无量,不及乱:虽然喝酒不限定多少,却不过量导致乱来。惟,此处当作“虽”,见王引之《经传释词》卷三“惟唯维虽”条。黄侃认为“惟”作“虽”乃假借。乱,指因饮酒过量导致神志昏乱,行为不检点。皇侃:“一云:‘酒虽多无有限量,而人宜随己能而饮,不得及至于醉乱。’一云:‘不格人为量,而随人所能,而莫乱也。’”后一说似更确切。

沽酒市脯:买来的酒、买来的干肉。沽,同“酤”,市,都是“买”的意思。脯,干肉。皇侃:“酒不自作则未必清净,脯不自作则不知何物之肉,故沽市所得,并所不食也。”

不撤姜,食:〔吃完了,〕姜不撤除,〔偶尔〕吃一点。姜,味辛,可调味,可入药,为就餐时常备之物。这里指餐后不撤,依王夫之说,偶尔吃一点,有却眠去倦功效。钱穆从其说。

不多食:〔能吃的东西,〕都不多吃。何晏引孔安国:“不过饱也。”本句当自为一句。若连上句为一句,“姜食”不可解,姜“不多食”义难通,故不从。

〔**译文**〕先生吃饭,粮食舂得越精越好,肉丝切得越细越好。米饭受潮了,变味了,鱼腐烂了,肉腐臭了,不吃。食物的颜色变得不正常了,不吃。气味难闻,不吃。煮得不熟或过熟,不吃。尚未生长成熟,不吃。部位不当的肉,不吃。没有合适的酱料相配,不吃。肉虽多,吃它不超过主食。喝酒虽不限量,却决不过量。买来的酒,买来的干肉,都不吃。饭后姜不撤除,偶尔吃一点。从不吃得过饱。

(九)

祭于公,不宿肉。祭肉不出三日,出三日,不食之矣。

〔**注释**〕祭于公,不宿肉:参加国君的祭祀典礼,不把分得的祭肉留到第二天。祭于公,指助祭活动。当时大夫、士都有助君祭祀之礼。皇侃:“祭于公,谓孔子仕时助君祭也。”不宿肉,诸侯之祭,头天宰杀祭牲,举行祭典,第二天再举行一次,然后将祭肉分掉,表示分享神惠,不宿是敬神的态度,否则是慢神的表现。

祭肉不出三日,出三日,不食之矣:祭祀用过的肉〔保存〕不超过三天,过了第三天,便不吃它了。何晏引郑玄:“过三日不食也,是亵鬼神之余也。”物茂卿认为这一句非正文,是对上句的注解,后来传写,误入正文。可备一说。

〔**译文**〕先生参加国君的祭祀典礼,分得的祭肉当天就处理掉。祭肉保存不超过三天,超出三天,便不吃它了。

(十)

食不语,寝不言。

〔**注释**〕本章所记,当为斋戒、祭祀时情景,故郑玄曰:“为其不敬也。”

〔**译文**〕先生吃饭时不交谈,睡觉时不说话。

(十一)

虽疏食、菜羹、瓜,祭,必齐如也。

〔**注释**〕虽疏食、菜羹、瓜:虽然只是粗粮、菜羹、瓜果。疏食,粗食。菜羹,用蔬菜加米屑(磨碎的米)和调味品做成的带汤的食物。瓜,指瓜、果之类,举瓜该果。

祭,必齐如也:祭祀鬼神的时候,一定是恭恭敬敬的样子。齐,音义同“斋”。何晏引孔安国：“斋，严敬之貌也。”本章对上“祭于公”而言，是说虽然只是家常食物，连肉食都没有，但以之祭祀鬼神（含祖先在内），关键在于有敬心，故皇侃曰：“三物虽薄，而必宜尽斋敬之理，鬼神飨德不飨味故也。”

〔译文〕虽然只是粗粮、菜羹、瓜果，用来祭祀鬼神，先生也一定恭恭敬敬。

（十二）

席不正，不坐。

〔注释〕席不正：坐席不摆正摆正。席，铺设于地上用于坐的席子，有草制、竹制、布制数种。古代没有椅和凳。这里指孔子下坐时必摆正摆正席子，非必谓席子歪斜。从习惯性小动作反映孔子严谨的态度。皇侃引范宁：“正席，所以恭敬也。”

〔译文〕先生不将坐席摆正摆正，就不坐下。

（十三）

乡人饮酒，杖者出，斯出矣。

〔注释〕乡人饮酒：与乡里的人一同喝酒。注家多以为指举行乡饮酒礼，是主于敬老的仪式，实则乡间此类活动当不拘于一礼。

杖者出，斯出矣：老年人先出去，自己便跟着出去了。杖者，拄拐杖的人，指老者。《礼记·王制》：“五十始衰。”又：“五十杖于家，六十杖于乡。”出入先后，以长幼为序，年齿细分不易，杖者一目了然。朱熹：“未出不敢先，既出不敢后。”

〔译文〕先生与乡里的人一起喝酒，结束时，待拄拐杖的老人家先离席,自己便跟着走出去。

(十四)

乡人傩,朝服而立于阼阶。

〔**注释**〕**乡人傩**:乡里的人迎神驱鬼。傩,音挪(nuó),一种驱逐疫鬼的仪式,有在室中进行的,有在路上挨家挨户进行的,这里当指后者。

朝服而立于阼阶:穿着朝服站在大门前的台阶上。朝服,着礼服表示郑重其事,是在本乡尊敬乡人的体现,与上章同义。阼阶,阼音作(zuò),一般指东边的台阶,主人站立的地方。

〔**译文**〕乡里的人在门前迎神驱鬼,先生穿着朝服站在门口的台阶上。

(十五)

问人于他邦,再拜而送之。

〔**注释**〕**问人于他邦**:在其他诸侯国时向人请教。本章盖弟子回顾夫子旅居他邦时,向人请教有关当地政事的情景,即《学而篇》"必闻其政"。此言"问人"即彼言"求之"。所不同的是,"求之"之事是弟子在他邦时所言,故曰"夫子至于是邦也";"问人"之事是弟子在本邦本乡所言,故曰"于他邦",并归于《乡党篇》中。

再拜而送之:拜两次送别对方。拜,拱手并弯腰状。

〔**译文**〕先生在其他诸侯国向人请教,要拜两次送别对方。

（十六）

康子馈药，拜而受之。曰："丘未达，不敢尝。"

〔**注释**〕**康子馈药：**季康子送来药。康子，鲁国正卿季孙肥。馈，赠送。郑玄："馈，遗（wèi）也。拜受，敬也。

丘未达：言不服之意。药从中制外，不尝者，慎之至。"（《唐写本论语郑氏注》）

〔**译文**〕季康子送来药，孔子对来人拜一拜，接了过来。过后说："我对这药不了解，不敢尝用。"

（十七）

厩焚。子退朝，曰："伤人乎？"不问马。

〔**注释**〕**厩焚：**〔自家的〕马棚失了火。厩，音就（jiù），马棚，马圈。焚，烧。

不问马：没有问马怎么样。何晏引郑玄："重人贱畜也。"皇侃引王弼："不问马者，矫时重马也。"

〔**译文**〕自家的马棚失了火。先生上完朝回来，问："伤人了吗？"不问马。

（十八）

君赐食，必正席先尝之。君赐腥，必熟而荐之。君赐生，必畜之。侍食于君，君祭，先饭。

〔**注释**〕**君赐食，必正席先尝之：**国君赐给食物，一定摆正坐席先尝一尝〔,然后分其他人〕。食,指熟食。何晏引孔安国:“敬君之惠也。既尝之,乃以班赐之也。”

君赐腥,必熟而荐之:国君赐给生肉,一定煮熟了供奉祖先。腥,生肉。荐,进。指进奉于祖先,但并非祭祀之礼。刘宝楠:“凡祭,进熟食曰荐。此因君赐而荐,如尝新,先荐寝庙,不为祭礼也。”

君赐生,必畜之:国君赐给活物,一定养起来,〔以备祭祀时用。〕生,活的牲畜。皇侃:“得所赐活物,当养畜之,待至祭祀时充牲用也。”

侍食于君,君祭,先饭:陪同国君吃饭,国君进行饭前小祭时,自己先吃一点〔,再等候国君用餐〕。君祭,指将各种食物拿出少许,放在食器之间,祭最初发明饭食的人,以示不忘本。先饭,依礼,当由负责国君饮食的人(膳夫)先尝食,然后国君就餐,孔子主动这样做,是“臣事君以忠”(《八佾篇》)的表现。

〔译文〕先生对国君赐给的食物,一定摆正坐席先尝一尝,然后分给其他人。国君赐给新鲜的牲肉,一定煮熟了,进供于祖先。国君赐给活的牲畜,一定养起来,留待祭祀时用。陪同国君吃饭,国君进行饭前小祭时,自己先吃一点,再等待国君用餐。

(十九)

疾,君视之,东首,加朝服,拖绅。

〔注释〕东首:脑袋朝东〔躺着〕。石韫玉:“盖古人卧常在南牖下,而室中以东向为尊。君至视疾必东西坐,病者必东首,始与君相坐,西首则相背矣。”

加朝服,拖绅:把上朝的礼服盖在身上,还拖着束腰的那条大带。绅,穿礼服时束在腰间的大带。孔子病不能起,加朝服并拖绅,表示迎接国君。

〔**译文**〕先生病了,国君来探视,便头朝东躺着,把上朝的礼服盖在身上,还拖着束腰的那条大带。

(二十)

君命召,不俟驾行矣。

〔**注释**〕不俟驾行矣:不等车套好就先步行走了。俟,音四(sì),等待。驾,套好马的车。《说文》:"驾,马在轭中也。"何晏引郑玄:"急趋君命也。行出而车既驾从之也。"

〔**译文**〕国君有令召见,先生不等车套好就先步行走了。

(二十一)

入太庙,每事问。

〔**注释**〕重出,见《八佾篇》第十四章。皇侃:"或云:'此句烦重。'旧通云:'前是记孔子对或人之时,此是录平生常行之事,故两出也。'"

〔**译文**〕先生到了太祖庙,碰到什么事情都要问一问。

(二十二)

朋友死,无所归。曰:"于我殡。"

〔**注释**〕朋友死,无所归:朋友死了,不知道送到哪里去。无所归,没有地方归葬。何晏引孔安国:"无所归,无亲昵也。"古人死必归葬其乡,此朋友或指远方来者(《学而篇》:“有朋自远方来。”),而未究其所自来,故不知归所,或无人负责收敛。

于我殡:把灵柩停放在我家里。殡,停放灵柩待葬。孔子之意,即丧事我来办好了。但停柩其家比之仅出丧葬费之类,情义之重可知。黄式三:“后世朋友礼薄,如徐孝先卒于施赞伯家中堂,奉棺合敛,冯山公《解春集》极称之世所罕见。”(《论语后案》)

〔**译文**〕朋友去世,不知道归葬何处。先生说:“就把棺材停放在我家好了。”

(二十三)

朋友之馈,虽车马,非祭肉,不拜。

〔**注释**〕不拜:不行礼答谢。何晏引孔安国:“不拜,有通财之义也。”依皇侃疏,祭肉虽小而拜受,敬祭故也。依朱熹注,祭肉则拜者,敬其祖考,同于己亲也。今从皇说。

〔**译文**〕先生对于朋友的礼物,即使是贵重的车马,如果不是祭祀过的牲肉,就不拜谢。

(二十四)

寝不尸,居不客。

〔**注释**〕寝不尸:睡觉时不像死尸一样〔直挺挺地躺着〕。郑玄:“寝不尸,谓不祥也。”(孔广林辑《郑学十八种·论语注》第十四之五)

居不客:闲坐时不像会客一样〔直挺挺地跪着〕。居,坐。客,宾客,这里作动词,指像会客时那样坐着。会客时的坐姿如今之跪姿,双膝着地,足跟承着臀部,上身挺起,比较费力。何晏引孔安国:“为家室之敬难久也。”

〔译文〕先生睡觉时不像死尸一样直挺挺地躺着,闲坐时不像会客一样直挺挺地跪着。

(二十五)

见齐衰者,虽狎,必变。见冕者与瞽者,虽亵,必以貌。凶服者,式之。式负版者。有盛馔,必变色而作。迅雷风烈,必变。

〔注释〕见齐衰者,虽狎,必变:看见穿着孝服的人,虽然平时关系亲密,也不由得悲从中来。狎,音侠(xiá),亲热。何晏引孔安国:“狎,素相亲狎也。”必变,相对下文“以貌”、“式之”、“变色”,此“变”指从里至外皆变。本节记孔子容貌之变,事凡六变,变之类型则四,此其一。

见冕者与瞽者,虽亵,必以貌:看见戴着礼帽和瞎了眼睛的人,虽然平时经常相见,也一定以礼相待。冕者,指大夫。瞽者,指宫廷乐师。亵,走得近。何晏引周生烈:“亵,谓数相见也。”貌,礼貌,偏重外貌而言。《说文》:“皃,颂仪也。”段玉裁注:“颂者,今之容字。必言仪者,谓颂之仪度可皃象也。凡容言其内,皃言其外。”“皃”为古“貌”字。外表以礼,此变之类型二。本句和上句与上篇第十章似同实异。后者泛指,此处特指。上句指相狎者,又当指吊丧场所;本句指相亵者,又当指某种(如宴会等)正式场合。

凶服者,式之:〔在车中遇见拿着〕送给死者衣物的人,微微向前俯身向他们致意。凶服,送给死者的衣服,当统衣物而言之。凶服者,当指为人办丧事者,属社会一低贱职业。式,同“轼”,指车前横木,这里用为动词。皇侃:“若在车上应为敬时,则落手凭轼。凭轼则身俯偻,故云‘式之’。”车上式之,即动作略变,此变之类型三。

式负版者:遇见手持国家图籍的人,也向他们致意。负版,从孔安国说,“持邦国之图籍者也”。刘宝楠:“负训持者,负本义置之于背,而图籍非可负之物,故解为手持,亦引伸之义。”版,皇疏本作“板”。皇侃:“古未有纸,凡所书皆于板,故云‘板’也。”负版者,当指官府一般工作人员,所谓胥吏之类。“凶服者”与“齐衰者”相对,“负版者”与“冕者”与“瞽者”相对,前者皆为丧事,后者皆属官府,只是地位相去甚远,孔子对低贱者“式之”,并敬其事也。

有盛馔,必变色而作:一有丰盛的美食,就会高兴起来,欠身向前。有盛馔,或为赴宴时,或即在家时。色,指脸色。作,起身。古人跪坐,起身即从跪坐的腿上抬起来,这里指起身向着食物方向略前倾。脸色之变,变之类型四。

迅雷风烈,必变:雷突然爆响,风猛烈刮起,马上变得凝重起来。迅,迅疾。烈,猛烈。朱熹:“必变者,所以敬天之怒。”此变亦从里至外皆变之类。

〔**译文**〕先生看见穿着孝服的人,虽然平时关系亲密,也变得悲恸起来。看见戴着礼帽和瞎了眼睛的人,虽然平时经常相见,也一定以礼相待。在车中遇见拿着送给死者衣物的人,微微向前俯身致意。遇见手持国家图籍的人,也向他们致意。一有丰盛的美食,就会喜上眉梢,起身向前。当雷突然爆响,风猛烈刮起,马上变得凝重起来。

(二十六)

升车,必正立,执绥。车中,不内顾,不疾言,不亲指。

〔**注释**〕**升车,必正立,执绥**:登车,一定站直了,抓住扶手带而上。升,登。古人登车由车尾上。绥,绳子,系于车上,人抓住借力登车并防止倾跌。

车中,不内顾,不疾言,不亲指:在车上,不回头张望,不高声说话,不指指点点。内,向后。顾,回头看。古人乘车是站着的,不内顾,则免于回头转身导致重心不稳。疾,急,快。疾言易高声,恐驭马受惊,或致驭手不宁。亲指,指点驭手驾车。不亲指,不使驭手无所适从。皇侃:"车上既高,亦不得手有所亲指点,为惑下人也。"

〔**译文**〕先生登车,一定先站直站稳了,再抓住扶手带上。在车上,不回头张望,不高声说话,不指指点点。

(二十七)

色斯举矣,翔而后集。曰:"山梁雌雉,时哉!时哉!"子路共之,三嗅而作。

〔**注释**〕**色斯举矣,翔而后集**:〔孔子和子路等弟子一起,在山间行走。山梁上的一群野鸡看见他们走来,〕惊惶地飞了起来,盘旋一阵后又都停在一块。色斯,犹"色然",惊飞貌。此从王引之说(见《经传释词》卷八"斯"条)。举,飞起。

山梁雌雉,时哉!时哉:山梁上的母山鸡,惬意呀!惬意呀!山梁,山之高处,似桥呈条形状。《说文》:"梁,水桥也。"时,谓得其时,或谓即"是"。时哉,孔子赞叹之辞,指野鸡当飞则飞,当止则止;又特言雌雉,有似于关雎和鸣之义。总之,羡慕野鸟之自由自在的状态。本章亦似有"吾与点也"(《先进篇》)之意态。

子路共之,三嗅而作:子路〔听了先生的话,不由得〕向山鸡拱了拱手,〔山鸡似乎会意地〕冲他们点了几下头,又挺挺胸脯。共,同“拱”。共之,又见子路率意之貌。嗅,嗅闻状,犹点头状。作,起也,抬头挺胸状。

〔译文〕先生和子路等弟子在山间行走,山梁上的一群野鸡被他们惊得飞了起来,盘旋一阵后又都停在一块。先生感叹道:“山梁上的母山鸡,惬意呀!惬意呀!”子路闻声,不由得向山鸡拱了拱手,山鸡似乎会意地向他们点了几下头,又挺挺胸脯。

先进篇第十一

（一）

子曰："先进于礼乐，野人也；后进于礼乐，君子也。如用之，则吾从先进。"

〔**注释**〕先进于礼乐，野人也：先学习并掌握了礼乐的，是那现在城外的田野上干活的隐士。进，上进。《说文》："进，登也。"又："登，上车也。"段玉裁注："引伸之，凡上升曰登。"掌握了礼乐，说明上升到了某种层次，故曰"进"。野人，郊野之人。本义指农夫，这里指掌握了礼乐而隐逸不仕的人。孔子在鲁或周游列国，致力于宣传自己的思想主张，找机会实现个人抱负，还有一个目的，便是访求"文献"（"文"即今文献，"献"指掌握了礼乐的贤人），以学习历代礼乐，如之杞以征夏礼，之宋以征殷礼（俱见《八佾篇》第九章）。访求的贤人，自然也包括这里所说的"野人"。《论语》中出现的"荷蒉"者（《宪问篇》）、接舆、长沮、桀溺、"荷蓧"者（《微子篇》）等，都是这类野人。这些人对孔子的心思似乎很了解，但不以为然，对待孔子及其弟子的态度也不那么好。但孔子对待他们总是客客气气，有时因为他们对自己的批评而不免辩解一二。可见他是视这些隐者为学习的对象，故下文言"从先进"。

后进于礼乐,君子也:后学习并掌握了礼乐的,是那正在城里的朝堂上议事的官员。君子,指在位者。朱熹:“君子,谓贤士大夫也。”这里的“君子”,指士大夫,未必指同时为贤者。子贡曾问孔子:“今之从政者何如?”孔子颇不以为然地说:“噫!斗筲之人,何足算也!”(《子路篇》)。这与他对“野人”的态度很不一样。大概他有礼失求诸野的意思。

如用之,则吾从先进:若是施行礼乐,那么我遵从的是隐士们掌握的那些礼乐制度。用,即“礼之用”之“用”(《学而篇》)。从,即“吾从周”之“从”(《八佾篇》)。从这里可以看出,孔子之意,“先进”、“后进”,不但有时间之差,而且有高低之别。他自己虽非野人,却是接近野人的人。

〔**译文**〕先生说:“先学习并掌握了礼乐的,是那现在城外的田野上干活的隐士;后学习并掌握了礼乐的,是那正在城里的朝堂上议事的官员。若是由我来施行礼乐,我遵从的是隐士们掌握的那些礼乐制度。”

(二)

子曰:“从我于陈、蔡者,皆不及门也。”

〔**注释**〕**从我于陈、蔡者**:〔曾经〕跟随我在陈国和蔡国〔颠沛流离〕的人。于陈、蔡,历代注家多以为指鲁哀公六年,孔子和弟子被陈、蔡大夫合谋困于野之事。据《史记·孔子世家》,孔子居陈三年,迁于蔡又三年,许多不愉快的事发生于其间,似不必仅指一事。

皆不及门也:都不上我的门来了。及,到。本章当为孔子晚年回忆,叹当年艰难与共诸弟子多已星散,其中也有早于自己过世的,能再来相聚的寥寥了。

〔译文〕先生说:"当年跟随我在陈国和蔡国颠沛流离的人,都不上我的门来了。"

(三)

德行:颜渊、闵子骞、冉伯牛、仲弓。言语:宰我、子贡。政事:冉有、季路。文学:子游、子夏。

〔注释〕文学:熟悉历史文献的。文学,有别于今天的"文学",主要指《诗》《书》《易》及礼乐等历史文献。皇侃引范宁:"文学,谓善先王典文。"后世将本章所述内容称为"四科十哲"。

〔译文〕先生的学生中,德行突出的有:颜渊、闵子骞、冉伯牛、仲弓。长于辞令的有:宰我、子贡。善理政事的有:冉有、季路。熟悉典籍的有:子游、子夏。

(四)

子曰:"回也,非助我者也,于吾言无所不说。"

〔注释〕非助我者也:不是那种帮腔派。助,赞同,根据后一句义,指盲目地赞同。《尔雅·释诂》:"助,勴也。"郭璞注:"勴,谓赞勉。"

于吾言无所不说:对于我的话没有不喜欢的。说,同"悦"。本句承前句,释"助"义。颜回对孔子说的话并非"无所不说",正合于孔子在另一个场合对颜回的描述:"不违如愚"、"回也不愚"(《为政篇》)。

〔译文〕先生说:"颜回这个人,不是那种帮腔派,我说什么话他都表现得心悦诚服。”

(五)

子曰:“孝哉闵子骞!人不间于其父母、昆弟之言。”

〔注释〕**孝哉闵子骞**:〔听到大家都在说,〕闵子骞真孝顺啊!子骞,闵损之字。《论语》中,孔子对弟子例不称字,这是转述别人的话。

人不间于其父母、昆弟之言:〔看来〕人们对他的父母、兄弟说他孝顺的话没有异议了。不间,无异辞。昆弟,兄弟。

〔译文〕先生说:“听到大家伙都在说,闵子骞真孝顺啊!看来人们对他的父母、兄弟说他孝顺的话没有异议了。”

(六)

南容三复白圭,孔子以其兄之子妻之。

〔注释〕**南容三复白圭**:南容反复诵读“白圭”之诗。南容,即《公冶长篇》第二章之南容(南宫适)。结合此章内容,则南容能够做到“邦有道,不废;邦无道,免于刑戮”,慎言是一个重要原因。三复,数次重复。白圭,白圭诗,指《诗经·大雅·抑》中的诗句:“白圭之玷,尚可磨也;斯言之玷,不可为也。”意思是白圭的污点还可以磨掉,言语中的污点却无法去掉。

〔译文〕南容反复诵读“白圭”的诗句,孔先生便把自己的侄女嫁给了他。

（七）

季康子问："弟子孰为好学？"孔子对曰："有颜回者好学，不幸短命死矣，今也则亡。"

〔**注释**〕**季康子问**：季康子问道。鲁哀公曾提出同样的问题，孔子的回答较此处略详（见《雍也篇》第三章）。皇侃解释为何问同而答异："哀公是君之尊，故须具答，而康子是臣为卑，故略以相酬也。"

〔**译文**〕季康子问："你的弟子中，谁称得上好学？"孔先生回答说："有个叫颜回的好学，不幸的是他短命死了，今天就没有这样的人了。"

（八）

颜渊死，颜路请子之车以为之椁。子曰："才不才，亦各言其子也。鲤也死，有棺而无椁。吾不徒行以为之椁。以吾从大夫之后，不可徒行也。"

〔**注释**〕**颜路请子之车以为之椁**：颜路请求孔子〔卖掉〕车子来替颜渊置办外椁。颜路，颜渊之父，名无繇，字路，早年做过孔子的学生，比孔子小六岁。见《史记·仲尼弟子列传》。椁，音果（guǒ），套在棺材外面的大棺材。古代有地位的人死后棺木至少两重，即所谓"内棺外椁"，士则有棺而无椁。颜路所请，不合礼制。下文孔子所言，委婉拒之之辞，盖不忍心也。且"子曰"，非直面颜路，当对他人言而由其转述。

才不才，亦各言其子也：有才能也好，没才能也好，再怎么说都是自己的儿子啊。才,指颜渊。不才,指孔子的儿子鲤。

鲤也死:〔我的儿子〕鲤死了。鲤,字伯鱼,据《史记·孔子世家》,年五十,先孔子卒。是时孔子年七十,颜渊之死当在次年,孔子年七十一。

以吾从大夫之后,不可徒行也:因为我还享受着大夫的待遇,是不可步行的。从大夫之后,跟随大夫的后面。孔子曾做过鲁国的司寇,为大夫之位,此时已去位多年,但身份尚居大夫之列。不可徒行,大夫出门乘车,是礼的规定。《礼记·王制》:"君子耆老不徒行。"

〔译文〕颜渊死了,他的父亲颜路请求先生卖掉车子来替颜渊置办外椁。先生说:"有才能也好,没才能也好,再怎么说都是自己的儿子啊。我的儿子鲤死了,也只有内棺,没有外椁。我不能卖掉车子步行来替他买椁。这是因为我还属于大夫之列,是不可以步行的。"

(九)

颜渊死。子曰:"噫!天丧予!天丧予!"

〔注释〕噫:哀痛之声。何晏:"'天丧予'者,若丧己也。再言之,痛惜之甚也。"

〔译文〕颜渊死了。先生说:"咳!老天爷要了我的命!老天爷要了我的命!"

(十)

颜渊死,子哭之恸。从者曰:"子恸矣!"曰:"有恸乎?

非夫人之为恸而谁为?”

〔**注释**〕子哭之恸:先生为他哭得非常伤心。恸,音痛(tòng),哀痛过度。何晏引孔安国:“不自知己之悲哀过也。”则“恸”之哀有不自禁者。

非夫人之为恸而谁为:不为这样的人伤心,还为什么样的人伤心?夫人,夫音扶(fú),这人,指颜渊。谁为,为谁。朱熹:“言其死可惜,哭之宜恸,非他人之比也。”

〔**译文**〕颜渊死了,先生哭得非常伤心。跟随他的人说:“您太过伤心了!”先生说:“真的太伤心了吗?我不为这样的人伤心,还为什么样的人伤心?”

(十一)

颜渊死,门人欲厚葬之。子曰:“不可。”门人厚葬之。子曰:“回也视予犹父也,予不得视犹子也。非我也,夫二三子也。”

〔**注释**〕**门人欲厚葬之**:学生们打算把他的葬礼办得隆重一些。厚葬,丧葬开销超过合理承受程度。颜渊家贫,厚葬开销当由门人中有财力者承担,或由大家伙儿凑份子。由下文孔子的话来看,此当从渊父之意,且必为之椁。

〔**译文**〕颜渊死了,弟子们打算把他的葬礼办得隆重一些。先生说:“不可以。”弟子们还是厚葬了颜渊。先生说:“颜回把我当作父亲一样看待,我却做不到把他当作儿子一样看待。这不是我的主意,是那几个小子干的呀。”

(十二)

季路问事鬼神。子曰:"未能事人,焉能事鬼?""敢问死。"曰:"未知生,焉知死?"

〔**注释**〕**未能事人,焉能事鬼**:还不能把人服事好,又怎能把鬼神服事好?能,含做到、做好之义,非仅做而已。事人,指事君、事亲、事长之类。事鬼,指祭祀活动。鬼,该鬼神。句意谓"能事人,则能事鬼矣"(张栻)。孔子语意,既答子路问,又似不愿再多说。

敢问死:再请问死后是怎么回事?敢,表敬副词。子路感到所提问题重大,且知夫子不喜与人讨论怪力乱神的话题(见《述而篇》),故态度敬慎。

未知生,焉知死:还没明白活得怎样,哪能明白死后如何?对应"事人"、"事鬼"言,"生"指自己生前之事,"死"指自己死后之事。张栻:"故君子之于学,务于其近而已,而其远者莫之能违也。"孔子语意,既答子路问,仍似不愿再多说。

〔**译文**〕子路问服事鬼神的事。先生说:"还不能把人服事好,又怎能把鬼神服事好?"子路又问:"再请您说说死后是怎么回事。"先生说:"还没搞明白活得怎样,哪能弄清楚死后如何?"

(十三)

闵子骞侍侧,訚訚如也;子路,行行如也;冉有、子贡,侃侃如也。子乐。曰:"若由也,不得其死然。"

〔**注释**〕**闵子骞侍侧**:闵子骞站在孔子身边。闵子骞,何晏集解本和朱熹集注本皆无“骞”字，按本书例，不当称“闵子”，今从皇侃义疏本加“骞”（其他各本多有“骞”）。

行行如也：刚毅勇武的样子。行，音沆（hàng）。何晏引郑玄：“行行，刚强之貌也。”

曰：“若由也，不得其死然”：〔过后，孔子对人〕说：“像仲由这人吧，怕是得不到好结局。”曰，何晏集解本和朱熹集注本皆无此字，今从皇侃义疏本加。不得其死，犹今言“不得好死”。得死，当时俗语，得善终之谓。然，语气辞，同“焉”。皇侃：“不得其死然，谓必不得寿终也。后果死卫乱也。”又引袁氏：“道直时邪，自然速祸也。”

〔译文〕闵子骞站在先生身边，郑重其事的样子；子路，刚毅勇武的样子；冉有、子贡，轻松自在的样子。先生看着他们很高兴。过后，他对人说：“像仲由这个人，恐怕得不到好结局吧。”

（十四）

鲁人为长府。闵子骞曰：“仍旧贯，如之何？何必改作？”子曰：“夫人不言，言必有中。”

〔注释〕鲁人为长府：鲁国翻修长府。鲁人，指鲁君的近臣。历代注家多以本章所涉事为鲁昭公二十五年事，则鲁君指昭公。事见《左传》，说详刘宝楠正义。下同。为，即后文“改作”之义。长府，昭公宫中存放兵器货贿的地方。昭公欲籍之以伐季氏，故翻修以作扩充。

仍旧贯：保持老样子不变。仍，因袭，沿袭。贯，事，或训行。闵子骞所言，实际上是委婉地劝告昭公不要轻举妄动，以免自取其祸，因季氏已成尾大不掉之势。后昭公讨伐季氏失败而出亡。

〔**译文**〕鲁国翻修长府。闵子骞说:“保持老样子不变,怎么样?为什么一定要改造呢?”先生说:“这个人不大说话,一开口便说到点子上。”

(十五)

子曰:“由之瑟,奚为于丘之门?”门人不敬子路。子曰:“由也升堂矣,未入于室也。”

〔**注释**〕**由之瑟,奚为于丘之门**:仲由的瑟艺,为什么在我的门下来演示?瑟,音色(sè),古代的一种弦乐器。奚,为何。为,弹奏。孔子这句话,表示对子路的瑟艺不太满意。以孔子对音乐的欣赏水平(如《述而篇》:子在齐,闻《韶》三月,不知肉味),并不奇怪。

由也升堂矣,未入于室也:仲由的瑟艺,已经登上大堂啦,只是还没有进入内室罢了。升堂,谓已由门及堂。堂,正厅。室,内室。孔子见门人不敬子路,知道门人误解了自己的话,以为老师说子路的瑟艺还没入门,便借“门”说话,以“升堂”告诉弟子,子路的瑟艺已经达到相当的水平;又以“未入于室”,表明子路的瑟艺还须更上层楼。话的重点在“升堂”。戴望:“同门之人疑夫子言门为外子路,故又以堂室之外内别其所至。”(《戴氏注论语》)

〔**译文**〕先生说:“仲由的瑟艺,为什么在我的门下来演示?”学生们以为老师说子路的瑟艺还没有入门,便对他有些瞧不起。先生于是说:“仲由的瑟艺,已经登上大堂啦,只是还没有进入内室罢了。”

(十六)

子贡问:“师与商也孰贤?”子曰:“师也过,商也不及。”

曰:“然则师愈与?”子曰:“过犹不及。”

〔注释〕师也过,商也不及:颛孙师呢,过头了;卜商呢,赶不上。师,颛孙师,即子张。商,卜商,即子夏。统观《论语》有关两人的章节,子张之过,似不够严谨;子夏之不及,似不够开阔。朱熹:“子张才高意广,而好为苟难,故常过中。子夏笃信严守,而规模狭隘,故常不及。”

然则师愈与:那么,颛孙师强一些吗? 愈,胜过。

〔译文〕子贡问:“颛孙师和卜商两个人,谁强一些?”先生说:“颛孙师呢,有些过头;卜商呢,有些赶不上。”子贡又问:“那么,颛孙师强一些吗?”先生又说:“过头和赶不上是一样的。”

(十七)

季氏富于周公,而求也为之聚敛而附益之。子曰:“非吾徒也。小子鸣鼓而攻之,可也。”

〔注释〕季氏富于周公:季氏比周公还要富有。季氏,指鲁国长期掌握执政实权的季孙氏。周公,指鲁国始祖周公旦。这里指季氏从鲁宣公十五年(公元前594年)起;在鲁国施行初税亩,将周公封鲁时确定并长期执行的什一税改为什而取二,因而获取的财富增加。参刘宝楠正义。

而求也为之聚敛而附益之:但冉求这家伙却又为他们搜括,增加更多的财富。事见《左传》哀公十一年、十二年文,季氏“以田赋”,再增加赋税。

〔译文〕季孙氏比当年的周公还要富有,但冉求这家伙又替他们搜括,以增加更多的财富。先生说:“冉求不是我们的人了。大伙儿大张旗鼓地声讨他,是完全应该的。”

(十八)

柴也愚,参也鲁,师也辟,由也喭。

〔**注释**〕**柴也愚**:高柴憨厚。柴,姓高,字子羔,孔子的学生,据《史记·仲尼弟子列传》,比孔子小三十岁。愚,老实厚道。皇侃引王弼:“愚,好仁过也。”朱熹:“愚者,知不足而厚有余。”本章载孔子平时对四位弟子性格不足之处的零碎评议。

参也鲁:曾参迟钝。鲁,鲁钝,不敏感。何晏引孔安国:“鲁,钝也。曾子迟钝也。”皇侃引王弼:“鲁,质胜文也。”

师也辟:颛孙师偏执。辟,同“僻”,自是而执着。黄式三:“辟,读若《左传》‘阙西辟’之‘辟’,偏也。以其志过高,而流于一偏也。”(《论语后案》)

由也喭:子路莽撞。喭,音宴(yàn),吸喭,又作“畔喭”、“叛谚”、“畔援”,强横不恭。黄式三:“喭,刚猛失容也。”

〔**译文**〕高柴憨厚,曾参迟钝,颛孙师偏执,子路莽撞。

(十九)

子曰:“回也其庶乎,屡空。赐不受命,而货殖焉,亿则屡中。”

〔**注释**〕**回也其庶乎,屡空**:颜回呢,〔和端木赐〕差不多吧,可是常常什么都得不到。庶,庶几也,近于。指近于“赐不受命”,探下省。刘宝楠:“苏氏秉国《四书求是》云:‘其庶乎,未指明其所庶若何,以下文‘不受命’对观之,盖即指受命而言。’案:苏说是也。命谓禄命也。古者四民,各习其业,未有兼为之者,凡其所业,以为命所受如此也。子贡学如夫子,而又货殖,非不受命而何?”屡空,对下文“屡中”言。

赐不受命,而货殖焉:端木赐不做官了,转而〔做买卖,〕囤积居奇。不受命,即不受禄命。据《史记》,端木赐在鲁国和卫国都做过官,这里当指他不再做官时。而,连词,表转折意,除本句中的“转而”之意外,也有赐不同于回安贫乐道,而去做买卖之意。焦循:“‘货殖’上用一‘而’字,明从‘屡空’作转。同一不受禄命,回不货殖故屡空,赐货殖而屡中,故不屡空。”(《论语补疏》)货殖,买卖货物以增值。古代货物流通慢,周期长,大量囤积以待机高价出售,是牟利的主要方法。这里也指“居货财以生殖”(刘宝楠)。

亿则屡中:预测行情,常常就搞准了。亿,同“臆”,猜度。刘宝楠:“《论衡·知实篇》:‘赐不受命,而货殖焉,亿则屡中’,罪子贡善居积,意贵贱之期,数得其时,故货殖多,富比陶朱。又云:‘子贡善意,以得货利。’盖《论衡》以‘意贵贱之期’解‘亿’字,‘数得其时’,‘数’解‘屡’字,‘得其时’解‘中’字,此汉人解谊之最显然可据者。”

〔译文〕先生说:“颜回这人和端木赐差不多吧,可是常常一无所有。端木赐也不做官了,却跑去做买卖,囤积居奇,猜行情竟然常常猜对。”

(二十)

子张问善人之道。子曰:“不践迹,亦不入于室。”

〔注释〕子张问善人之道:子张问善人的行为方式。善人,指长期致力于克服战争祸害的诸侯,这种人,孔子说他“不得而见之矣”。参《述而篇》第二十五章注释。

不践迹:不踩着别人的脚印走。践,踩,行走。迹,脚印,指前人走过的路,当指先王之道。朱熹引程子:“践迹,如言循途守辙。”

亦不入于室:也不能登堂入室。此言不能实行先王之道。盖时势所决定。

〔译文〕子张问善人的行为方式。先生说:“不走前人走过的路,也不能登堂入室。”

(二十一)

子曰:“论笃是与,君子者乎?色庄者乎?”

〔注释〕论笃是与:说话诚恳的人受到认可。笃,诚笃,笃厚。与,赞许。

色庄者乎:表面庄重的人吗?色庄,外表庄重。

〔译文〕先生说:“说话诚恳的人受到认可,是表里如一的君子呢,还是装模作样的伪君子呢?”

(二十二)

子路问:“闻斯行诸?”子曰:“有父兄在,如之何其闻斯行之?”冉有问:“闻斯行诸?”子曰:“闻斯行之。”公西华曰:“由也问‘闻斯行诸’,子曰‘有父兄在’;求也问‘闻斯行诸’,子曰‘闻斯行之’。赤也惑,敢问。”子曰:“求也退,故进之;由也兼人,故退之。”

〔**注释**〕**闻斯行诸**：听到一件应当做的事就马上去做吗？斯，此，指某件当做之事。诸，相当于"之乎"。孔子主张力行，强调"听其言而观其行"（《公冶长篇》），"多闻，择其善者而从之"（《述而篇》），故有此问。

有父兄在：有父亲兄长在世。何晏引孔安国："当白父兄，不可得自专也。"《礼记·曲礼》："父母在，不许友以死，不有私财。"

赤也惑：我有些糊涂。何晏引孔安国："惑其问同而答异也。"

由也兼人：仲由争强好胜。兼，并。兼人，不落人后。何晏引郑玄："子路务在胜尚人。"

〔**译文**〕子路问："听到一件应当做的事情就做起来吗？"先生说："父兄还在世，怎么能听到事儿就做呢？"冉有问："听到一件应当做的事情就做起来吗？"先生说："听到事儿了就做。"公西华说："仲由问'听到事儿就做起来吗'，您说'有父兄在世，不能这么做'；冉求问'听到事儿就做起来吗'，您说'听到事儿就做'。我有些不明白，两个人的问题相同，您的答覆不同，敢问是怎么回事。"先生说："冉有遇事畏缩，所以鼓励他；仲由争强好胜，所以约束他。"

（二十三）

子畏于匡，颜渊后。子曰："吾以女为死矣。"曰："子在，回何敢死？"

〔**注释**〕**子畏于匡，颜渊后**：孔子在匡地〔被拘禁，〕心里有些害怕，这时候颜渊也被带来了。子畏于匡事，见《子罕篇》第五章注释。颜渊后，当指师生在躲避匡人的追赶捉拿中失散，颜渊后于孔子被拘，关在了一处。何晏引孔安国："言与孔子相失，故在后也。"

下文一问一答即在此情景下发生:所问冲口而出,所答应声而回,师生之间担忧与关切之情、喜出望外与患难与共之意,都溢于言表。

〔译文〕先生在匡地被拘禁,心里有些害怕,这时颜渊也被带来了。先生说:“我以为你是死了。”颜渊说:“先生在,我怎么敢死呢?”

(二十四)

季子然问:“仲由、冉求可谓大臣与?”子曰:“吾以子为异之问,曾由与求之问。所谓大臣者,以道事君,不可则止。今由与求也,可谓具臣矣。”曰:“然则从之者与?”子曰:“弑父与君,亦不从也。”

〔注释〕季子然问:季子然问道。季子然,季氏家族子弟之一。问,根据下句孔子所答,似事先打了招呼来郑重求教之意。

仲由、冉求可谓大臣与:仲由和冉求称得上是栋梁之臣吗?大臣,与“具臣”对言。刘宝楠:“‘大臣’者,谓公卿大夫为诸侯佐者也。”

吾以子为异之问,曾由与求之问:我以为先生要问什么特别的事儿,原来是说仲由和冉求呀。朱熹:“异,非常也。曾,犹乃也。”

以道事君,不可则止:根据道义原则服事君长,做不到就辞职不干。不可,君不可,或己不能。止,停业。指停业事君,即辞职。大臣之所以为大,在于有原则性。

今由与求也,可谓具臣矣:现今的仲由和冉求这两个人,〔只〕可以说是方便使唤的助手罢了。今,现今,相对于“前”即过去而言,则前文“所谓大臣者”云云,是孔子述前人之言,或借前人之口而言。这个意义上的“前”,在《论语》中并不出现,但与“今”相对之

"古"、"始"则时有出现。具臣,助手。《说文》:"具,共置也。""共"即"供"。何晏引孔安国:"言备臣数而已也。"就时序上来说,这一章当在《季氏篇》第一章之后,仲由和冉求在"季氏将伐颛臾"一事上的态度,正是"具臣"而非"大臣"应有的态度;而"丘也闻有国有家者"云云,正是"以道事君"之"道"的内容。

弑父与君,亦不从也:杀戮父亲和君长这种事,他们是不会跟着干的。弑,定州简本作"杀"。大臣参与决策,具臣职在执行,故云"从";但也有底线,故云"不从"。

〔译文〕季子然问:"仲由和冉求称得上栋梁之臣吗?"先生说:"我以为先生要问什么特别的事儿呢,原来是说仲由和冉求呀。从来人们所说的栋梁之臣,他是秉持道义原则服事君长,做不到就辞职不干。如今这仲由和冉求呢,只可以说是方便使唤的助手罢了。"季子然又问:"那么他们是那种一切顺从君长的人吗?"先生又答说:"杀戮父兄与君长这种事,他们是不会跟着干的。"

(二十五)

子路使子羔为费宰。子曰:"贼夫人之子。"子路曰:"有民人焉,有社稷焉,何必读书,然后为学?"子曰:"是故恶夫佞者。"

〔注释〕子路使子羔为费宰:子路推举子羔做费邑的长官。子羔,即高柴。朱熹:"子路为季氏宰而举之也。"据《左传》鲁定公十二年(前498年),子路为季氏宰,堕费。子路使子羔为费宰当为此后不久事,时子羔年二十四岁。

贼夫人之子:〔这是〕害了人家的孩子。何晏引包咸:"子羔学未熟习,而使为政,所以贼害人之也。"

有民人焉,有社稷焉:那里有民有官〔可以治理〕,有土神有谷神〔可以祭祀〕。民人,民指老百姓,人指士大夫,详见《学而篇》第五章注释。何晏引孔安国:"言治民事神,于是而习,亦学也。"

何必读书,然后为学:为什么只有读书才叫做学习呢?刘宝楠:"'书'者,《诗》《书》礼乐之统名。于时世卿持禄,不由学进,故子路言仕宦亦不以读书为重也。"

是故恶夫佞者:所以我讨厌那特别有口才的人。恶,音务(wù),厌恶。佞,口才好。说详《公冶长篇》第五章注释。

〔**译文**〕子路推举子羔做费邑的长官。先生说:"这样做害了人家的孩子。"子路说:"那里有民有官可以治理,有土神和谷神可以祭祀,为何只有读书才算学习呢?"先生说:"正因为这样,我讨厌那口齿伶俐的人。"

(二十六)

子路、曾皙、冉有、公西华侍坐。子曰:"以吾一日长乎尔,毋吾以也。居则曰:'不吾知也!'如或知尔,则何以哉?"

子路率尔而对曰:"千乘之国,摄乎大国之间,加之以师旅,因之以饥馑;由也为之,比及三年,可使有勇,且知方也。"夫子哂之。

"求,尔何如?"对曰:"方六七十,如五六十,求也为之,比及三年,可使足民。如其礼乐,以俟君子。"

"赤,尔何如?"对曰:"非曰能之,愿学焉。宗庙之事,如会同，端章甫，愿为小相焉。”

“点，尔何如？”鼓瑟希，铿尔，舍瑟而作，对曰：“异乎三子者之撰。”子曰：“何伤乎？亦各言其志也。”曰：“莫春者，春服既成，冠者五六人，童子六七人，浴乎沂，风乎舞雩，咏而归。”夫子喟然叹曰：“吾与点也！”

三子者出，曾皙后。曾皙曰：“夫三子者之言何如？”子曰：“亦各言其志也已矣。”曰：“夫子何哂由也？”曰：“为国以礼，其言不让，是故哂之。”“唯求则非邦也与？”“安见方六七十如五六十而非邦也者？”“唯赤则非邦也与？”“宗庙会同，非诸侯而何？赤也为之小，孰能为之大？”

〔注释〕子路、曾皙、冉有、公西华侍坐：子路、曾皙、冉有、公西华陪坐在先生身旁。曾皙，皙音西（xī），名点，曾参的父亲，也是孔子的学生。

以吾一日长乎尔，毋吾以也：我是比你们年纪大一点，不要因为我〔而说话放不开〕呀。以，因为。长，音掌（zhǎng），老，年长。毋吾以也，即“毋以吾”也。毋，无。何晏引孔安国：“言我问汝，汝无以我长，故难对也。”

居则曰：〔你们〕平常总是说。居，闲居，平日里。皇侃：“居，谓弟子常居时也。”

子路率尔而对曰：子路不假思索地回答说。率尔，率然，迅疾反应的样子。这是子路性子急且兼人的缘故。何晏：“卒尔，先三人对也。”皇侃义疏本“率尔”作“卒尔”，义同。

摄乎大国之间：夹处在几个大国的中间。摄，犹籋，箝也。籋音镊（niè），俗作镊，有夹义。说详俞樾《群经平议》卷三十。

加之以师旅,因之以饥馑:外国军队来犯,接着发生饥荒。加,外加,加临。师旅,指军队。因,继。饥馑,缺乏食物。皇侃:“乏谷为饥,乏菜为馑。”

比及三年,可使有勇,且知方也:到了第三年,可以使人们有勇力,而且掌握了作战的方法。比,等到。勇,勇气,含力量。摄乎大国之间,难以有勇;因之以饥馑,则无力量。子路以一“勇”字,包括了两方面的对策,即皇侃注“使民人皆勇健”之义。方,这里指作战技巧。《子路篇》载子曰:“善人教民七年,亦可以即戎矣。”又曰:“以不教民战,是谓弃之。”知方,即是教民知作战之方。善人教民七年才可能让他们去打仗,子路自诩只要三年,可见其勇于任事,又见其自负之甚。子路的长项在军旅方面,孔子曾肯定他“千乘之国,可使治其赋”(《公冶长篇》)。这段话讲的都是这方面的内容。

夫子哂之:先生听了子路的话,微微一笑。哂,音审(shěn),微笑。夫子哂由,并非哂其率尔而对,反倒是肯定和欣赏,因为前言“毋吾以也”,后言“各言其志”,都是鼓励大家说话,子路带头,正合其意。若有所讽,从后文“其言不让”来看,当是针对子路所说的三年目标,太过自负,不够谦虚(不谦让,不让于善人)。

方六七十,如五六十:纵横六七十里或者五六十里〔的地方〕。方,长宽一致。如,或者。方六七十,小于百里,为小国。如五六十,更小了。冉求个性本来谦退,看到夫子哂由,更加不自信了。除子路外,其余三人都是孔子点名才敢发言。

非曰能之,愿学焉:〔修明礼乐,〕不敢说能够做到,愿意边干边学。本句承上句即冉有所言“如其礼乐,以俟君子”。之,即指礼乐之事。朱熹:“公西华志于礼乐之事,嫌以君子自居,故将言己志而先为逊辞,言未能而愿学也。”

宗庙之事，如会同：宗庙举行祭祀活动，或者与外国的盟会。会同，诸侯相会。

端章甫，愿为小相焉：我愿意〔穿戴好〕礼服和礼帽，做一个小司仪。端，玄端，礼服名。章甫，礼帽名。相，音向(xiàng)，赞礼者。

鼓瑟希，铿尔，舍瑟而作：曾晳弹瑟，〔听到老师问，〕便放慢节奏，铿的一声收住，把瑟放下，站了起来。鼓瑟，鼓即弹击，弹瑟。瑟音较响，在师生谈话过程中，当间或鼓之。孔子问曾晳时，他正在鼓瑟。希，同"稀"，稀疏，指弹击的频率降低。舍瑟，置瑟于一边。曾晳所鼓之瑟，当为体积较小者，席地盘腿坐时，可置于膝上弹奏。作，起，指直起身子(上半身)。王泗原："作者起也，由坐而起，则为长跪，非起立。"(《古语文例释》(13))。

异乎三子者之撰：〔我的志向〕和他们三位描述的不一样。撰，撰述，讲述。

何伤乎：有什么妨碍呢？伤，这里指伤感情。前文既言"异乎三子者"，此则指妨碍与其他三人的关系。

莫春者，春服既成：春暖〔花开〕时节，换上轻便衣服。莫，同"暮"。暮春，指晚春气温变得和煦之时。春服，夹衣。既成，已定，指到了换上春服的时候。

冠者五六人：大人五六位。冠者，冠音贯(guàn)，成年人，古时男子二十而冠。

童子六七人：小孩六七个。童子，未冠者，从后文出游情景看，当指十余岁之成童。

浴乎沂，风乎舞雩，咏而归：在沂水边洗手沐足，到舞雩台披襟当风，然后一路唱着歌儿把家回。浴，盥濯，即洗手洗脚。试试新凉，春游所常为。沂，沂水，源出曲阜东南尼山，流经曲阜，入于泗水。舞雩,祭天求雨之处,有坛有树。雩音于(yú),求雨之祭。祭时有歌舞,故称舞雩。咏,歌。

吾与点也:我赞同曾点的想法。从后文孔子回答曾皙的话来看,“吾与点”非真与,而与“乘桴浮于海”(《公冶长篇》)之意同。从“喟然叹曰”也可得其况味。刘沅:“莫春、童冠、风浴、咏归,其平居闲适之志如斯,而夫子茂对时育之怀,适为所触,故不觉喟然叹曰:‘吾与点也。’”(《论语恒解》)

曾皙后:曾皙〔有意〕落在后面。曾皙见孔子喟然而叹,似有伤感,又独独表示赞成自己的说法,故有疑惑待解。

惟求则非邦也与:难道冉求的志向不也是治理国家吗?惟,句首词,无义。曾皙以为老师哂由,是认为子路的志向在治国,过于自负了。这句话相当于说,冉求也志在治国呀,你为什么不笑他?

安见方六七十如五六十而非邦也者:怎见得纵横六七十里或五六十里〔的地方〕就不是国家呢?安,怎么。孔子肯定冉求为邦,也说明他之哂由,并非因为为国不让,但曾皙仍不明白,故再有下问。

赤也为之小,孰能为之大:如果公西赤甘愿做一名小司仪,又有谁能够做大司仪呢?小,指小相,大夫、士为之。大,指大相,卿为之。之,其。孔子通过言明公西赤虽自谦为小,而实能为大,进一步申明哂由之故,不在为国,而在不让,以免人们真的以为自己将浴风、咏归,不图出仕救时。

〔**译文**〕子路、曾皙、冉有、公西华陪坐在先生身旁。先生说:“我比你们年纪大一点,但不要因为我说话放不开呀。你们平日里总是说:‘人家不了解我呀!’假如有人了解你们,要用你们,那你们怎么办呢?”

子路不假思索地回答说:“一千辆兵车的国家,夹处在几个大国的中间,外国军队来犯,接着发生饥荒;我去治理,只要三年光景,可以使人民有勇力,而且掌握作战的方法。”先生听了,微微一笑。

又问:“冉求!你怎么样?”冉求回答说:“纵横六七十里,或者五六十里的地方,我去治理,只要三年光景,可使人人富足。至于修明礼乐,就有待君子了。”

又问:“公西赤!你怎么样?”公西赤回答说:“修明礼乐,不敢说能够做到,愿意边干边学。宗庙举行祭祀活动,或者同外国盟会,我愿意穿戴好礼服和礼帽,做一个小司仪。”

又问:“曾点!你怎么样?”曾皙正在弹瑟,听到老师问,便放慢节奏,铿的一声收住,把瑟放下,直起身子,回答说:“我的想法和他们三位说的不一样。”先生说:“有什么关系呢?不过是各人说说自己的志向罢了。”曾皙于是说道:“春暖花开时节,换上轻便衣服,随同大人五六位、小朋友六七个,在沂水边洗洗手、泡泡脚,到舞雩台吹吹风,然后一路唱着歌儿把家回。”先生听了,长叹一声道:“我赞同曾点的想法。”

子路、冉有、公西华三人往外走,曾皙故意落在后面。曾皙问:“他们三人说的怎么样?”先生说:“不过是各人谈谈自己的志向罢了。”曾皙又问:“您为什么笑仲由呢?”先生说:“治理国家应该讲求礼让,他的话却太不谦虚,所以笑笑他。”曾皙再问:“难道冉求的志向不也是治理国家吗?”先生说:“怎见得纵横六七十里或五六十里的地方就不是一个国家呢?”曾皙又问:“难道公西赤的志向不也是治理国家吗?”先生说:“有宗庙祭祀,有国家间的盟会,不是诸侯国又是什么?如果公西赤只想做一名小司仪,又有谁能够做大司仪呢?”

颜渊篇第十二

（一）

颜渊问仁。子曰："克己复礼为仁。一日克己复礼，天下归仁焉。为仁由己，而由人乎哉？"颜渊曰："请问其目。"子曰："非礼勿视，非礼勿听，非礼勿言，非礼勿动。"颜渊曰："回虽不敏，请事斯语矣。"

〔**注释**〕克己复礼为仁：〔一个人〕约束自己，回到礼所规定的范围，就是践行仁道。克，克制，约束。何晏引马融："克己，约身也。"复，返回。当时礼坏乐崩，约之以礼，故曰复。

一日克己复礼，天下归仁焉：一旦〔每个人都〕约束自己以合于礼的规范，天下就实现仁道了。归，归向。天下归仁，即实现仁道。义可与孔子的另一句话"朝闻道，夕死可矣"（《里仁篇》）相参。

为仁由己，而由人乎哉：践行仁道，全凭〔每个人〕自身，难道还凭别人吗？这句话并非简单重申克己，而是讲每个人都要从自身做起。孔子认为，这是天下实现仁道的途径。皇侃引范宁："言为仁在我，岂俟彼为仁耶？"

〔**译文**〕颜渊问践行仁道的途径。先生说："一个人约束自己，回到礼的范围，就是践行仁道。一旦每个人都这样做到了，天下就实现仁道了。践行仁道,全凭每个人自己,难道还凭别人吗?”颜渊说:“请问这样做的要点。”先生说:“不合礼的不看,不合礼的不听,不合礼的不说,不合礼的不做。”颜渊说:“我虽然迟钝,也要照您这话去做哩。”

(二)

仲弓问仁。子曰:“出门如见大宾,使民如承大祭。己所不欲,勿施于人。在邦无怨,在家无怨。”仲弓曰:“雍虽不敏,请事斯语矣。”

〔**注释**〕**出门如见大宾,使民如承大祭**:出外交往如同去接待贵宾,役使百姓好像去承办大祭〔,都要严肃对待〕。大祭,重大祭祀,指祭祀天地。《周礼·天官》:“大祭三贰。”郑玄注:“大祭,天地。”

在邦无怨,在家无怨:在国君那儿做事不招致怨恨,在卿大夫那儿做事也不招致怨恨。邦,指诸侯。家,指卿大夫。刘宝楠:“在邦谓仕于诸侯之邦,在家谓仕于卿大夫之家。”

〔**译文**〕仲弓问践行仁道的途径。先生说:“出门交往如同去接待贵宾,役使百姓好像去承办大祭,都要严肃对待。自己所不愿意的,不要强加于别人。这样,在国君那儿做事不会招致怨恨,在卿大夫那儿做事也不会招致怨恨。”仲弓说:“我虽然迟钝,也要照您这话去做哩。”

(三)

司马牛问仁。子曰:“仁者,其言也讱。”曰:“其言也讱,斯谓之仁已乎?”子曰:“为之难,言之得无讱乎?”

〔**注释**〕**司马牛问仁**:司马牛问践行仁道的途径。司马牛,何晏引孔安国注谓宋人,弟子司马犁;《史记·仲尼弟子列传》:“司马耕,字子牛。牛多言而躁。”

仁者,其言也讱:践行仁道的人,他说〔关于践行仁道的〕话,是不轻易出口的。讱,音刃(rèn),或训难,或训忍,或训顿,一也,都是不轻易说的意思。

〔**译文**〕司马牛问践行仁道的途径。先生说:“践行仁道的人,他说起要行仁道的话,是不轻易出口的。”司马牛道:“说话谨慎,这就叫做践行仁道了吗?”先生说:“做起来不容易,说的时候能不谨慎吗?”

(四)

司马牛问君子。子曰:“君子不忧不惧。”曰:“不忧不惧,斯谓之君子已乎?”子曰:“内省不疚,夫何忧何惧?”

〔**注释**〕**内省不疚,夫何忧何惧**:自我省察,不存在毛病,那有什么可以忧愁和恐惧的呢?疚,病,指导致忧惧的问题。何晏引包咸:“自省无罪恶,无所可忧惧也。”这是说,忧惧是心理表现,解决导致忧惧的问题(“疚”),才能成为君子。

〔**译文**〕司马牛问怎样才是一个君子。先生说:“君子不忧愁,不恐惧。”又问:“不忧愁,不恐惧,这样就可以叫做君子了吗?”先生说:“自我省察,不存在毛病,那有什么可以忧愁和恐惧的呢?”

(五)

司马牛忧曰:“人皆有兄弟,我独亡。”子夏曰:“商闻之矣:死生有命,富贵在天。君子敬而无失,与人恭而有礼,四海之内皆兄弟也。君子何患乎无兄弟也?”

〔**注释**〕**人皆有兄弟,我独亡**:别人都有兄弟,唯独我没有。亡,音义同“无”。历代注家都说司马牛是宋国桓魋的兄弟,受桓魋谋反失败的牵连,逃亡在外,最后也死在外面了。杨伯峻则认为作为孔子弟子的此司马牛与作为桓魋弟弟的彼司马牛是两个不同的人。

君子敬而无失:君子对待上天严肃认真,按时祭拜。敬,承上句,指敬天。无失,不失祭祀之时,即不失礼,与下文“有礼”相同。

四海之内皆兄弟也:四海之内〔的人〕,都当作兄弟看待。四海,包咸指“九州之人”。《尔雅》:“九夷、八狄、七戎、六蛮,谓之四海。”四海之内,泛指周王朝分封治理的区域,也就是实行周礼的地方。兄弟,用作动词,亲之如兄弟的意思。朱熹注谓“天下之人皆爱敬之如兄弟矣”,指受对象正相反。本句承上句,从周边之人扩大至于四海之内,皆以礼相待:有兄弟之礼即为兄弟。

〔**译文**〕司马牛伤心地说:“别人都有兄弟,唯独我没有。”子夏说:“我听说过:死生已由命定,富贵听于上天。作为一个君子,对待上天严肃认真,按时祭拜;与人交往恭敬有加,以礼相待;四海之内的人,无不当作兄弟一样看待。君子为何担心没有兄弟呢?”

(六)

子张问明。子曰:“浸润之谮,肤受之愬,不行焉,可谓明也已矣。浸润之谮,肤受之愬,不行焉,可谓远也已矣。”

〔**注释**〕**浸润之谮**:像水一样点点滴滴渗透的谗言。谮,音怎(去声,zèn),诽谤。何晏引郑玄:“谮人之言,如水之浸润,以渐成人之祸也。”皇侃:“此巧谮者。”

肤受之愬:能使人迅速被打动的诉说。肤受,肤谓皮肤,指虽表面而易感受。愬,音义同“诉”,这里指诬告。何晏引马融:“肤受之愬,皮肤外语,非其内实也。”皇侃:“巧愬者也。”

可谓远也已矣:可以说是有远见的了。朱熹引杨氏:“远则明之至也。”

〔译文〕子张问怎样才叫见事明白。先生说:“像水一样无声无息渗透的谗言,如肌肤感受般易于打动人心的诉说,在你这里都行不通,就可以说是见事明白了。像水一样无声无息渗透的谗言,如肌肤感受般易于打动人心的诉说,在你这里总是行不通,就可以说是看得远了。”

(七)

子贡问政。子曰:“足食、足兵、民信之矣。”子贡曰:“必不得已而去,于斯三者何先?”曰:“去兵。”子贡曰:“必不得已而去,于斯二者何先?”曰:“去食。自古皆有死,民无信不立。”

〔注释〕足食、足兵、民信之矣:备足粮食、备足武器、取信于民而已。兵,兵器。信,信任。

〔译文〕子贡请教治国之道。先生说:“做到备足粮食、备足武器、取信于民三者罢了。”子贡再问:“如果迫不得已要去掉其中一项,先去掉哪一项?”先生说:“去掉武器。”子贡又问:“如果迫不得已还要去掉其中一项,先去掉哪一项?”先生说:“去掉粮食。自古以来谁都免不了一死,如果老百姓不信任当政者,当政者根本就站不住。”

（八）

棘子成曰：“君子质而已矣，何以文为？”子贡曰：“惜乎，夫子之说君子也，驷不及舌！文犹质也，质犹文也。虎豹之鞟犹犬羊之鞟。”

〔**注释**〕**棘子成曰**：棘子成说。棘子成，卫国大夫。朱熹：“疾时人文胜，故为此言。”陈天祥：“非疾时人文胜，乃是疾孔子所教子贡之徒文胜也。”（《四书辨疑》）从后文子贡辩解之言来看，陈说是。且其时礼坏乐崩，并非文胜。

惜乎，夫子之说君子也，驷不及舌：可惜呀，先生这样谈论君子，后悔都来不及！夫子，指棘子成。大夫都可以被尊称为“夫子”。驷，四马。古时四匹马共拉一车。驷不及舌，四匹马的车都赶不上说出去的话，形容追悔莫及。何晏引郑玄：“惜乎，夫子之说君子也，过言一出，驷马追之，不及舌也。”

文犹质也，质犹文也：文彩和本色同等重要，本色和文彩也同等重要。文，文彩，修养，礼仪。质，本质，本色，本性。犹，如同，同等。此即“文质彬彬”（《雍也篇》）之义。

虎豹之鞟犹犬羊之鞟：虎和豹拔掉了毛的皮，与犬和羊拔掉了毛的皮没什么两样。鞟，音扩（kuò），去毛之皮，即革。何晏引孔安国：“虎豹与犬羊别者，正以毛文异耳。”这里不再讲同一实体身上文和质的关系，而是讲不同实体身上文的关系即差异性。

〔**译文**〕棘子成说：“君子有好的本色就够了，要文彩有什么用？”子贡说：“可惜，先生这样谈论君子，后悔都来不及！文彩和本色同等重要,本色和文彩也同等重要。虎和豹拔掉了毛的皮,与狗和羊拔掉了毛的皮,看上去没什么两样。"

(九)

哀公问于有若曰:"年饥,用不足,如之何?"有若对曰:"盍彻乎?"曰:"二,吾犹不足,如之何其彻也。"对曰:"百姓足,君孰与不足?百姓不足,君孰与足?"

〔**注释**〕盍彻乎:为什么不〔恢复实行〕十分抽一的税率呢?盍,何不。彻,周代的田税制度,收取收成的十分之一。鲁宣公十五年"初税亩",开始实行什二之税。

百姓足,君孰与不足:大伙儿用度够了,您相比他们会不够用?百姓,指百官。《尚书·尧典》:"平章百姓。"孔注:"百姓,百官。"孔疏:"百官之族姓。"即享受世卿世禄的贵族,他们拥有绝大多数土地。《论语》中的"百姓",从人口上说,除贵族外,还应包括附着在他们的土地上依附于他们的平民和为他们所有的奴隶。孰与,与谁相比的意思。朱熹:"民富,则君不至独贫;民贫,则君不能独富。"

〔**译文**〕鲁哀公向有若问道:"年成不好,用度不够了,该怎么办?"有若回答说:"为什么不恢复实行十分抽一的税率呢?"哀公说:"十分抽二,我还不够,怎么能实行那个十分抽一的办法呢?"有若回答说:"大伙儿的用度都够了,您会比他们差?大伙儿的用度都不够了,您能好到哪里去?"

(十)

子张问崇德辨惑。子曰:"主忠信,徙义,崇德也。爱之欲其生，恶之欲其死。既欲其生，又欲其死，是惑也。‘诚不以富，亦祇以异。’”

〔**注释**〕**子张问崇德辨惑**：子张问如何提升道德并判别惑乱。崇，推崇，提高。《说文》：“崇，山大而高也。”段玉裁注：“崇之引伸为凡高之偁。”辨，《说文》作“辧”：“判也。”段玉裁注：“古辧、判、别三字义同也。辧从刀，俗作辨。”辨惑，指辨崇德之惑，惑，依下文，指因爱恶造成的情感混乱。

主忠信，徙义：以忠诚、信实为基本准则，采取因时制宜的方法。主忠信，见《学而篇》第八章注。徙义，见《述而篇》第三章注。

既欲其生，又欲其死，是惑也：既要他长命，又要他短寿，这就是惑乱。何晏引包咸：“爱恶当有常，一欲生之，一欲死之，是心惑也。”前言“爱之欲其生，恶之欲其死”，爱恶分明，为人情所常有，不当是惑。

诚不以富，亦祇以异：诚然不是嫌贫爱富，恰恰因为喜新厌旧。祇，音支(zhī)，只，恰好。这两句诗，出自《诗经·小雅·我行其野》。朱熹《诗集传》：“言尔不思旧姻而求新匹也，虽不以彼之富而厌我之贫，亦祇以其新而异于故耳。”其意亦为爱恶无常，故孔子引以为喻。

〔**译文**〕子张问如何提升道德并判别迷惑。先生说：“以忠诚、信实为基本准则，采取因时制宜的方法，就可以提升道德。爱一个人，希望他长命；厌恶起来，恨不得他马上死。既要他长命，又要他短寿，这就是迷惑。《诗经》说得好：‘诚然不是嫌贫爱富，恰恰因为喜新厌旧。’”

(十一)

齐景公问政于孔子。孔子对曰:“君君,臣臣,父父,子子。”公曰:“善哉!信如君不君,臣不臣,父不父,子不子,虽有粟,吾得而食诸?”

〔**注释**〕**齐景公问政于孔子**:齐景公向孔先生问治国之道。齐景公,齐国国君,名杵臼。

君君,臣臣,父父,子子:君主像个君主,臣子像个臣子,父亲像个父亲,儿子像个儿子。冯友兰:“上君字乃指事实上之君,下君字乃指君之名、君之定义。臣、父、子均如此例。”(《中国哲学史》上册第一篇第四章)

〔**译文**〕齐景公向孔先生问治国之道。孔子回答说:“君有君样,臣有臣样,父有父样,子有子样。”景公说:“对呀!假如真是君不像君样,臣不像臣样,父不像父样,子不像子样,就是有粮食,我吃得着它吗?”

(十二)

子曰:“片言可以折狱者,其由也与?”

〔**注释**〕**片言可以折狱者,其由也与**:以自己单方面的供述就可以使案子了断的,大概只有子路吧?片言,一面之辞。片,一半。陆德明:“片如字,郑云半也。”这里指打官司中的单方面口供。折狱,断案,判案。皇侃:“一云:子路性直,情无所隐者。若听子路之辞,亦则一辞亦足也。故孙绰云:‘谓子路心高而言信,未尝文过以自卫。听讼者便宜以子路单辞为正,不待对验而后分明也。'"

〔**译文**〕先生说:"以自己单方面的供述就可以使案子了断的,大概只有仲由吧?"

(十三)

子路无宿诺。

〔**注释**〕**子路无宿诺**:子路没有隔天才兑现的诺言。宿,夜,停留一夜。宿诺,指不能及时兑现的诺言。本章单为一章,从陆德明《经典释文》。

〔**译文**〕子路没有不能及时兑现的承诺。

(十四)

子曰:"听讼,吾犹人也。必也使无讼乎!"

〔**注释**〕**必也使无讼乎**:〔和别人不同的是,〕一定要使人们没有争讼才好。无讼,不出现争讼,即王肃云"化之在前";而教化之道,即孔子所云"道之以德,齐之以礼,有耻且格"(《为政篇》)。张栻:"圣人之意,不以听讼为能,而以无讼为贵也。"

〔**译文**〕先生说:"审理官司,我的能力和别人差不多。我和别人不同的是,一定要使人们没有争讼才好。"

(十五)

子张问政。子曰:"居之无倦,行之以忠。"

〔**注释**〕**居之无倦**:在位自处兢兢业业。居,参《雍也篇》第二章注。倦,疲倦懈怠。

〔译文〕子张问为政之道。先生说:“在位自处兢兢业业,施行政令尽心尽力。”

(十六)

子曰:“博学于文,约之以礼,亦可以弗畔矣夫!”

〔注释〕重出,见《雍也篇》。

(十七)

子曰:“君子成人之美,不成人之恶。小人反是。”

〔注释〕君子成人之美,不成人之恶:君子〔乐于〕促成别人的好事,不〔愿意〕助长别人的恶行。这是推己及人的结果。《大戴礼·曾子立事篇》:“君子己善,亦乐人之善也;己能,亦乐人之能也。……不说人之过,成人之美,存往者,在来者,朝有过夕改则与之,夕有过朝改则与之。”

〔译文〕先生说:“君子乐于促成别人的好事,不愿意助长别人的恶行。小人与此相反。”

(十八)

季康子问政于孔子。孔子对曰:“政者,正也。子帅以正,孰敢不正?”

〔注释〕政者,正也:政,顾名思义,就是端正的意思。政,正,声训。《释名》:“政,正也,下所取正也。”《释名》是声训学著作。

子帅以正,孰敢不正:您自己率先端正,谁敢不端正? 子,先生,指季康子。刘宝楠:“言此者,明帅诸臣同归于正,百姓孰敢不正也。”

〔**译文**〕季康子向孔先生问执政之道。孔先生回答说:“政,顾名思义,就是端正。先生自己率先端正,谁敢不端正?”

(十九)

季康子患盗,问于孔子。孔子对曰:“苟子之不欲,虽赏之不窃。”

〔**注释**〕**苟子之不欲,虽赏之不窃**:若是先生自己没有贪心,就是奖励偷窃,也没有人偷窃。欲,欲望,指贪欲。赏,赏赐,奖赏。窃,指盗之行为(“盗”指盗之人,即今之“盗贼”)。

〔**译文**〕季康子苦于盗贼活跃,问孔子怎么办。孔先生回答说:“若是先生自己没有贪心,就是奖励偷窃,也没有人偷窃。”

(二十)

季康子问政于孔子曰:“如杀无道,以就有道,何如?”孔子对曰:“子为政,焉用杀? 子欲善而民善矣。君子之德,风,小人之德,草。草上之风,必偃。”

〔**注释**〕**如杀无道,以就有道**:假如杀掉坏人,以成全好人。无道,指无道之人。就,成,成就。有道,指有道之人。

子欲善而民善矣:您期望〔老百姓〕向善,老百姓就会学好了。欲善,欲民善。张栻:“欲善者,欲民之善也,所谓以人治人也。”

草上之风,必偃:草被风吹,必然顺风倒伏。上,用如动词,加也。偃,音眼(yǎn),仆倒。邢昺:"加草以风,无不仆者,犹化民以正,无不从者,亦欲令康子先自正也。"

〔**译文**〕季康子向孔先生问执政之道,说:"如果杀掉坏人,以成全好人,怎么样?"孔先生回答说:"先生大权在握,哪里用得着杀戮这种手段?先生期望老百姓向善,老百姓就会学好了。君子的品德就像风一样,小人的品德就像草一样。草被风吹,必然顺风倒伏。"

(二十一)

子张问:"士何如斯可谓之达矣?"子曰:"何哉,尔所谓达者?"子张对曰:"在邦必闻,在家必闻。"子曰:"是闻也,非达也。夫达也者,质直而好义,察言而观色,虑以下人。在邦必达,在家必达。夫闻也者,色取仁而行违,居之不疑。在邦必闻,在家必闻。"

〔**注释**〕**是闻也,非达也**:这叫做名声,不叫通达。皇侃引缪协:"闻者达之名,达者闻之实。"

虑以下人:考虑事情把别人放在更重要的位置。以下人,即以己下人。下人,置于人之下。

居之不疑:处于这种状态却习以为常。居,处也。之,指"色取仁而行违"。疑,疑惑,怪异。

〔**译文**〕子张问:"士人怎么样才称得上通达了?"先生说:"什么意思啊,你所说的通达?"子张回答说:"在国君那儿做事一定有名声,在大夫那儿做事也一定有名声。"先生说:"这也就叫做名声,不能叫做通达。什么叫做通达呢?品格正直,讲求合理性,仔细观察人们的言论和表情，考虑事情总是把别人放在更重要的位置。他在国君那儿做事一定通达，在大夫那儿做事也一定通达。至于名声，刻意表现得与人为善，实际行为却相反，处于这种状态习以为常。他在国君那儿做事一定有名声，在大夫那儿做事也一定有名声。"

（二十二）

樊迟从游于舞雩之下，曰："敢问崇德、修慝、辨惑。"子曰："善哉问！先事后得，非崇德与？攻其恶，无攻人之恶，非修慝与？一朝之忿，忘其身，以及其亲，非惑与？"

〔**注释**〕**修慝**：消除别人内心的怨恨。修，修饰，拂拭，清理。参《说文》段注。慝，音特（tè），藏而不露的怨恨或恶念。《庄子·渔父》："称誉诈伪以败恶人，谓之慝。"朱熹引胡氏："慝之字从心从匿，盖恶之匿于心者。"

攻其恶，无攻人之恶：针对别人的怨恨做工作，不搞人身攻击。攻，处治，指责，攻击。其，别人，即下文之"人"。其恶，别人的怨恨或恶念。无，同"毋"，禁止之辞。人之恶，与"其恶"相对，指视人为恶人。前"恶"指具体的恶，此"恶"指整体为恶，以偏概全，犹今之"人身攻击"。历代注家解为批判自己的缺点而不批判别人的缺点，但这样如何能消除别人藏在内心的积怨呢？是不可能的。惟有定点清除其怨恨，而保全其大体或面子，才可能达到"修慝"的目的。

〔**译文**〕樊迟陪同先生在舞雩台下散步，说："请问怎样提升道德、消除别人内心的怨恨、辨明似是而非的事。"先生说："问得好啊！先付出辛劳，后得到收获，不就提升道德了吗？针对别人的怨恨做工作，不搞人身攻击，不就消除别人的怨恨了吗？因为一时恼怒,便奋不顾身,以至连累自己的父母,不就迷惑了吗?"

(二十三)

樊迟问仁。子曰:"爱人。"问知。子曰:"知人。"樊迟未达。子曰:"举直错诸枉,能使枉者直。"樊迟退,见子夏曰:"乡也吾见于夫子而问知,子曰:'举直错诸枉,能使枉者直',何谓也?"子夏曰:"富哉言乎!舜有天下,选于众,举皋陶,不仁者远矣。汤有天下,选于众,举伊尹,不仁者远矣。"

〔**注释**〕**举直错诸枉,能使枉者直**:选用正直的人,位在邪曲的人之上,能够使邪曲的人正直起来。参见《为政篇》第十九章注释。

乡也吾见于夫子而问知:刚才我去见老师,请教什么是"智"。乡,同"向",刚才。

举皋陶:提拔皋陶。皋陶,音高摇(gāo yáo),舜时著名的法官。

不仁者远矣:自私的人就去掉〔他的自私〕了。不仁者,相对于仁者"爱人",指自私的人。远,远离,这里指去掉。皇侃:"若味而言之,则远是远其恶行,更改为善行也。"

汤有天下:汤得到了天下。汤,商朝的开国之君。

举伊尹:提拔伊尹。伊尹,汤的主要助手。

〔**译文**〕樊迟问什么是"仁"。先生说:"关爱别人。"又问什么是"智"。先生说:"了解别人。"樊迟还不明白。先生说:"选用正直的人,位在邪曲的人之上,能够使邪曲的人正直起来。"樊迟退出,去见子夏说:"刚才我去见老师,请教什么是'智',他说选用正直的人位在邪曲的人之上,能够使邪曲的人正直起来,什么意思呢?”子夏说:“意义多么丰富的话呀!舜得到天下,在众人之中挑选,提拔了皋陶,自私的人就去掉自私了。汤得到天下,在众人之中挑选,提拔了伊尹,自私的人就去掉自私了。”

(二十四)

子贡问友。子曰:“忠告而善道之,不可则止,无自辱焉。”

〔**注释**〕忠告而善道之:〔朋友有了过错,〕尽心相告,好言相劝。道,同“导”,引导。朱熹:“友所以辅仁,故尽其心以告之,善其说以道之。”

〔**译文**〕子贡问待友之道。先生说:“朋友有了过错,当尽心相告,并好言相劝,若是他不听从,也就算了,不要自取其辱。”

(二十五)

曾子曰:“君子以文会友,以友辅仁。”

〔**译文**〕曾子说:“君子以讲学来聚会朋友,以朋友来帮助自己培养仁德。”

子路篇第十三

（一）

子路问政。子曰："先之，劳之。"请益。曰："无倦。"

〔**注释**〕**先之，劳之**：自己勤政，使民勤劳。均之，指民。陈天祥："观其文势，'先之劳之'四字之间，惟'劳'字是其主意，通贯上下之文。'先之'谓先己之劳，'劳之'谓后劳其民也。如古人戴星而出，戴星而入，此正'先之'之义，所谓先己之劳是也。己先有此勤政之劳，然后以政勤劳其民，民虽劳而不怨也。"（《论语辨疑》）

无倦：不得厌倦。无，毋。句意谓坚持就好。

〔**译文**〕子路问为政之道。先生说："自己勤政，使民勤劳。"子路请求多讲一点。先生说："坚持这样做就好。"

（二）

仲弓为季氏宰，问政。子曰："先有司，赦小过，举贤才。"曰："焉知贤才而举之？"曰："举尔所知；尔所不知，人其舍诸？"

〔**注释**〕先有司，赦小过，举贤才：首要事情是你的工作人员队伍〔建设〕，〔一是〕小毛病既往不究，〔二是〕选用优秀人才。先，先务。有司,指宰下属诸官吏。赦,宽恕,不追究。赦小过即宽,“宽则得众”(《阳货篇》)。句意谓团结多数与重用少数相结合。

举尔所知;尔所不知,人其舍诸:选用你所知道的;那些你不知道的,别人难道会置之不理吗?其,同“岂”,难道。舍,舍弃。句意谓贤才难以尽知,只要把你知道的先用起来,树立起用人导向,则其他你不知道的,自然有人会荐举。

〔**译文**〕仲弓做了季氏家的总管,向先生请教为政之道。先生说:“首要事情是把你的下属队伍建设好,不计较人家的小毛病,选用优秀人才。”仲弓问:“怎样了解优秀人才并选用他们?”先生说:“选用你所知道的;那些你不知道的,知道的人难道会置之不理吗?”

(三)

子路曰:“卫君待子而为政,子将奚先?”子曰:“必也正名乎!”子路曰:“有是哉,子之迂也!奚其正?”子曰:“野哉,由也!君子于其所不知,盖阙如也。名不正,则言不顺;言不顺,则事不成;事不成,则礼乐不兴;礼乐不兴,则刑罚不中;刑罚不中,则民无所措手足。故君子名之必可言也,言之必可行也。君子于其言,无所苟而已矣。”

〔**注释**〕**卫君待子而为政,子将奚先**:卫国的国君等着先生去帮助处理政务,先生打算先做哪一件事?卫君,一般认为指卫出公辄。奚,何。钱穆:“读者于此等处,惟当存其理而置其事可矣。”

必也正名乎:那一定是将不正当的名义纠正过来!正,纠正,矫正。名,名称,名义,名分。从语言方面说,正名指名称和含义相一致。这样,就不会同名而异义,或同义而异名,导致说话矛盾、交流困难,即下文“言不顺”。皇侃引郑玄:“正名,谓正书字也。古者曰名,今世曰字。”从现实方面说,正名指名义和行为相吻合。这样,就不会名实不副,或名实相悖,造成举措失宜、行为不当,即下文“事不成”。何晏引马融:“正百事之名也。”

子之迂也:先生绕得太远啦!迂,迂远,指不切实际,不合时宜。

事不成,则礼乐不兴:政务办不好,那么礼乐就不能振兴。朱熹引范氏:“事得其序之谓礼,物得其和之谓乐。事不成则无序而不和,故礼乐不兴。”

刑罚不中,则民无所措手足:刑罚不适当,那么老百姓〔动辄得咎,仿佛〕连手和脚都不知如何摆放才好。刑罚不中,何晏引包咸指“淫刑滥罚”。措,安放,放置。

〔**译文**〕子路说:“卫君等着先生去帮助处理政务,先生打算先做哪一件事儿?”先生说:“那一定是纠正不正当的名义啰!”子路说:“有这样的吗,先生绕得太远啦!有什么可纠正的?”先生说:“粗野呀,你这仲由!君子对于自己不了解的事情,总该存疑才是。名义不正当,说话就不顺理;说话不顺理,政务就办不好;政务办不好,礼乐就不能振兴;礼乐不能振兴,刑罚就难以适当;刑罚不适当,老百姓就会连手脚都不知道怎么摆放。所以君子利用什么名义,一定是可以顺理成章地说出来的;这样的话说出来后,也一定是行得通的。君子对于所说的话,要没有一点马虎的地方才行啊。”

(四)

樊迟请学稼。子曰:“吾不如老农。”请学为圃。曰:“吾不如老圃。”樊迟出。子曰:“小人哉,樊须也!上好礼,则民莫敢不敬；上好义，则民莫敢不服；上好信，则民莫敢不用情。夫如是，则四方之民襁负其子而至矣，焉用稼？”

〔**注释**〕**樊迟请学稼**：樊迟请求学种粮食。稼，种五谷。从下文来看，樊迟学稼，不是要去做一名农夫，而是视之为政事的一项重要内容，有如后稷教民稼穑，既可富民，又可吸引外来劳动力。

吾不如老农：我〔这方面的知识〕赶不上耕田的老把式。农，耕地之人。老农，耕田经验丰富者。从语气看，樊迟请学稼是欲从孔子而学。

请学为圃：又请求学习管理菜园子。圃，种菜蔬为圃，又指菜园。稼为农事之大者，圃为农事之小者，樊迟既知老师拒绝之意，故退而求其次。

小人哉，樊须也：真变成小人了，这个樊须！小人，指老农、老圃一类人。

则四方之民襁负其子而至矣：四面八方的老百姓就会背着小孩子来这里了。襁，音抢（qiǎng），背负婴儿用的背带。句意谓会种粮种菜的人自然就有了。

〔**译文**〕樊迟请求学种粮食。先生说：“我这方面不如一个耕田的老把式。”又请求学习管理菜园子。先生说：“我这方面也不如一个老菜农。”樊迟出去了。先生说：“真变得像个小人了，这个樊须！居上位的人讲究礼节，老百姓就没有人敢不严肃认真；居上位的人注重情理，老百姓就没有人敢不服从；居上位的人诚信实在，老百姓就没有人敢不真情相待。若能如此，四面八方的老百姓就会背负着襁褓中的小孩子来这里了，哪用得着他学种田？”

(五)

子曰:“诵《诗》三百,授之以政,不达;使于四方,不能专对;虽多,亦奚以为?”

〔**注释**〕**授之以政,不达**:让他负责处理政务,搞不明白。达,通达,明白。孔子认为读《诗》与为政有着密切的关系:“《诗》可以兴、可以观、可以群、可以怨;迩之事父,远之事君;多识于鸟兽草木之名。”(《阳货篇》)

使于四方,不能专对:派他出使各国,又不能独立应对。专,独立,独自。《春秋公羊传》庄公十九年:“聘礼,大夫受命不受辞,出竟有可以安社稷、利国家者,则专之可也。”对,答对。当时外交场合,以诗句答对为外交使节之基本功。邢昺:“古者使适四方,有会同之事,皆赋诗以见意。”

虽多,亦奚以为:即使背得多,又有什么用处?多,指诵《诗》三百。梁章钜:“《史记·孔子世家》云:‘古诗三千篇,孔子去其重,取其可施礼义三百五篇。’此谬说也。《诗》只有三百十一篇,故为诵《诗》三百为多。古人以竹简写书,至三百篇可谓多矣。非若后人以竹纸刷印,连篇累牍,犹以为少也。”(《论语旁证》)奚以,何以,怎样。为,做。邢昺:“虽多,亦何以为言,无所益也。”

〔**译文**〕先生说:“《诗经》三百篇能琅琅上口,让他负责处理政务却搞不明白,派他出使外国又不能独立应对,即使背得多,又有什么用处?”

(六)

子曰:“其身正,不令而行。其身不正,虽令不从。”

〔**注释**〕**其身正,不令而行**:居上位的人自身行为端正,不发命令,下面的人也会跟从。身,自身,自己。令,政令。行,义同下文“从”。皇侃引范宁:“上能正己以率物,则下不令而自从也。”

〔**译文**〕先生说:“居上位的人自身行为端正,不发命令,下面的人也会跟从。居上位的人若是自身行为不端正,纵使三令五申,下面的人也不会听从。”

(七)

子曰:“鲁、卫之政,兄弟也。”

〔**注释**〕**鲁、卫之政,兄弟也**:鲁、卫两国的政治,如同兄弟一样〔那么近似〕。兄弟,鲁国始封之君是周公旦,卫国始封之君是康叔,他俩同为周文王之子。张栻:“鲁、卫之先固兄弟也,而方春秋之时,二国之政陵夷亦无以异也,故圣人叹息焉。”朱熹说同,当本皇侃。

〔**译文**〕先生说:“鲁、卫两国的政治,也像兄弟一样啊!”

(八)

子谓卫公子荆,“善居室。始有,曰:‘苟合矣。’少有,曰:‘苟完矣。’富有,曰:‘苟美矣。’”

〔**注释**〕**子谓卫公子荆**:先生谈到卫国的公子荆。卫公子荆,卫国大夫,吴季札曾称他为“君子”(见《左传》襄公二十九年)。

善居室:善于积蓄家业。居,“奇货可居”之“居”,指积蓄。室,家,指家产。

始有,曰苟合矣:开始有了,便说:“还会增加一些的吧。”苟,且,将。从王引之说(《经传释词》)。合,聚合。从邢昺疏。

少有,曰苟完矣:有了不少,便说:“还会齐备一些的吧。”完,使完整。

富有,曰苟美矣:一切齐备,便说:“还会完美一些的吧。”富,完备的意思。《说文》:“富,备也。”《方言》:“备,咸也。”郭注:“咸,犹皆也。”本章孔子之言,“始有”、“少有”、“富有”,“合”、“完”、“美”,层层递进,盖赞公子荆积蓄家业有章有法。

〔译文〕先生谈到卫国的公子荆:“这个人善于积蓄家业。开始有了,便说:‘还会增加一些的吧。’增加了一些,便说:‘还会齐备一些的吧。’一切齐备了,便说:‘还会完美一些的吧。’”

(九)

子适卫,冉有仆。子曰:“庶矣哉!”冉有曰:“既庶矣,又何加焉?”曰:“富之。”曰:“既富矣,又何加焉?”曰:“教之。”

〔注释〕冉有仆:冉有驾车。仆,驾御车马。

〔译文〕先生来到卫国,冉有替他驾着车子。先生说:“人口好多啊!”冉有问:“人口多了后,又该怎么做呢?”先生说:“使他们丰衣足食。”冉有又问:“丰衣足食之后,又该做什么呢?”先生说:“使他们受教育。”

(十)

子曰:“苟有用我者,期月而已可也,三年有成。”

〔**注释**〕**期月而已可也**:只要一年时间便初见成效。期,音姬(jī),周期,一周年。期月,一年的某月周而复始,为一周年。皇侃:"可者,未足之辞也。一年即可小治也。"

三年有成:三年便会成功。成,当指富之,教之有明显成绩。

〔**译文**〕先生说:"如果有人用我来帮助治理国家,只要一年时间就会初见成效,三年就会大功告成。"

(十一)

子曰:"'善人为邦百年,亦可以胜残去杀矣。'诚哉是言也!"

〔**注释**〕**善人为邦百年,亦可以胜残去杀矣**:善人治理国家一百年,也可以遏制残暴免除杀戮了。善人,指长期致力于克服战争祸害的诸侯。参《述而篇》第二十五章注释。这句话是孔子引别人的话。上章"三年有成",指内政言。本章"为邦百年",当指诸侯国之间战争言。

〔**译文**〕先生说:"'善人治理国家一百年,也可以遏制残暴免除杀戮了。'这话说得真对呀!"

(十二)

子曰:"如有王者,必世而后仁。"

〔**注释**〕**如有王者,必世而后仁**:假如有像先王一样的人出现,一定需要三十年才能实现仁政。王者,指似先王者。先王指尧、舜、禹、汤、文、武、周公。世,三十年为一世。相比善人,王者统内外而言。何晏引孔安国:"如有受命王者,必三十年,仁政乃成也。"

〔**译文**〕先生说:“假如有像先王一样的人出现,一定需要三十年才能实现仁政。”

(十三)

子曰:“苟正其身矣,于从政乎何有?不能正其身,如正人何?”

〔**注释**〕**于从政乎何有**:对于治理政事有什么困难?从政,指大夫、士所处理之政治事务。为政则多指国君、执政之卿大夫所处理之政治事务。前者为细务,后者为大事,犹下章“事”与“政”之别。

〔**译文**〕先生说:“若是把自己端正了,对于治理政事有什么困难?连端正自身都做不到,怎么端正别人?”

(十四)

冉子退朝。子曰:“何晏也?”对曰:“有政。”子曰:“其事也。如有政,虽不吾以,吾其与闻之。”

〔**注释**〕**冉子退朝**:冉有从办公的地方回来。退朝,此当冉有为季氏宰之时,朝为季氏之私朝,有别于鲁君之公朝。但本章重点不在公朝、私朝之异,而在政、事之别,而孔子欲与闻其政。戴望:“孔子恐鲁君臣变古易常,故言如有大政,虽不用吾言,其使吾与闻之,庶可匡正也。其后用田赋、伐颛臾,冉子皆告孔子。”(《戴氏注论语》)

何晏也:怎么回来得这么晚呢?晏,晚,迟,指晚于平日。冉有退朝,即至孔子处,孔子问其何晏,则是平日便如此。冉有为季氏宰,而大事(“政”)听命于孔子。

吾其与闻之:我还是听一听怎么回事。其,表示期望的语气辞。与,音预(yù),参与。之,指“政”。

〔**译文**〕冉有从办公的地方回来。先生问:“怎么回来晚了?”冉有回答说:“有政务要处理。”先生说:“那只是事务罢了。若是有政务,虽然用不着我了,我还是听一听怎么一回事。”

(十五)

定公问:“一言而可以兴邦,有诸?”孔子对曰:“言不可以若是其几也。人之言曰:‘为君难,为臣不易。’如知为君之难也,不几乎一言而兴邦乎?”曰:“一言而丧邦,有诸?”孔子对曰:“言不可以若是其几也。人之言曰:‘予无乐乎为君,唯其言而莫予违也。’如其善而莫之违也,不亦善乎?如不善而莫之违也,不几乎一言而丧邦乎?”

〔**注释**〕**言不可以若是其几也**:没有什么话是如此玄妙的。言,对“一言”,全指。若是其,如此。参杨逢彬注。几,微妙,神妙。《说文》:“几,微也。”句意谓没有什么话是可以一言兴邦的。

如知为君之难也,不几乎一言而兴邦乎:如果〔因此而〕知道当国君的艰难,不是接近于一句话就可以使国家兴盛吗?几乎,近于。何晏引王肃:“几,近也。”朱熹:“因此言而知为君之难,则必战战兢兢,临深履薄,而无一事之敢忽。然则此言也,岂不可以必期于兴邦乎?”朱注解此句意足,惟训“几”为“期”不可取。又曰:“为定公言,故不及臣也。”

〔**译文**〕鲁定公问:“一句话就可以使国家兴盛,有这样的话吗?”孔先生回答说:“没有什么话如此玄妙。不过,社会上有句话说:‘当国君很难,做臣下不容易。’如果知道当国君的艰难,那么这句话不是接近于一句话能使国家兴盛吗?”又问:“一句话就可以使国家丧亡,有这样的话吗?”孔先生回答说:“没有什么话如此玄妙。不过,有人这样说:‘我当国君没有别的快乐,只是说什么话都没有人违抗我。’假如说的话正确而没有人违抗,不失为好事吧?假如说的话不正确而没有人违抗,那么这句话不是接近于一句话能使国家丧亡吗?”

(十六)

叶公问政。子曰:“近者说,远者来。”

〔**注释**〕**近者说,远者来**:附近的人愉悦,远处的人来投奔。近、远,相对而言。就国政而言,近指国内,远指国外;就地方政治(如一邑)而言,近指城内或附近,远指城外或远处。叶公为楚国叶地长官(见《述而篇》第十八章注释),义当为后者。孔子这句话,说的是为政的效果当如是。若是讲如何为政,应作“近者悦之,远者来之”。

〔**译文**〕叶公问为政之道。先生说:“周围的人愉悦,远处的人归附。”

(十七)

子夏为莒父宰,问政。子曰:“无欲速,无见小利。欲速,则不达;见小利,则大事不成。”

〔**注释**〕**子夏为莒父宰**:子夏当了莒父地方长官。莒父,鲁邑名,据《山东通志》,在今山东高密县东南。

〔**译文**〕子夏当了莒父地方长官,问为政之道。先生说:"不要追求速成,不要盯着小利。追求速成,反而不通畅;盯着小利,大事就办不成。"

(十八)

叶公语孔子曰:"吾党有直躬者,其父攘羊,而子证之。"孔子曰:"吾党之直者异于是:父为子隐,子为父隐。直在其中矣。"

〔**注释**〕**吾党有直躬者**:我的家乡有个叫躬的人,以正直闻名。直躬,名躬者素以直称,故名直躬。《经典释文》:"直躬,孔云'躬,身也'。郑本作'弓',云'直人名弓'。"定州简本"躬"作"弓"。

其父攘羊,而子证之:他的父亲偷了别人的羊,他告发他的父亲。攘,偷,窃取。证:告发,检举。《说文》:证,告。杨伯峻:"'证明'的'证',古书一般用'徵'字为之。"

父为子隐,子为父隐:父亲为儿子保持沉默,儿子为父亲保持沉默。隐,当言不言,知而不言。《季氏篇》:"言及之而不言谓之隐。"

直在其中矣:正直的道理就蕴含在其中了。句意谓,在其表则不为直,在其中则为直,即符合直之本质:仁义之道。皇侃引范宁:"夫所谓直者,以不失其道也。若父子不相隐讳,则伤教破义,长不孝之风焉,以为直哉?故相隐乃可为直耳。今王法则,许期亲以上得相为隐,不问其罪,盖合先王之典章。""父子相隐"思想,后世演变为"亲亲相隐"制度。西方国家法律规定有"容隐权"。

〔**译文**〕叶公告诉孔先生说:"我的家乡有一个以正直出名,叫做躬的人,他的父亲偷了别人的羊,他告发了他的父亲。"孔先生说:

"在我的家乡,正直的人碰到这种事,做法是不一样的:父亲为儿子保持沉默,儿子为父亲保持沉默。正直的道理就在其中了。"

(十九)

樊迟问仁。子曰:"居处恭,执事敬,与人忠。虽之夷狄,不可弃也。"

〔**注释**〕虽之夷狄,不可弃也:即使到了边远落后的地方,都是不能放弃的。之,去,到。《尔雅·释诂》:"之,往也。"本章孔子论"仁",亦"克己复礼为仁"之义。

〔**译文**〕樊迟问为仁之道。先生说:"日常起居保持恭敬,对待工作严肃认真,为人办事尽心尽力。即使到了边远落后的地方,这都是不能放弃的。"

(二十)

子贡问曰:"何如斯可谓之士矣?"子曰:"行己有耻,使于四方,不辱君命,可谓士矣。"曰:"敢问其次。"曰:"宗族称孝焉,乡党称弟焉。"曰:"敢问其次。"曰:"言必信,行必果,硁硁然小人哉!抑亦可以为次矣。"曰:"今之从政者何如?"子曰:"噫!斗筲之人,何足算也?"

〔**注释**〕行己有耻:一举一动唯恐有可羞耻之处。有耻,有羞耻之心,常思己过之义。与"不辱"对,正因"有耻",所以"不辱"。

言必信,行必果,硁硁然小人哉:说到一定做到,行动一定坚决,像那固执而毫无灵活性的小人啊!果,果决。硁硁,硁音铿(kēng),

敲击石头的声音。皇侃:“硁硁,坚正难移之貌也。”张栻:“至于言必信,行必果,虽有未能合于义,而亦区区庶几期于自守者。‘小人’云者,谓所见之小耳。”

斗筲之人:〔一帮〕器量狭小的人。斗,量器名。筲,音稍(shāo),竹器,饭筐。斗筲,喻器量狭小。

何足算也:哪里算得上? 足,够得上。算,数。

〔**译文**〕子贡问道:“怎样才可以叫做‘士’?”先生说:“一举一动都怕有令人羞耻的地方,出使其他诸侯国,能出色地完成国君赋予的使命,就可称得上‘士’了。”子贡说:“请问次一等的。”先生说:“宗族称赞他孝顺父母,乡里称赞他敬爱兄长。”子贡又说:“请问再次一等的。”先生说:“说到一定做到,行动一定坚决,像那固执而毫无灵活性的小人啊! 但也算得上是再次一等的‘士’了。”子贡问:“现在的那帮搞政治的人怎么样?”先生说:“咳! 一帮器量狭小的人,哪里算得上呢?”

(二十一)

子曰:“不得中行而与之,必也狂狷乎! 狂者进取,狷者有所不为也。”

〔**注释**〕**不得中行而与之,必也狂狷乎**:得不到行为适中的人相处,也一定和那狂放的人、拘谨的人相交罢! 不得,客观上没有。何晏引包咸:“中行,行能得其中者也。”与,相处,相交。必,客观上可能,主观上亦应努力之义。狂,狂妄,狂放。狷,音绢(juàn),拘束,拘谨。又包咸:“狂者进取于善道,狷者守节无为。”朱熹申明曰:“狂者,志极高而行不掩。狷者,知未及而守有余。”取孟子之义。

所谓"中行"、"中庸"乃主观之理想,故钱穆说:"退而不为,进能行道,兼有二者之长,后人舍狂狷而别求所谓中道,则误矣。"又说:"伊尹圣之任,狂者也。伯夷圣之清,狷者也。狂狷皆得为圣人,惟不如孔子仕止久速之时中。时中,即时时不失于中行,即时而狂时而狷,能不失于中道。故狂狷非过与不及,中行非在狂狷之间。"

〔译文〕先生说:"得不到行为适中的人相处,也一定和那狂放的人、拘谨的人相交罢!狂放的人勇于进取,拘谨的人洁身自好。"

(二十二)

子曰:"南人有言曰:'人而无恒,不可以作巫医。'善夫!""不恒其德,或承之羞。"子曰:"不占而已矣。"

〔注释〕人而无恒,不可以作巫医:人若是没有恒心,就不能当巫医。恒,恒常,恒心。巫医,占卦治病的人。古之巫多通医药。

不恒其德,或承之羞:他的德性无常,总会招致羞辱。德,德性,秉性。或,有时,又训常,时常。这句话是《易经·恒卦》的爻辞,当是现场有人听了孔子前面的话,引此爻辞以作证明或申明,而记者不详其姓名,故略。

不占而已矣:〔这话是叫没有恒心的人〕不必去占卦罢了。占,占卦。不占,接爻辞而言,即是不占而知吉凶,犹不言而喻之义。张栻:"又断之曰'不占而已矣',谓理之必然,不待占决而可知也。"

〔译文〕先生说:"南方的人有句话说:'人若是没有恒心,就不能当巫医。'这话说的好!"有人引《易经·恒卦》的爻辞说:"那人德性无常,总会招致羞辱。"先生说:"这话是叫没有恒心的人不必去占卦罢了。"

（二十三）

子曰："君子和而不同，小人同而不和。"

〔**注释**〕**君子和而不同，小人同而不和**：君子和谐而不同一，小人同一而不和谐。君子、小人对举，说的还是因"喻于义"、"喻于利"的不同而产生的不同表现。和，和谐，指有差异经调和而达致某种适宜的状态。《说文》："龢，调也。"段注："经传，多假和为龢。"同，同一，指无差异而一致趋向的状态。《说文》："同，合会也。"朱熹引尹氏："君子尚义，故有不同。小人尚利，安得而和。"刘宝楠："和因义起，同由利生。义者宜也，各适其宜，未有方体，故不同。然不同因乎义，而非执己之见，无伤于和。利者，人之所同欲也，民务于是，则有争心，故同而不和。此君子、小人之异也。"

〔**译文**〕先生说："君子和谐而不同一，小人同一而不和谐。"

（二十四）

子贡问曰："乡人皆好之，何如？"子曰："未可也。""乡人皆恶之，何如？"子曰："未可也。不如乡人之善者好之，其不善者恶之。"

〔**注释**〕**乡人皆好之，何如**：乡亲们都喜欢他，怎么样？好，去声。之，代指某一人，好恶的对象。何如，从末句看，这是问某人是否好人。

未可也：还不能这么说。即还不能认可其为好人。皇侃："知所以未可者，设一乡皆恶，而此人为恶，与物同党，故为众人共见称美，故未可信也。”下一句对话中,对于“乡人皆恶之”(“恶”亦去声),孔子也说“未可也”。皇侃:“孔子亦所以未许者,设一乡皆恶,而此人独为善,不与众同,故为群恶所疾,故未可信也。”

不如乡人之善者好之,其不善者恶之:最好是乡里的好人都喜欢他,乡里的坏人都厌恶他〔,这人就是好人了〕。皇侃:“言若此人属乡人善者所好,又为不善者所恶,如此则是善人,乃可信也。”

〔**译文**〕子贡问道:“乡里的人全都喜欢一个人,这人怎么样?”先生说:“还不能说他就是好人。”子贡又问:“乡里的人全都厌恶一个人,这人怎么样?”先生说:“还不能说他就是坏人。最好是乡里的好人都喜欢他,乡里的坏人都厌恶他,这人就真是好人了。”

(二十五)

子曰:“君子易事而难说也。说之不以道,不说也;及其使人也,器之。小人难事而易说也。说之虽不以道,说也;及其使人也,求备焉。”

〔**注释**〕**君子易事而难说也**:在君子手下做事不难,难的是让他满意。事,服事,即为君子所使。说,同“悦”。下同。本章君子、小人,都指在位者,区别在德、才,尤其是德。

说之不以道,不说也:不遵循正当途径让他满意,他是不会满意的。道,正当途径或方法。此解释“难说”。

及其使人也,器之:到了他安排工作的时候,却能量才用人。器,才具,这里用作动词,即量才而用。何晏引孔安国:“度才而任官也。”与下文“求备”相反。此解释“易事”。

〔**译文**〕先生说:“在君子手下做事不难,难的是让他满意。不遵循正当途径让他满意,他是不会满意的;到了他安排工作的时候,却能量才用人。在小人手下做事不容易,容易的却是让他满意。虽然不遵循正当途径让他满意,他也是会满意的;到了他安排工作的时候,却对人求全责备。"

(二十六)

子曰:"君子泰而不骄,小人骄而不泰。"

〔**译文**〕先生说:"君子大方而不自大,小人自大而不大方。"

(二十七)

子曰:"刚、毅、木、讷,近仁。"

〔**注释**〕**刚、毅、木、讷**:刚强、果断、朴实、少言。黄式三:"刚者坚强而不屈挠,毅者果断而不游移,此刚毅之分。"(《论语后案》)何晏引王肃:"木,质朴。讷,迟钝。"

近仁:易于成仁〔的品质〕。物茂卿:"近仁者,易成仁也。如'知所先后则近道矣',及'好学近乎知、力行近乎仁、知耻近乎勇',可以见矣。"(《论语征》)

〔**译文**〕先生说:"刚强、果断、朴实、少言,都是易于成仁的品质。"

(二十八)

子路问曰:"何如斯可谓之士矣?"子曰:"切切偲偲,怡怡如也,可谓士矣。朋友切切偲偲,兄弟怡怡。"

〔**注释**〕切切偲偲,怡怡如也:相互规劝,又相处和睦的样子。偲,音思(sī)。何晏引马融:"切切偲偲,相切责之貌。怡怡,和顺之貌也。"下文分说朋友、兄弟,盖朋友以义相处,兄弟以恩相合,其义愈明。

〔**译文**〕子路问道:"怎么样才可以称做'士'呢?"先生说:"相互规劝,又和睦相处,可以称做'士'了。像朋友般相互规劝,像兄弟般和睦相处。"

(二十九)

子曰:"善人教民七年,亦可以即戎矣。"

〔**注释**〕亦可以即戎矣:就能够叫他们投身战斗了。即,就,去。戎,战争。

〔**译文**〕先生说:"善人训练老百姓七年,就能够让他们上战场了。"

(三十)

子曰:"以不教民战,是谓弃之。"

〔**注释**〕以不教民战:让没有经过训练的老百姓去作战。以,用。不教民,即"不教之民"。相对于上章"教民七年",便知此章"弃"义。

〔**译文**〕先生说:"利用没有经过训练的老百姓去作战,这等于抛弃他们。"

宪问篇第十四

（一）

宪问耻。子曰："邦有道，谷。邦无道，谷，耻也。""克、伐、怨、欲不行焉，可以为仁矣？"子曰："可以为难矣，仁则吾不知也。"

〔**注释**〕**克、伐、怨、欲不行焉，可以为仁矣**：好胜、自夸、埋怨和贪心都不曾表现过，可以算是有仁德了吗？何晏引马融："克，好胜人也。伐，自伐其功也。怨，忌小怨也。欲，贪欲也。"可以为仁矣，由说话者的语调表示为疑问句，参杨伯峻注。

可以为难矣，仁则吾不知也：可以说是难能可贵了，〔算不算〕有仁德，我就不知道了。阮元："此但能无损于人，不能有益于人，未能立人达人，所以孔子不许为仁。"（《揅经室集》一集卷八《〈论语〉论仁论》）

〔**译文**〕原宪问什么是可耻。先生说："国家政治清明，可以做官拿薪水。国家政治黑暗，做官拿薪水就是可耻的。"原宪又问："好胜、自夸、埋怨、贪心都不曾表现过，可以算是有仁德了吗？"先生说："可以说是难能可贵了，算不算有仁德，我就不知道了。"

(二)

子曰:“士而怀居,不足以为士矣。”

〔**注释**〕士而怀居:作为一个士人,却留恋安逸生活。怀,怀念,留恋。居,居家,安居。

〔**译文**〕先生说:“作为一个士人,却留恋安逸生活,便不配做士人了。”

(三)

子曰:“邦有道,危言危行;邦无道,危行言孙。”

〔**注释**〕邦有道,危言危行:国家政治清明,既要敢说,也要敢做。危,高危,危惧。《说文》:“危,在高而惧也。”这里用如动词,使言危使行危,没有顾虑或少顾虑之义。孔子一向主张慎言,盖因处无道之世也。邦有道云云,其理想耳。

邦无道,危行言孙:国家政治黑暗,当做还得做,但话要说得委婉。孙,同“逊”,顺,不逆。言逊之旨当有二义,一是使危行得行。戴望:“言逊以行权。”(《戴氏注论语》)二是避害远祸。张栻:“行有一定之操,故不以世之有道无道而改,若夫言则可孙矣。孙言所以辟祸也。”

〔**译文**〕先生说:“国家政治清明,既要敢说,也要敢做;国家政治黑暗,当做还须做,但话要说得委婉。”

(四)

子曰:“有德者必有言,有言者不必有德。仁者必有勇，勇者不必有仁。”

〔**注释**〕**有德者必有言，有言者不必有德**：有道德修养的人自然会有所表达，但自我标榜的人不一定有道德修养。德，与“仁”对言，二者浑言不分，析言有别。内在修养为德，推己及人为仁。必，一定，这里指自然发生，诚于中而言之形于外。有言，指修养心得的自然表达。有言者，指自言有道德修养的人。

仁者必有勇，勇者不必有仁：仁人自然勇敢，但勇士不一定行仁。实践仁道需要巨大的勇气甚至牺牲生命，《论语》屡屡言及。如曾子曰：“仁以为己任，不亦重乎？死而后已，不亦远乎？”（《泰伯篇》）又如孔子曰：“志士仁人，无求生以害仁，有杀身以成仁。”（《卫灵公篇》）

〔**译文**〕先生说：“有道德修养的人自然会有所表达，但自我标榜的人不一定有道德修养。践行仁道的人自然勇气可嘉，但勇气可嘉的人不一定践行仁道。”

（五）

南宫适问于孔子曰：“羿善射，奡荡舟，俱不得其死然。禹、稷躬稼而有天下。”夫子不答。南宫适出。子曰：“君子哉若人！尚德哉若人！”

〔**注释**〕**羿善射，奡荡舟**：羿擅长射箭，奡擅长驾船。羿、奡，俱为传说中的力士、勇士。羿，音义（yì），依何晏引孔安国注，为有穷国的国君，篡夺了夏后相的君位，其臣寒浞杀之又篡其位。奡，音傲（ào），字又作“浇”，寒浞篡位后与羿妻所生之子，后被夏后少康所杀。荡，摇荡而行。

禹、稷躬稼而有天下:禹、稷自己下地种田,却得到了天下。禹,夏后氏部落首领,治理洪水有功,舜死继位,子启建立夏朝。稷,音计(jì),后稷,周族始祖,率领族人定居从事农业,奠定周族崛起的根基。躬稼,亲自耕种。

夫子不答:先生没有说什么。南宫适虽是以请教的方式提出历史问题,但他的看法已经表达清楚,故夫子不答,毋需再说也。故待南宫适出,转而称赞其本人。

〔**译文**〕南宫适以探询的口气对孔先生说:“羿是个擅长射箭的人,奡是个擅长驾船的人,他们最后都没有好结果。禹和稷最初不过是下田种地的农夫,最终却得到了天下。”先生没有发表意见。南宫适退了出去。先生说:“好一个君子啊,这人!把道德看得重啊,这人!”

(六)

子曰:“君子而不仁者有矣夫,未有小人而仁者也。”

〔**注释**〕君子而不仁者有矣夫:身为君子,不符合仁德的行为总是有的罢。夫,音扶(fú),句末语气辞。君子致力于践行仁道,但成为仁人难乎其难,故孔子极少许人以“仁”(仁人),则君子时有不仁,在所不免。何晏引孔安国:“虽曰君子,犹未能备也。”

未有小人而仁者也:没有身为小人,而有符合仁德的行为的。皇侃引袁氏:“小人性不及仁道,故不能及仁事者也。”

〔**译文**〕先生说:“君子不符合仁德的行为总是有的罢,小人却完全不会有符合仁德的行为。”

（七）

子曰："爱之，能勿劳乎？忠焉，能勿诲乎？"

〔**注释**〕**爱之，能勿劳乎？忠焉，能勿诲乎**：爱一个人，能不呵护他吗？对他尽心，能不教诲他吗？之，从"劳"、"诲"的意思看，当指弟子、子弟。劳，慰劳，慰藉。忠，"为人谋而不忠乎"（《学而篇》）之"忠"，尽心。何晏引孔安国："言人有所爱，必欲劳来之。有所忠，必欲教诲之也。"黄式三："据孔注，慰劳之道不可已，规诲之道不可缺，明二者之互用也。"

〔**译文**〕先生说："爱一个人，能不呵护他吗？对他尽心，能不教诲他吗？"

（八）

子曰："为命，裨谌草创之，世叔讨论之，行人子羽脩饰之，东里子产润色之。"

〔**注释**〕**为命**：制作外交文件。为，作。命，与其他诸侯之间进行聘问、盟会有关的文件，包括今天所说的外交口径、协议等。以君命出之，故曰命。本章事见《左传》襄公三十一年，略有出入。

裨谌草创之：裨谌起草文件的初稿。裨谌，音毕臣（bì chén），郑国大夫。草创，始创。刘宝楠："'草'者，言始制之，若草芜杂也。"

世叔讨论之：世叔对初稿提出意见。世叔，郑国大夫。讨，论其非。《说文》："讨，治也。"段玉裁注："发其纷纠而治之曰讨。凡言讨论、探讨，皆谓理其不齐者而齐之也。"论，得其宜。《说文》："论，议也。”段玉裁注:“凡言语循其理得其宜谓之论。”则讨论乃指出错误并予修正之义。

行人子羽脩饰之:外交官子羽对稿子该加的加、该删的删。行人,执掌出使的官。裨谌、世叔不称其官名,而子羽称其官名,盖因此为制作外交文件。脩,同“修”,添补。饰,删减。朱熹:“脩饰,谓增损之。”黄式三:“‘修短’之‘修’训长,是‘修’有增义,谓增之以畅其意也。古拂拭之字用‘饰’,《说文》‘刷’、‘饰’互训,是‘饰’有损义,谓芟削其辞之繁冗也。”(《论语后案》)则修饰犹今之统稿。

东里子产润色之:东里子产使之富有文采。东里,子产所居之地。称东里,有赞美之意。《左传》言“子产之从政也,择能而使之”,则此“润色”也轻,实则最后审定之辞。史称“是以鲜有败事”。

〔**译文**〕先生说:“郑国制订外交文件,裨谌起草初稿,世叔提出意见,外交官子羽进行整理,东里子产加以润色。”

(九)

或问子产。子曰:“惠人也。”问子西。曰:“彼哉!彼哉!”问管仲。曰:“人也。夺伯氏骈邑三百,饭疏食,没齿无怨言。”

〔**注释**〕**问子西**:问子西这人怎么样。子西,楚公子申。即令尹子西。人称其“好善”,有逊位之德。后引发白公之乱,身死于难。事见《左传》昭公二十六年、哀公十六年。

彼哉!彼哉:那人哪!那人哪!彼哉,不怎么样的意思。朱熹:“彼哉者,外之之辞。”本章是孔子对三国执政人物的评价,他予以肯定的人物,一是对人民有恩惠,即体现了仁爱精神。二是自身得其善终,国家亦保持稳定。子产、管仲符合这样的条件,子西则不符合。

人也:是个人物哩。相比“惠人”,此“人也”是更大的肯定。惠只是仁道的一部分体现,而管仲之“人”,犹管仲之“仁”。下文举其夺伯氏之邑,令伯氏终身贫苦而无怨言,可见其着眼治国之大体、行仁之大端,故孔子虽不轻许人以“仁”,却鲜明地反对别人说管仲“不仁”,而许之曰:“如其仁!如其仁!”(见本篇第十六章)

夺伯氏骈邑三百:剥夺伯氏骈邑三百户的采地。伯氏,齐国的大夫。骈邑,伯氏的采邑,一说其地位于今山东临朐县东南。

没齿无怨言:〔伯氏〕到死都没有怨恨的话。没齿,犹言终身。

〔译文〕有人问子产是一个怎样的人。先生说:“一个给国人带来好处的人。”再问到子西。先生说:“那人哪!那人哪!”又问到管仲。先生说:“是个了不得的人哩。曾剥夺大夫伯氏骈邑三百户的采地,伯氏只能吃粗粮过日子,却到死没有怨恨的话。”

(十)

子曰:“贫而无怨难,富而无骄易。”

〔注释〕富而无骄易:富贵却不傲慢,很难坚持。易,改变。《释名》:“易,易也,言变易也。”

〔译文〕先生说:“贫穷却没有怨恨,很难做到;富贵却不傲慢,很难坚持。”

(十一)

子曰:“孟公绰为赵、魏老则优,不可以为滕、薛大夫。”

〔**注释**〕**孟公绰为赵、魏老则优,不可以为滕、薛大夫**:孟公绰如果做晋国赵氏、魏氏的家臣,那是绰绰有余的,但不能胜任滕、薛这样小国的大夫。孟公绰,鲁国大夫。下章言"公绰之不欲",是说他不贪心。赵、魏,晋国诸卿赵氏和魏氏。老,大夫家臣。优,优裕,有余力。滕、薛,鲁国附近的小国。两国故城都在今山东滕县西南方。刘宝楠:"是言为赵、魏老当以德,为滕、薛大夫当以才。"

〔**译文**〕先生说:"孟公绰做晋国赵氏、魏氏的家臣绰绰有余,但不能胜任滕国和薛国的大夫。"

(十二)

子路问成人。子曰:"若臧武仲之知,公绰之不欲,卞庄子之勇,冉求之艺,文之以礼乐,亦可以为成人矣。"曰:"今之成人者何必然?见利思义,见危授命,久要不忘平生之言,亦可以为成人矣。"

〔**注释**〕**子路问成人**:子路问怎样才是一个修养完备的人。成人,古时男子二十岁行冠礼,即成人礼。但这里的成人,显然不是就年龄阶段而言,而是指通过接受教育、社会实践而达到的比较完备的修养程度。

若臧武仲之知:像臧武仲那样睿智。臧武仲,鲁国大夫,名纥。知,同"智"。据《左传》襄公二十三年记载,臧武仲避难齐国时,预见到齐庄公被杀,设法避免庄公封给他田地,孔子称之为知。

公绰之不欲:〔像〕孟公绰那样淡泊。公绰,即上章孟公绰。不欲,不贪心。

卞庄子之勇:〔像〕卞庄子那样勇敢。卞庄子,鲁国卞邑大夫,以勇敢著称。《荀子·大略篇》、《韩诗外传》卷十等载有他的勇敢故事。

冉求之艺:〔像〕冉求那样多才。艺,指多才多艺。《雍也篇》:"求也艺,于从政乎何有?"

文之以礼乐:再用礼乐对它们加以调节。文,文饰,修饰,指用礼乐进行规范和调和。之,指知、不欲、勇、艺。

曰:子路说。历代注家多以此"曰"后言为孔子的话。朱熹:"复加'曰'字者,既答而复言也。"又引胡氏:"今之成人以下乃子路之言。盖不复'闻斯行之'之勇,而有'终身诵之'之固矣。"对胡氏的话,他的态度是:"未详是否?"这是朱熹在《论语集注》中的存疑,后来他仍为此事纠结,但倾向于胡氏的看法。他在回答杨尹叔问"'今之成人'以下是孔子言抑子路言"时说:"做子路说方顺。此言亦似子路模样。然子路因甚如此说,毕竟亦未见得。"(《朱子语类》卷第四十四)刘宝楠:"《集注》引胡氏说,独以为子路言,于义似较长。"主张不当为子路之言者,主要是认为下面的话"面折孔子之非"。实则子路的性格正是如此。

见危授命:遇到危险能完成国君赋予的使命。授命,同"致命"(《子张篇》)。物茂卿:"致命,即'使于四方,不辱君命'也,谓致君命于它邦也。'授'亦'致'也。或疑授字不顺,然奉使授玉,亦于它邦之君,古言可见已。谓见危,则兵争之世,有不测之难,方其时不辱君命,最可见其材已。"(《论语征》)

久要不忘平生之言:长久陷入穷困境地都不忘记平日的诺言。要,音腰(yāo),"约"的借字。约,即"不仁者不可以久处约"(《里仁篇》)之"约",这里是穷困的意思。

〔译文〕子路问怎样才是一个修养完备的人。先生说:"像臧武仲那样睿智,像孟公绰那样淡泊,像卞庄子那样勇敢,像冉求那样多才,再用礼乐加以调节,也可以说是修养完备的人了。”子路说:“现在说的修养完备的人哪里一定要这样?遇到好处能思考该得不该得,遇到危险能完成国君的使命,陷入长久的穷困境地都不忘记平日的诺言,也可以说是修养完备的人了。”

(十三)

子问公叔文子于公明贾,曰:“信乎,夫子不言、不笑、不取乎?”公明贾对曰:“以告者过也。夫子时然后言,人不厌其言;乐然后笑,人不厌其笑;义然后取,人不厌其取。”子曰:“其然,岂其然乎?”

〔**注释**〕**子问公叔文子于公明贾**:先生向公明贾问到公叔文子。公叔文子,卫国大夫,其事见于《礼记·檀弓》。公明贾,卫国人,贾为名,音假(jiǎ)。

其然,岂其然乎:你说的是,怎么会是像传话的人说的那样呢?皇侃:“然,如此也。言今汝所说者当如此也。”又解后半句:“谓人所传三事不言、不笑、不取,岂容如此乎?”戴望:“其如子言然,岂其如告者之言然乎,许之也。”(《戴氏注论语》)

〔**译文**〕先生向公明贾问到公叔文子,说:“他老人家不说话,没笑脸,钱财都不要,是真的吗?”公明贾回答说:“这是由于传话的人搞错了。他老人家该说话的时候才说话,别人也就不厌烦他的话;心里高兴了才笑出来,别人也就不厌烦他的笑;认定应该收取才收取,别人也就不厌烦他的取。”先生说:“你说的是,怎么会是像传话的人说的那样呢?”

（十四）

子曰："臧武仲以防求为后于鲁，虽曰不要君，吾不信也。"

〔**注释**〕**臧武仲以防求为后于鲁**：臧武仲凭借他的防邑向鲁君请求立臧氏子弟继为卿大夫。防，臧武仲的私邑，在今山东费县东北。为后，谓立为己后，即以臧氏子弟接替自己的卿大夫职位。鲁，指鲁国君，实则决定权在执政的季氏手上。据《左传》襄公二十三年记载，臧武仲为参与鲁国执政的卿大夫之一（次于三桓）。他介入季氏继承人之争，废长立幼，得罪了被废的季氏长子。季氏长子与和他夙有矛盾的孟庄子的继承人联手，离间他和季氏的关系，他受到季氏攻击，被迫逃奔到邾国。后来他自邾到防，派使者向鲁君请求立臧氏之后。鲁君于是立他的异母兄臧为继承了他的职位，他便交出防邑跑到齐国去了。本篇第十二章所言"臧武仲之知"所涉事即发生在他到了齐国之后。孔子就此两事评价说："知之难也。有臧武仲之知，而不容于鲁国，抑有由也。作不顺而施不恕也。《夏书》曰：'念兹在兹。'顺事、恕施也。"

虽曰不要君，吾不信也：即使〔有人〕说这不是要挟国君，我是不相信的。要，音腰（yāo），要挟。朱熹："要，有挟而求也。"君，指鲁襄公。定州简本无此"君"字，当从。此时的鲁国，政在季氏不在国君，以孔子正名理念，不当有此"君"字。尽管如此，孔子仍认为"要"是不对的，不合礼制。以本章合《左传》所载孔子对臧武仲的评语观之，臧武仲之知之局限，在礼之大节处有亏，故需"文之以礼乐"（第十二章）。

〔**译文**〕先生说:“臧武仲凭借着他的防邑,向鲁国朝廷请求让臧氏子弟继任为卿大夫,即使有人说这种做法不是要挟,我是不相信的。”

(十五)

子曰:“晋文公谲而不正,齐桓公正而不谲。”

〔**注释**〕**晋文公谲而不正**:晋文公〔做事〕喜用权宜之计,而不讲究名正言顺。晋文公,名重耳,春秋时期著名的霸主之一,前636年至前628年在位。谲,音决(jué),权变,即灵活性。正,常规(礼),即原则性。参见《子罕篇》“可与立,未可与权”注释。

齐桓公正而不谲:齐桓公〔做事〕讲究名正言顺,而不喜用权宜之计。齐桓公,名小白,齐国国君,春秋时期另一位著名的霸主,前685年至前643年在位。后世常“齐桓晋文”并称。王引之:“谲,权也。正,经也。言晋文能行权而不能守经,齐桓能守经而不能行权,各有所长,亦各有所短也。”(《经义述闻》卷三十一“谲”条)谲又训“诈”,属贬义,不取。

〔**译文**〕先生说:“晋文公做事喜用权宜之计,而不讲求名正言顺;齐桓公做事讲求名正言顺,而不喜用权宜之计。”

(十六)

子路曰:“桓公杀公子纠,召忽死之,管仲不死。”曰:“未仁乎?”子曰:“桓公九合诸侯,不以兵车,管仲之力也。如其仁!如其仁!”

〔**注释**〕**桓公杀公子纠,召忽死之,管仲不死**:齐桓公杀了公子纠,召忽因此自杀,管仲却不去死。公子纠,齐桓公的哥哥。他俩都是齐襄公的弟弟。据《左传》庄公八年、九年记载,齐襄公无道,鲍叔牙护卫小白(桓公)避难到莒国,召忽和管仲护卫公子纠避难到鲁国。襄公被杀,齐国动乱,小白自莒先入齐国,即君位,于是兴兵伐鲁,逼迫鲁国杀了公子纠,召忽自杀殉节,管仲请囚回国,鲍叔牙推荐他做了桓公的宰相。

桓公九合诸侯,不以兵车,管仲之力也:桓公屡屡主持诸侯间的盟会,不用兵戎相见,都是管仲的功劳哩。九,虚数,指次数多。力,功。戴望:"治功曰力。"

如其仁:一样是仁!如,如同。其,指召忽。翟灏:"召忽之死,杀身以成仁也。仲虽不死,而有九合一匡之功,则亦得如召忽之仁。再言'如其仁','其'者,实指之辞,所指正召忽也。"(《四书考异·论语》)

〔**译文**〕子路说:"齐桓公杀了公子纠,召忽因此自杀,管仲却不去死。"接着说道:"管仲不算有仁德吧?"先生说:"齐桓公多次主持诸侯间的盟会,不用兵戎相见,都是管仲的功劳哩。一样有仁德!一样有仁德!"

(十七)

子贡曰:"管仲非仁者与?桓公杀公子纠,不能死,又相之。"子曰:"管仲相桓公,霸诸侯,一匡天下,民到于今受其赐。微管仲,吾其被发左衽矣。岂若匹夫匹妇之为谅也,自经于沟渎而莫之知也?"

〔**注释**〕**管仲非仁者与**:管仲恐怕不是一个仁人吧?与,同“欤”。本章当接上章。盖子贡闻夫子答子路语,知夫子已许管仲为“仁”,但尚未许其为“仁者”,故问。

桓公杀公子纠,不能死,又相之:齐桓公杀了公子纠,管仲不但没有以身殉难,还去辅佐他。子路言管仲“未仁”,以其不死。子贡言管仲“非仁者”,以其不死,又相桓公。朱熹:“子贡意不死犹可,相之则已甚矣。”

一匡天下,民到于今受其赐:一旦匡正了天下秩序,老百姓到今天还享受到他的好处。一,一旦,一经。匡,正。上章言“九合诸侯,不以兵车”,下文言“微管仲,吾其被发左衽”,则“一匡天下”者,内则不以兵车,即胜残去杀;外则抗拒夷狄,存礼乐文明;且“一”者,此天下秩序于管仲相桓公时一旦匡正,从此匡正矣,故接云“民到于今受其赐”。赐,恩赐,恩惠。

微管仲,吾其被发左衽矣:如果没有管仲,我们恐怕都披散着头发,衣襟向左边开着〔,沦落为夷狄了〕。微,无。杨伯峻:“假若没有的意思,只用于和既成事实相反的假设句之首。”被,同“披”。左衽,衽音任(rèn),在左边开衣襟。被发、左衽皆为夷狄之俗。

岂若匹夫匹妇之为谅也,自经于沟渎而莫之知也:〔他〕难道要像普通的男女守信那样,在偏僻的地方自杀殉死,没有人知道吗?谅,守信。自经,自缢。沟渎,渎音独(dú),水沟,沟渠,指僻远无人之处。莫之知,犹“莫知之”,没有人知道其事的意思。于此可见其时有为谅者如召忽,死节之志坚定而纯粹。但孔子认为此为匹夫匹妇之当为,于管仲则宜见其有功于天下之大节大信。

〔**译文**〕子贡说:“管仲怕不是一个仁人吧?齐桓公杀了公子纠,他不但没有殉死,还去辅佐桓公。”先生说:“管仲辅佐桓公,使他做了诸侯的盟主,一旦匡正了天下的秩序,老百姓到今天还享受到他的好处。如果没有管仲,我们恐怕都披散着头发,衣襟向左边开着,沦落为夷狄了。他难道要像普通男女守信那样,在偏僻的地方自杀殉死,没有人知道吗?"

(十八)

公叔文子之臣大夫僎,与文子同升诸公。子闻之,曰:"可以为'文'矣。"

〔**注释**〕**公叔文子之臣大夫僎,与文子同升诸公**:公叔文子的家臣中做大夫叫做僎的,和文子一起上升到卫国公室做官。大夫僎,僎音撰(zhuàn),家臣中处于大夫之位、叫做僎的人。其详不载。刘宝楠:"家臣之中,爵秩不同,尊者为大夫,次亦为士,故此别之云大夫僎,明僎为家臣中之为大夫者也。"诸,"之于"的合音,用法同"于"。公,公室。僎升诸公,当由文子所荐。孔子关注此事,在一"同"字。

可以为"文"矣:〔公叔文子〕可以称为"文"了。文,谥号。《逸周书·谥法解》关于"文"的谥号有六义,其一为"锡民爵位"。朱熹引洪氏:"家臣之贱而引之使与己并,有三善焉:知人,一也;忘己,二也;事君,三也。"

〔**译文**〕公叔文子的家臣中做大夫名僎的,和文子一起到卫国公室做官。先生听说了这事,便说:"公叔文子可以称为'文'了。"

(十九)

子言卫灵公之无道也,康子曰:"夫如是,奚而不丧?"

孔子曰:"仲叔圉治宾客,祝鮀治宗庙,王孙贾治军旅。夫如是,奚其丧?"

〔注释〕子言卫灵公之无道也:孔子谈到卫灵公的荒淫无道。卫灵公,名元,在位四十二年。无道,当指后宫紊乱之事,未必指朝政。

奚而不丧:为什么没有失去君位?奚,为何。丧,丧失,这里指失去君位。朱熹:"丧,失位也。"

仲叔圉治宾客:仲叔圉处理外交事务。仲叔圉,圉音语(yǔ),即孔文子。

〔译文〕先生谈到卫灵公的一些荒诞行为,季康子说:"既然如此,为什么还在君位上?"孔先生说:"他有仲叔圉处理外交事务,祝鮀管理祭祀,王孙贾统率军队。既然这样,怎么会失去君位呢?"

(二十)

子曰:"其言之不怍,则为之也难。"

〔注释〕其言之不怍,则为之也难:一个人说话不惭愧,那做的就不容易。怍,音作(zuò),惭愧,惭色。不怍,犹今言"理直气壮"。为,做,指已做,即言所反映之实,非言而后行之实。在一个总体上说听其言便可信其实的时代,一个人说话很谨慎,唯恐不符合实际(说话时内心所想和言语所反映的行为),言过其实就会面露惭色,就像今天有人说假话、说过头话就会不自然、就会脸红一样。反之,一个人说话理直气壮,别人不但会相信他说的是事实,而且会相信所做的是不容易的,即这里讲的"为之也难"。汉儒的理解正是这样。何晏引马融:"内有其实,则言之不惭。积其实者,为之难也。"

后人多从宋儒之说。朱熹:“大言不惭,则无必为之志,而不自度其能否矣。欲践其言,岂不难哉?”也有呼应汉儒者,黄式三:“如马说,言之可以无愧者由平日之积其实,此谓为之难也。”(《论语后案》)亦参刘宝楠《正义》。

〔译文〕先生说:“一个人说得理直气壮,做的就一定不容易。”

(二十一)

陈成子弑简公。孔子沐浴而朝,告于哀公曰:“陈恒弑其君,请讨之。”公曰:“告夫三子!”孔子曰:“以吾从大夫之后,不敢不告也。君曰‘告夫三子’者。”之三子,告,不可。孔子曰:“以吾从大夫之后,不敢不告也。”

〔注释〕陈成子弑简公:〔齐国大臣〕陈恒杀了齐简公。陈成子,名恒。弑,定州简本作“试”,皇侃《义疏》本作“杀”,《经典释文》:“‘弑’,本也作‘杀’。”此事发生于鲁哀公十四年、齐简公四年(公元前481年),见《左传》。

孔子沐浴而朝:孔先生斋戒沐浴后上朝。沐浴,斋戒必沐浴。此时孔子已致仕,沐浴而朝,可见郑重其事。《左传》:“孔丘三日斋,而请伐齐三。”

告夫三子:报告那三位大夫罢!三子,指执掌鲁国政权的季孙、叔孙、孟孙。

〔译文〕齐国大臣陈恒杀了齐简公。孔先生斋戒沐浴后朝见鲁哀公,报告说:“陈恒杀了他的国君,请出兵讨伐他。”哀公说:“报告那三位大夫罢!”孔先生退了出来,说:“因为我还享受着大夫的待遇,不敢不来报告。国君却只说了‘报告那三位大夫’这句话。”于是到了季孙、叔孙、孟孙三人那里报告,他们不同意。孔先生说:“因为我还享受着大夫的待遇,不敢不来报告。”

(二十二)

子路问事君。子曰:“勿欺也,而犯之。”

〔**注释**〕**勿欺也,而犯之**:不可无礼冒犯,但可有话直说。欺,欺侮义而程度稍轻,约当冒犯义。此时之君,权威低落。“事君尽礼,人以为谄也。”(《八佾篇》)勿欺即是尽礼,无礼即是欺。犯,不顺从。刘沅:“不阿谀曰犯,非戆直之谓。”(《论语恒解》)

〔**译文**〕子路问怎样对待君上。先生说:“不可无礼冒犯,但可有话直说。”

(二十三)

子曰:“君子上达,小人下达。”

〔**注释**〕**君子上达**:君子通达治国之道。君子,此处指作为“士”之理想人格的君子,即“君子儒”。上,除方位词之外,《论语》中的“上”一般有与在上位者即统治有关的含义。这里也是如此。达,通达。有已通、正通、未通而求通诸义。本章之旨,与“君子谋道不谋食”(《卫灵公篇》第三十二章)同。下句“小人”,指作为“士”之与“君子”相对的反理想人格,即“小人儒”。弟子樊迟请学稼,孔子即斥其为“小人哉”(《子路篇》),可证。

〔**译文**〕先生说:“君子通达治国之道,小人通达谋生之道。”

（二十四）

子曰："古之学者为己，今之学者为人。"

〔**注释**〕**古之学者为己**：过去的人学习，图的是乐在其中。为，去声，为了。为己，自得其乐之义。《学而篇》："学而时习之，不亦说乎？"《雍也篇》："知者乐。"《述而篇》："其为人也，发愤忘食，乐以忘忧，不知老之将至云尔。"皆言学之乐。朱熹引程子："为己，欲得之于己也。"

今之学者为人：今天的人学习，图的是名声在外。为人，见知于人之义。此即"人不知而不愠"（《学而篇》）、"不患莫己知"（《里仁篇》）之反面。朱熹引程子："为人，欲见知于人也。"

〔**译文**〕先生说："过去的人学习，目的是自己所用；今天的人学习，目的是为人所用。"

（二十五）

蘧伯玉使人于孔子。孔子与之坐而问焉，曰："夫子何为？"对曰："夫子欲寡其过而未能也。"使者出。子曰："使乎！使乎！"

〔**注释**〕**蘧伯玉使人于孔子**：蘧伯玉派使者拜访孔先生。蘧伯玉，卫国大夫，名瑗。蘧音渠（qú）。瑗音苑（yuàn）。其人见于《左传》襄公十四年（公元前559年），时已在朝为官。八年后孔子出生。《史记·仲尼弟子列传》称，"孔子之所严事"，"于卫蘧伯玉"，当本于此章。

使乎！使乎:好一位使者！好一位使者！朱熹:“使者之言愈自卑约,而其主之贤益彰,亦可谓深知君子之心,而善于辞令者矣,故夫子再言‘使乎’以重美之。”

〔**译文**〕蘧伯玉派使者拜访孔先生。孔先生和他一道坐下,而后问道:“他老人家在做什么?”使者回答说:“他老人家想减少过错却还未能做到。”使者告辞走了。先生说:“好一位使者！好一位使者！”

（二十六）

子曰:“不在其位,不谋其政。”曾子曰:“君子思不出其位。”

〔**注释**〕君子思不出其位:君子考虑问题不越出自己的职权范围。何晏引孔安国:“不越其职也。”前一句孔子的话,已见《泰伯篇》。曾子这句话,是对孔子的话的解释,所以被记在了一起。

〔**译文**〕先生说:“不居于那个职位,就不谋划那方面的政事。”曾先生说:“君子不考虑自己职位之外的问题。”

（二十七）

子曰:“君子耻其言而过其行。”

〔**译文**〕先生说:“君子以说得多做得少为可耻。”

（二十八）

子曰:“君子道者三,我无能焉:仁者不忧,知者不惑,勇者不惧。"子贡曰:"夫子自道也。"

〔**注释**〕君子道者三:君子的标准有三条。刘沅:"不言君子之道而曰君子道者,言所以为君子者,其道三耳。"(《论语恒解》)

〔**译文**〕先生说:"君子的标准有三条,我都做不到:作为有仁德的人,不忧愁;作为有智慧的人,不迷惑;作为有勇气的人,不畏惧。"子贡说:"老师说的是自己哩。"

(二十九)

子贡方人。子曰:"赐也贤乎哉?夫我则不暇。"

〔**注释**〕子贡方人:子贡比较人的长短。方,比较。方人,即拿不同的人在一块进行比较,以明其长短优劣。《先进篇》载子贡问孔子"师与商也孰贤",即是方人。何晏引孔安国:"比方人也。"

夫我则不暇:要是我就没有这么多时间。夫,音扶(fú)。暇,空闲。《先进篇》子贡之问,孔子作答,则方人非过。从这里孔子的话来看,子贡之过,在自己作品评,而非求教于人,盖孔子认为他还不具备判断优劣的能力,故云"赐也贤乎哉"。这句话可能不是当面说的。

〔**译文**〕子贡比较人的长短。先生说:"赐这个人比别人胜出一筹吗?要是我就没有这闲工夫。"

(三十)

子曰:"不患人之不己知,患其不能也。"

〔**注释**〕朱熹:"凡章指同而文不异者,一言而重出也。文小异者,屡言而各出也。此章凡四见,而文皆有异。则圣人于此一事,盖屡言之,其丁宁之意亦可见矣。”四见,《学而篇》第十六章、《里仁篇》第十四章、《卫灵公篇》第十九章、本章。

〔**译文**〕先生说:“不担心别人不知道自己,担心的是自己没有能力。”

(三十一)

子曰:“不逆诈,不亿不信。抑亦先觉者,是贤乎?”

〔**注释**〕**不逆诈**:不预料〔别人〕欺诈。逆,迎,预先揣度。

不亿不信:不猜测〔别人〕不诚实。亿,同“臆”,臆测。

抑亦先觉者,是贤乎:那些所谓先觉之人,他们就是贤人么?先觉者,欺诈与不诚实尚未发生即已发觉的人。何晏引孔安国:“先觉人情者,是宁能为贤乎?或时反怨人也。”《经典释文》:“怨,本或作冤。”依孔注,则孔子不赞成这类先觉者。张栻同意孔注,认为“此解文义顺。盖人必欲以先觉为贤,则未免于逆诈、亿不信,而不知其在己者先陷于巧伪矣”。

〔**译文**〕先生说:“不要事先怀疑别人欺诈,也不要无端猜测别人不诚实。那些所谓先觉之人,他们就是贤人么?”

(三十二)

微生亩谓孔子曰:“丘何为是栖栖者与?无乃为佞乎?”孔子曰:“非敢为佞也,疾固也。”

〔**注释**〕**微生亩谓孔子曰**:微生亩对孔子说。微生亩,姓微生,名亩,其详不可考。从他直呼孔子名来看,当为长者,朱熹认为可能是一位年长的隐士。

丘何为是栖栖者与：你孔丘为什么这样四处奔走不停呢？栖栖，音西西（xī xī），忙碌不安的样子，行无定止的样子。

疾固也：痛感〔人们〕顽固不化而已。疾，憎恨，担忧。固，固陋，顽固。何晏引包咸："疾世固陋，欲行道以化之。"从孔子的回答看出，虽然他不辞辛劳到处推行自己的"救世"主张，但各国当政者冥顽不化，不买账。

〔译文〕微生亩对孔先生说："你孔丘为什么这样四处奔走不停呢？不是在表现你的口才吧？"孔先生说："不敢卖弄口舌，只是痛感那些人顽固不化而已。"

（三十三）

子曰："骥不称其力，称其德也。"

〔注释〕骥不称其力，称其德也：千里马不是以它的力量来衡量，而是以它的品质来衡量的。骥，良马名。《说文》："骥，千里马也。"称，称量，衡量。《说文》："称，铨也。"段玉裁："铨者衡也，所以称物也。"德，训练有素之谓。何晏引郑玄："德者，谓调良之德也。"刘宝楠："《太平御览》四百三引郑注云：'骥，古之善马。德者，谓有五御之威仪。'与此注异。当云：'骥，古之善马。德者，调良之谓，谓有五御之威仪。'《集解》节引此注，文不备耳。""五御之威仪"为五种御车的威仪，即《周礼·地官·保氏》之五驭。郑玄注："五驭，鸣和鸾，逐水曲，过君表，舞交衢，逐禽左。"此即千里马训练有素之表现。

〔译文〕先生说："千里马不是以它的力量来衡量，而是以它的品质来衡量。”

(三十四)

或曰:“以德报怨,何如?”子曰:“何以报德?以直报怨,以德报德。”

〔**注释**〕以德报怨:用恩惠回报怨恨。何晏:“德,恩惠之德也。”

以直报怨:用正直回报怨恨。直,正直,含有正曲为直之义。孔子不赞成以德报怨,盖因不利于消除怨恨且有助长怨恨之嫌。但他也没有主张以怨报怨,而是说以直报怨,其意则是视乎消除怨恨目的,当报则报,当止则止,当大则大,当小则小。这不同于以德报德。以德报德者,一曰必报,二曰不可小报。

〔**译文**〕有人问:“用恩德回报怨恨,怎么样?”先生说:“用什么来回报恩德呢?还是要用正直回报怨恨,用恩德回报恩德。”

(三十五)

子曰:“莫我知也夫!”子贡曰:“何为其莫知子也?”子曰:“不怨天,不尤人,下学而上达。知我者其天乎!”

〔**注释**〕不怨天,不尤人:不怨恨上天,不责怪他人。尤,归咎,指责。张栻:“无所必于天,故不怨;无所期于人,故不尤。”

下学而上达:在下位做学问,〔希望〕在上位的人通达〔为政之道〕。上,指在上位者,包括国君、卿大夫等。相对地,下,指在下位者,这里多指士。而,连词。二者之关联,是下学使上达,含有“疾固”(本篇第三十二章)之义。“固”与“达”相反。又含有为上位者所用的意思。但这些都总是难以做到的,故下云“知我者其天乎”。

〔**译文**〕先生说:“没有人了解我呀!”子贡问:“怎么说没有人知道先生呢?”先生说:“不怨恨上天,也不责怪他人,在下位做点学问,希望在上位的人通达为政之道。知道我这点心思的怕是只有上天罢!”

(三十六)

公伯寮愬子路于季孙。子服景伯以告,曰:“夫子固有惑志。于公伯寮,吾力犹能肆诸市朝。”子曰:“道之将行也与,命也;道之将废也与,命也。公伯寮其如命何?”

〔**注释**〕**公伯寮愬子路于季孙**:公伯寮向季孙诽谤子路。公伯寮,《史记·仲尼弟子列传》作“公伯缭”,字子周。何晏引马融:“伯寮,鲁人,弟子也。”历代注家多认为以公伯寮的行为,不应该是孔子弟子。然而正因为公伯寮是孔子弟子,他与子路之间有矛盾,对孔子打击不小,以致发出道之行与废寄于命之叹。愬,同“诉”,说坏话,进谗言。此事当发生在子路作季氏的家臣时。季孙,指季康子。

子服景伯以告:子服景伯把〔这件事〕告诉〔孔子〕。子服景伯,鲁国大夫,姓子服,谥景,字伯,名何。

夫子固有惑志:他老先生本来就有些头脑迷糊。夫子,指季孙。此言意味着季孙听进了公伯寮的谗言。

吾力犹能肆诸市朝:我的力量还能使他陈尸街头。肆,陈列,这里指陈尸。市朝,市集和朝廷。按周制,大夫陈尸于朝,士陈尸于市。一般以为公伯寮乃士。

〔**译文**〕公伯寮在季孙面前说子路的坏话。子服景伯把这件事告诉孔子,并说:"他老先生本来就有些头脑不清楚。对于公伯寮,我的力量还能使他陈尸街头。"先生说:"一个主张或许将会实行,取决于天命;一个主张或许将会废弃,也取决于天命。公伯寮能够把天命怎么样?"

(三十七)

子曰:"贤者辟世,其次辟地,其次辟色,其次辟言。"子曰:"作者七人矣。"

〔**注释**〕**贤者辟世**:〔那些〕与众不同的人,〔他们避害远恶的方式有四种,最厉害的是〕完全脱离上层社会。辟,同"避",观本书中孔子及其他人的"辟"之举,其动机无非两种:一为避害;一为避恶(wù),即避开自己不喜欢、不接受的人和事。世,当世,时代。这里的"辟世",指脱离统治阶层,即不做官,不参与政事,隐居起来。何晏引孔安国:"世主莫得而臣之也。"孔子说的"辟"之法有四,实则可归纳为两种:一即避世,一为避人。这就是《微子篇》桀溺对子路所说的"辟世之士"与"辟人之士"。桀溺指孔子是后者,他自己自然属前者。

其次辟地:次一等的是避开混乱的国家。次,指"辟"的程度。地,指诸侯国。句意即"危邦不入,乱邦不居"(《泰伯篇》)。何晏引马融:"去乱国,适治邦也。"

其次辟色:又次一等的是不再与那不能以礼相待的人打交道。色,脸色。这里指难看的脸色,即不能以礼相待。孔子曾说过:"君使臣以礼,臣事君以忠。"(《八佾篇》)那么,若是君使臣不能以礼,则臣事君可以不忠,由"辟"而言,更当离开这样的国君或当政者。

其次辟言:再次一等的是躲开话不投机的人。《卫灵公篇》载孔子回答卫灵公问阵后就离开了卫国,即是辟言之一例。张栻:“辟言,言弗行则去之者也。”(《论语解》)

作者七人矣:这样做的人有七位了。作,为。七人,当时之七人。包咸以为即长沮、桀溺、丈人、石门、荷蒉、仪封人、楚狂接舆。

〔**译文**〕先生说:“那些与众不同的所谓‘贤人’,他们避害远恶的方式有四种,最厉害的是远离上层社会,其次是不要留在混乱的国家,再次是不再和那无礼的人打交道,最后是避开话不投机的人。”先生又说:“这样做的人有七位了。”

(三十八)

子路宿于石门。晨门曰:“奚自?”子路曰:“自孔氏。”曰:“是知其不可而为之者与?”

〔**注释**〕**子路宿于石门**:子路在石门外住了一宿。石门,鲁国都城的外门。此时孔子当仍在外地,使子路归家探视,适逢城门关闭,故就近过了一夜,第二天一早便进城。

晨门曰:负责早晨开门的人说。门,司门,即负责早晚开门闭门的人。此时为晨,故曰“晨门”。张栻:“晨门,盖贤者之隐于抱关击柝,知其不可为而遂已者也。”

自孔氏:从孔子那里来。孔氏,指孔子。刘宝楠:“孔氏犹言孔家,以居相近,人所习知,故不举名字也。”

〔**译文**〕子路在石门外住了一宿。第二天一早进城,开城门的人问:“从哪儿来?”子路说:“从孔先生那儿来。”那人说:“你说的就是那位明知自己的主张行不通却坚持去做的人吗?”

（三十九）

子击磬于卫。有荷蒉而过孔氏之门者，曰：“有心哉，击磬乎！”既而曰：“鄙哉，硁硁乎！莫己知也，斯己而已矣。深则厉，浅则揭。”子曰：“果哉，末之难矣！”

〔注释〕子击磬于卫：先生在卫国的时候，〔一次在家里〕敲着磬。磬，音庆（qìng），石制打击乐器，形似曲尺。于卫，在卫国时。本章之事，《史记·孔子世家》记在孔子第三次到卫国时。时“灵公老，怠于政，不用孔子”。

有荷蒉而过孔氏之门者：有个背着草筐从孔子家门口走过的人。荷，背负，或肩挑。蒉，同“篑”，音溃（kuì），皆为盛土的筐子，或因草编、竹编而有异。

有心哉：有心事啊。有心，心中有忧。何晏：“有心，谓契契然也。”《广雅·释训》：“栔栔，忧也。”“栔”、“契”同。

鄙哉，硁硁乎：压抑啊，又那么固执！鄙，偏狭，这里指磬音硁硁，抑而不扬。朱熹：“硁硁，亦专确之意。”

莫己知也，斯己而已矣：人家不了解自己，自己过好日子就是了。刘宝楠：“莫己知者，言人莫知夫子而用之也。斯己者，言但当为己，不必为人，即《孟子》所云‘独善其身’者也。”

深则厉，浅则揭：水深就穿着衣服趟过去，水浅就提起衣襟走过去。厉，不脱衣服涉水。揭，提起衣襟涉水。这是两句诗，见于《诗经·邶风·匏有苦叶》，以水之深浅比喻世道之变化，言人当因时制宜。

果哉，末之难矣：〔话说得〕干脆啊，去掉毛病就不易喽！果，果敢。这里指说话干脆、明快。末,同“无”。之,指荷蒉者所批评之“鄙哉,硁硁乎”。孔子认同对方说的话,却认为自己的“毛病”改不了了。这正是“知其不可而为之”的体现。

〔**译文**〕先生在卫国的时候,一次在家里敲着磬。有位背草筐的人从家门口走过,说道:“有心事啊,这磬敲的!”随后又说:“有些压抑啊,还那么固执!人家不知道自己嘛,自己过好日子就得了。好比过河,水深索性穿着衣服趟过去,水浅不妨提起衣襟走过去。”先生说:“说得好干脆啊,可我做到就难啰!”

(四十)

子张曰:“《书》云:‘高宗谅阴,三年不言。’何谓也?”子曰:“何必高宗,古之人皆然。君薨,百官总己以听于冢宰三年。”

〔**注释**〕**高宗谅阴,三年不言**:殷高宗守孝,三年不说话。这两句出自《尚书·无逸》,原文为“高宗……乃或亮阴,三年不言”。高宗,殷高宗武丁。谅阴,一说即信默义,与大臣约定专心守孝,对政事保持沉默;一说即居丧之所,又叫“凶庐”。但朱熹只是说“天子居丧之名,未详其义”。两说确有未尽人意之处,今姑从朱注。三年,指三年居丧期。不言,指不言政事。

君薨,百官总己以听于冢宰三年:国君逝世之后三年内,各部门一应政务都听命于冢宰。薨,音轰(hōng),诸侯死曰薨。总己,总摄己职。《说文》:“总,聚束也。”冢宰,百官之首,犹后世之宰相。刘宝楠:“是平时邦治掌于冢宰,而因丧摄政,则凡事皆当听之。”

〔**译文**〕子张说:“《尚书》上讲:‘殷高宗守孝,三年不说话。’这是什么意思?"先生说:"不仅仅高宗,古时候的人都是这样。国君逝世,继承人三年不问政事,各部门一应政务都听命于冢宰。"

(四十一)

子曰:"上好礼,则民易使也。"

〔译文〕孔子说:"统治者事事讲礼,老百姓就容易管理。"

(四十二)

子路问君子。子曰:"修己以敬。"曰:"如斯而已乎?"曰:"修己以安人。"曰:"如斯而已乎?"曰:"修己以安百姓。修己以安百姓,尧、舜其犹病诸!"

〔注释〕子路问君子:子路问怎样才算是一个君子。君子,从全文来看,显然指具有孔门理想人格的主政者、统治者。

修己以安人:修正自己以安定大伙儿。人,众人。狭义的"人",指士大夫以上阶层的人。

修己以安百姓:修正自己以安定人民。百姓,本指贵族,这里扩而及于其所属之民。参《颜渊篇》第九章注释。

〔译文〕子路问什么是君子式的统治者。先生说:"修正自己以保持严肃认真的态度。"又问:"这样就够了吗?"先生说:"修正自己以安定众人。"再问:"这样就够了吗?"先生说:"修正自己以安定老百姓。修正自己而使老百姓安定,尧、舜恐怕还难于做到哩!"

(四十三)

原壤夷俟。子曰:"幼而不孙弟,长而无述焉,老而不死,是为贼。”以杖叩其胫。

〔**注释**〕**原壤夷俟**:原壤随随便便地坐着等〔孔子〕。原壤,孔子老友,一个不拘礼节的人。见《礼记·檀弓下》。夷,同“跠”。《广雅·释诂》:“跠,踞也。”《说文》:“居,蹲也。”“蹲,居也。”段玉裁注:“凡今人居处字,古只作凥处。凡今人蹲踞字,古只作居。”古时正规坐法,双膝如跪着席,臀部坐于脚后跟上。蹲踞则臀部着席,膝屈身前,是一种随便的坐法。俟,音四(sì),等待。黄式三:“礼:尊客至,则趋以迎;降等之客,立而待。夷踞以俟,非礼也。”(《论语后案》)

幼而不孙弟:小时候就不敬顺长上。孙,同“逊”。弟,同“悌”。

长而无述焉:长大了又没有什么值得称道的。述,称述。

是为贼:这真是祸害!贼,害人。

以杖叩其胫:〔说着,〕用手杖敲了敲他的小腿。叩,敲击。胫,音径(jìng),小腿。

〔**译文**〕原壤随便地坐着等先生。先生说:“你从小就不讲礼貌,长大了没做什么像样的事情,老朽了还不死,这真是祸害!”说着,用手杖敲了敲原壤的小腿。

(四十四)

阙党童子将命。或问之曰:“益者与?”子曰:“吾见其居于位也,见其与先生并行也。非求益者也,欲速成者也。”

〔**注释**〕**阙党童子将命**:阙党的一个少年来传话。阙党,孔子居住的地方。《荀子·儒效篇》:“仲尼居于阙党。”一说即阙里,孔子旧里。将命,传命,传达宾主之辞命。本章反映孔子观察入微,明了少年的心理特点。

益者与:是个肯长进的孩子吗?益,增进,长进。

吾见其居于位也:我见他坐在〔成年人才能坐的〕席位上。居于位,居于成人之位。古礼:童子侍长者,皆立而不坐。

见其与先生并行也:又见他同年长者并肩而行。并行,并排而行。古礼:童子不可与长者并行,应稍后跟随。

〔**译文**〕阙党的一个少年来传话。有人问先生道:"是个肯长进的孩子吗?"先生说:"我见他坐在成年人的席位上,又见他同年长者肩并肩走着。他不肯慢慢长大,只想马上变成大人。"

卫灵公篇第十五

（一）

卫灵公问陈于孔子。孔子对曰："俎豆之事，则尝闻之矣；军旅之事，未之学也。"明日遂行。

〔**注释**〕**卫灵公问陈于孔子**：卫灵公向孔子问有关行军布阵的问题。陈，同"阵"，兵阵。

俎豆之事：摆放俎、豆等礼器的事情。俎豆，俎音阻（zǔ），都是盛放肉食的礼器，这里代表礼仪。

〔**译文**〕卫灵公向孔先生问有关行军布阵的问题。孔先生回答说："礼仪上的事情，我听说过一些；行军打仗的事情，从来没有学习过。"第二天便离开了卫国。

（二）

在陈绝粮，从者病，莫能兴。子路愠见，曰："君子亦有穷乎？"子曰："君子固穷，小人穷，斯滥矣。"

〔**注释**〕**从者病，莫能兴**：跟随的人〔很多〕饿得病倒了，站都站不起来。从者，指跟随孔子的弟子。兴，起立。

子路愠见：子路显得非常生气。愠，指内心怨恨、生气。见，音现(xiàn),出现,表现。子路本与孔子在一起,“见”不当作“来见”之“见”。皇侃:“曾闻孔子云‘学也禄在其中’,则君子不应穷乏,今日如此,与孔子言乖,故问云:‘君子亦有穷乎?’”

君子固穷,小人穷,斯滥矣:君子当然有穷困的时候〔,但仍不失为君子〕;小人一旦穷困,就什么事都干得出来了。固,固然,本来。滥,溢出,泛滥,指失去是非界限。何晏:“君子固亦有穷时,但不如小人穷则滥溢为非也。”

〔译文〕先生在陈国断了粮,跟随的学生很多饿得病倒了,站都站不起来。子路显得非常生气,问道:“君子也有穷困的时候吗?”先生说:“君子当然有穷困的时候,但仍不失为君子;小人一旦穷困,就什么事都干得出来了。”

(三)

子曰:“赐也,女以予为多学而识之者与?”对曰:“然,非与?”曰:“非也。予一以贯之。”

〔注释〕女以予为多学而识之者与:你以为我是多多地学习才懂得许多道理的人吗?女,同“汝”。识,音志(zhì),领会,懂得。孔子重视多学、博学,如“君子博学于文”(《雍也篇》),曾说自己“默而识之”(《述而篇》)。弟子们钦佩老师多见多闻,多从此处下功夫。孔子认为这是不够的,还需提纲挈领,故特意提出问题,予之以启发。

予一以贯之:我用一个基本观念贯串所有学问。孔子曾对曾参说:“吾道一以贯之。”曾参解释为:“夫子之道,忠恕而已矣。”(见《里仁篇》)

〔**译文**〕先生说:“赐呀!你以为我是多多地学习才懂得许多道理的人吗?”子贡回答说:“对呀,难道不是吗?”先生说:“当然不是。我用一个基本观念贯串所有学问。”

(四)

子曰:“由!知德者鲜矣。”

〔**注释**〕**知德者鲜矣**:懂得道德〔重要性〕的人太少了。这句话当从“为政以德”而非个人道德的层面去理解。其时列国争战,尚力不尚德,故孔子有此感叹。但他认为解决争战,必须靠德治。后来中国走上了以德治国的轨道,两千余年,连绵不断,以迄于今。孔子被尊为“至圣先师”,良有以也。

〔**译文**〕先生说:“由!懂得道德重要性的人太少了。”

(五)

子曰:“无为而治者,其舜也与?夫何为哉?恭己正南面而已矣。”

〔**注释**〕**无为而治者,其舜也与**:不亲力亲为而使天下秩序井然的人,大概只有舜吧?无为,指在施政上不亲力亲为。《泰伯篇》“舜、禹之有天下也而不与焉”,义与此同。无为而治,大概是当时的思想家、政治家及有关人士,探讨治国平天下的政治体制时提出的一种主张,显然是以周之封土建邦为现实蓝本,以尧、舜、禹等传说中的远古圣王为理想目标。但孔子实则对此持怀疑态度,故只举舜一例,且语气不甚确定。

恭己正南面而已矣:自己始终谦逊有礼,为治理天下做出榜样罢了。恭己,即“行己也恭”(《公冶长篇》)之义。正,端正。南面,指治理天下的事情,或指那些治理天下的官员。参《雍也篇》第一章注释。本句与《颜渊篇》“政者正也”义同。孔子大体上是站在士阶层立场说话的。他在怀疑有没有无为而治这回事的同时,提出这么个说法,把理想当条件,为包括自己和自己的弟子等在内的士人逾越世卿世禄壁垒,更多地参与政治开路、张目。《论语》中多有从这个角度赞美舜者,如“舜有臣五人而天下治”(《泰伯篇》),“舜有天下,选于众,举皋陶,不仁者远矣”(《颜渊篇》)。

〔**译文**〕先生说:“无为而治的人,大概只有舜吧?他是如何做的呢?无非是自己始终谦逊有礼,为治理天下做出榜样罢了。”

(六)

子张问行。子曰:“言忠信,行笃敬,虽蛮貊之邦,行矣。言不忠信,行不笃敬,虽州里,行乎哉?立则见其参于前也,在舆则见其倚于衡也,夫然后行。”子张书诸绅。

〔**注释**〕**虽蛮貊之邦**:即使在荒远之地。蛮貊,貊音默(mò),当时对落后部族的称谓,蛮在南方,貊在北方。这里指与本乡本土(“州里”)相对的偏远地方。

虽州里:即使在本乡本土。州里,依郑玄注,二千五百家为州,二十五家为里。

立则见其参于前也:站立时〔仿佛〕看见“忠信笃敬”四个大字竖立在前面。参,直立。见王引之《经义述闻》卷三十一“参”字条。

在舆则见其倚于衡也:坐在车中〔仿佛〕看见这四个字刻在前面的横木上。舆,车厢。倚,斜靠。这里形容刻或写的效果。衡,车辕前面的横木。

子张书诸绅：子张〔赶紧〕把老师的话写在束腰的大带上。绅，束在腰间且垂下一段的大带。

〔**译文**〕子张问怎样才能行得通。先生说："说话忠诚又守信，行为厚道又严肃，即使到了荒远地方，也行得通。说话既不忠诚又不守信，行为既不厚道又不严肃，就是在本乡本土，行得通吗？站立时仿佛看见'忠信笃敬'四个大字竖立在前面，坐在车上仿佛看见这四个字刻在前面的横木上，这样时刻不忘，才能行得通。"子张赶紧把老师的话记在束腰的大带上。

（七）

子曰："直哉，史鱼！邦有道，如矢；邦无道，如矢。君子哉，蘧伯玉！邦有道，则仕；邦无道，则可卷而怀之。"

〔**注释**〕**直哉，史鱼**：正直啊，史鱼！史鱼，卫国大夫史鳅，字子鱼。他曾以"尸谏"的方式，使卫灵公进用贤良的蘧伯玉，而斥退不肖的弥子瑕，事见《韩诗外传》卷七。

邦无道，则可卷而怀之：国家政治黑暗，就可以把箭收藏起来了。卷，收。怀，藏。之，指矢。本句亦以矢喻，犹"无道则隐"（《泰伯篇》）、"邦无道，免于刑戮"（《公冶长篇》）之义。孔子固然赞赏史鱼之直，但他并不主张"邦无道，如矢"，而是视"卷而怀之"为更好的选择。张栻："史鱼可以谓之直而已，然能伸而不能屈，未尽君子之道。若蘧伯玉之卷而怀之，则能因时而屈伸者也，故谓之君子。"蘧伯玉事参见《左传》襄公十四年和二十六年。

〔**译文**〕先生说："正直啊，史鱼！国家政治清明，像箭一样正直;国家政治黑暗,也像箭一样正直。君子啊,蘧伯玉!国家政治清明,就出来做官;国家政治黑暗,却可以把箭收藏起来。”

(八)

子曰:“可与言而不与之言,失人;不可与言而与之言,失言。知者不失人,亦不失言。”

〔**注释**〕可与言而不与之言,失人:可以一起谈论,却不同人谈论,就会错失人才。可与言,指“可与言《诗》”(《学而篇》)之类,故“失人”之“人”指人才。

〔**译文**〕先生说:“可以一起谈论,却不同人谈论,就会错失人才;不可以一起谈论,却同人谈论,就会说话多余。智者不会错失人才,也不会说多余的话。”

(九)

子曰:“志士仁人,无求生以害仁,有杀身以成仁。”

〔**注释**〕志士仁人:有志之士和成仁之人。志士,志于仁、志于道之士。仁人,已成仁、已得道之人。

〔**译文**〕先生说:“志士仁人,没有为了苟活而损害仁德的,却有牺牲生命而成全仁道的。”

(十)

子贡问为仁。子曰:“工欲善其事,必先利其器。居是邦也,事其大夫之贤者,友其士之仁者。”

〔**注释**〕**事其大夫之贤者,友其士之仁者**:侍奉这个国家大夫阶层的代表人物,结交这个国家士阶层中有仁德的人。事、友,孔子和弟子大多数时候属于士的身份,故事大夫、友士。贤者、仁者,前者指有权势的人,后者指惺惺相惜者。皇侃云"大夫言贤,士云仁,互言之也",非是。何晏引孔安国:"言工以利器为用,人以贤友为助也。"

〔**译文**〕子贡问如何推行仁道。先生说:"工匠想把他的活儿做好,一定要先准备好他的工具。我们住在一个国家,要侍奉好这个国家大夫阶层的代表人物,结交好这个国家士阶层中有仁德的人。"

(十一)

颜渊问为邦。子曰:"行夏之时,乘殷之辂,服周之冕,乐则《韶》《舞》。放郑声,远佞人。郑声淫,佞人殆。"

〔**注释**〕**行夏之时**:用夏朝的历法。夏之时,夏朝的历法。古史记载,夏朝用自然历,以建寅之月(即农历正月)为每年的第一月,春、夏、秋、冬合乎自然现象,便于农业生产。我国近世以来,虽然通行西历(阳历),但农历(阴历)未废。古代历法,除夏时外,尚有殷时、周时两种,分别以建丑之月(即农历十二月)、建子之月(即农历十一月)为每年的第一月,因不便农事,孔子不取。

乘殷之辂:坐殷朝的车子。辂,音路(lù),也写作"路",商代的车子,木制。周代国王的车子饰以金玉,孔子认为商辂朴素些更好。

服周之冕:戴周朝的礼帽。周朝的礼帽比以前华美,式样也要多。孔子对礼服是讲究的,故赞美禹"致美乎黻冕"(《泰伯篇》)。

乐则《韶》《舞》:音乐就用舜时的《韶》和周武王时的《武》。

舞,同“武”。孔子曾评价《韶》“尽美矣,又尽善也”,《武》“尽美矣,未尽善也”(《八佾篇》)。

放郑声:摒弃郑国的乐曲。放,逐。郑声,郑国乐曲,当时被视为靡靡之音。

〔**译文**〕颜渊问治国理想。先生说:“用夏朝的历法,坐殷朝的车子,戴周朝的礼帽,音乐就奏舜时的《韶》和武王时的《武》。摒弃郑国的乐曲,斥退花言巧语的人。郑国的乐曲放荡,花言巧语的人危险。”

(十二)

子曰:“人无远虑,必有近忧。”

〔**译文**〕先生说:“人若没有长远考虑,一定会有眼前忧患。”

(十三)

子曰:“已矣乎!吾未见好德如好色者也。”

〔**注释**〕已矣乎:还是算了吧!朱熹:“已矣乎,叹其终不得而见也。”下一句重出,见《子罕篇》第十八章。

〔**译文**〕先生说:“算了吧!我没有见过像喜好美色那样喜好美德的人哩。”

(十四)

子曰:“臧文仲其窃位者与?知柳下惠之贤而不与立也。”

〔**注释**〕**臧文仲其窃位者与**：臧文仲大概是个盗取官位的人吧？窃，盗。朱熹："窃位，言不称其位而有愧于心，如盗得而阴据之也。"

知柳下惠之贤而不与立也：了解柳下惠的才华，却不〔举荐他〕一起做官。柳下惠，鲁国贤者，本名展获，字禽，又称展季，号柳下，谥惠。与立，并立于朝，指举贤而同朝为官。

〔**译文**〕先生说："臧文仲大概是个盗取官位的人吧？他了解柳下惠的才华，却不举荐他同朝为官。"

（十五）

子曰："躬自厚而薄责于人，则远怨矣。"

〔**注释**〕**躬自厚而薄责于人**：多责备自己，少责备别人。躬自厚，即"躬自厚责"，自己对自己厚加责备。王引之："'躬自厚'者，躬自厚责也，因下'薄责于人'而省'责'字。"（《经义述闻》卷三十二）

〔**译文**〕先生说："多责备自己，少责备别人，就会远离怨恨了。"

（十六）

子曰："不曰'如之何、如之何'者，吾末'如之何'也已矣！"

〔**注释**〕**不曰"如之何、如之何"者**：不问"怎么办、怎么办"的人。如之何，向人请教之辞。孔子大约以此观察一个学习者是否动脑筋，一个统治者是否有作为。

〔**译文**〕先生说："不问'怎么办、怎么办'的人，我对他也不知道'怎么办'了！"

(十七)

子曰:“群居终日,言不及义,好行小慧,难矣哉!”

〔**注释**〕**好行小慧**:喜欢卖弄小聪明。小慧,小聪明。何晏引郑玄:“小慧,谓小小才智也。”

难矣哉:难以成器啊!何晏引郑玄:“难矣哉,言终无成功也。”

〔**译文**〕先生说:“一帮人整天在一块儿,谈不到像样的话题,只喜欢卖弄小聪明,难以成器啊!”

(十八)

子曰:“君子义以为质,礼以行之,孙以出之,信以成之。君子哉!”

〔**注释**〕**君子义以为质**:君子〔凡事〕以合宜为根本。义,合宜,指上下左右等社会关系之内涵。后三句中“之”字,皆指此“义”。质,本质,根本。

〔**译文**〕先生说:“君子凡事以合宜为根本,依礼节实行它,用谦逊的态度表达它,靠诚信完成它。这就是君子啊!”

(十九)

子曰:“君子病无能焉,不病人之不己知也。”

〔**译文**〕先生说:“君子担心的是自己没有能力,不担心别人不了解自己。”

（二十）

子曰："君子疾没世而名不称焉。"

〔**注释**〕君子疾没世而名不称焉：君子忧虑的是死后没有好名声被人称颂。疾，犹病、患，同义。没世，犹没身，死后。称，称颂。孔子之疾，实疾学问、事业后世无传。

〔**译文**〕先生说："君子忧虑的是死后没有好名声被人称颂。"

（二十一）

子曰："君子求诸己，小人求诸人。"

〔**译文**〕先生说："君子要求自己，小人要求别人。"

（二十二）

子曰："君子矜而不争，群而不党。"

〔**注释**〕君子矜而不争：君子自重而不争强。矜，庄重，持重。朱熹："庄以持己曰矜。"张栻："矜庄以自持，则易以不和，而失于争；君子处己严而不失其和，故矜而不争。"

群而不党：合群而不结党。群，合群。朱熹："和以处众曰群。"张栻："群居而相与，则易以有比，而失于党。君子待物平而不失其公，故群而不党。"

〔**译文**〕先生说："君子自重而不争强，合群而不结党。"

（二十三）

子曰："君子不以言举人，不以人废言。"

〔**译文**〕先生说:“君子不会因为某人话说得好就举用他,也不会因为某人人不怎么样就一概鄙弃他的话。”

(二十四)

子贡问曰:“有一言而可以终身行之者乎?”子曰:“其恕乎!己所不欲,勿施于人。”

〔**译文**〕子贡问道:“有没有一个字可以一辈子奉行呢?”先生说:“大概是‘恕’罢!自己所不愿意的,不要强加给别人。”

(二十五)

子曰:“吾之于人也,谁毁谁誉?如有所誉者,其有所试矣。斯民也,三代之所以直道而行也。”

〔**注释**〕**吾之于人也,谁毁谁誉**:我对于〔历史上的〕人,批评了谁?赞誉了谁?人,指三代的历史人物。谁毁谁誉,下文只讲了誉,没有讲毁。《论语》全书,褒贬历史人物,也是只褒不贬。董楚平:“《论语》写到的三代古人,有尧、舜、皋陶、禹、羿、奡、汤、伊尹、纣、微子、箕子、比干、老彭、周任、稷、泰伯、虞仲、文王、伯达、伯适、仲突、仲忽、叔夜、叔夏、季随、季騧、武王、伯夷、叔齐、虞仲、周公、伯禽,共32人。其中,反面人物只有羿、奡、纣三个。羿与奡是出于南宫适之口,而‘夫子不答’(《宪问篇》)。纣是出自子贡之口(《子张篇》),与夫子无关。从这份名单可知,孔子只谈三代的好人,不谈三代的坏人,只誉不毁。”(《论语钩沉》)

如有所誉者,其有所试矣:如果赞誉了谁,一定是经过了考察的。试,考察,验证。下文言“斯民”,则有所试,试于民,以老百姓之所好,为誉统治者之根据。皇侃引郭象:“如有所誉,必试之斯民也。”

斯民也,三代之所以直道而行也:这些老百姓哪,正是夏、商、周三代可以推行正直之道的原因。戴望:“言三代用人,皆以民之好恶,无所偏私,是以云‘直道而行也’。”(《戴氏注论语》)

〔**译文**〕先生说:“我对于历史人物,批评了谁?称赞了谁?如果称赞了谁,一定考察过当时老百姓的反映。这些老百姓哪,正是夏、商、周三代得以推行正直之道的原因。”

(二十六)

子曰:“吾犹及史之阙文也,有马者借人乘之。今亡矣夫!”

〔**注释**〕**吾犹及史之阙文也:**我看到过史书中因有疑问而空缺不记〔等待了解的人补缺〕的情况。阙文,有疑而空缺的文字。何晏引包咸:“古之良史,于书字有疑,则阙之以待知者也。”

有马者借人乘之:〔就像〕有马自己不会调教,需借助别人乘服一样。何晏引包咸:“有马者不能调良,则借人使乘习之。”

今亡矣夫:今天没人这么做了!亡,无。皇侃:“当孔子末年时,史不识字,辄擅而不阙;有马不调,则耻云其不能,必自乘之,以致倾覆,故云‘今亡也矣夫’。”

〔**译文**〕先生说:“我还看到过史书中因有疑问而空缺不记,等待了解的人补缺的情况,就像有马自己不会调教,需借助别人乘服一样。今天没人这么做了!”

(二十七)

子曰:“巧言乱德,小不忍则乱大谋。”

〔注释〕小不忍则乱大谋:小处忍不住就会打乱谋划好的大事情。张栻:“小不忍之乱大谋,以其轻发于血气也。”

〔译文〕先生说:“花言巧语惑乱道德,小事忍不住就会坏了大计谋。”

(二十八)

子曰:“众恶之,必察焉;众好之,必察焉。”

〔译文〕先生说:“大家都讨厌一个人,一定要仔细去了解;大家都喜欢一个人,也一定要仔细去了解。”

(二十九)

子曰:“人能弘道,非道弘人。”

〔注释〕人能弘道:人能扩展仁道。道,指仁道。弘,大,扩大。弘道,如“己欲立而立人,己欲达而达人”(《雍也篇》)。句谓人是认识与实践的主体,亦是道的载体。道随人对道的认识加深、践行力度加大而扩展。皇侃:“若人才大,则道随之而大,是人能弘道也。”皇侃所谓“才”,正是人对道的认识、践行程度。

非道弘人:仁道不能够〔自动地〕扩展到人。人,非前句之“人”。一为授体,即扩展仁道的主体,犹“己欲立而立人,己欲达而达人”之“己”;一为受体,即仁道扩及的对象,犹“己欲立而立人,己欲达而达人"之"人"。

〔译文〕先生说:"人能够扩展仁道,仁道却不能够自动扩展到人。"

(三十)

子曰:"过而不改,是谓过矣。"

〔译文〕先生说:"有了过错却不改正,这才叫做过错啊。"

(三十一)

子曰:"吾尝终日不食,终夜不寝,以思,无益,不如学也。"

〔注释〕以思,无益,不如学也:〔时间都〕用来思考,没有新的收获,不如去学习哩。本章讲学与思的关系。刘沅:"思与学乌可强分哉?夫子言思而不学则殆,学而不思则罔,乃为初学言之。此章又为颖悟而少实践者发。至学字,兼知行说,服习其事实,体诸身心,非但考究《诗》《书》而已。"(《论语恒解》)

〔译文〕先生说:"我曾经整天不吃饭,整夜不睡觉,时间都用来思考,但没有新的收获,不如去学习呢。"

(三十二)

子曰:"君子谋道不谋食。耕也,馁在其中矣;学也,禄在其中矣。君子忧道不忧贫。"

〔注释〕君子谋道不谋食:君子谋求治国之道,不谋求衣食来源。道,指治国之道,在孔子即仁道。春秋时期,士阶层分化,有学而干禄者,有耕而谋食者。后者如长沮、桀溺、荷蓧丈人等“辟世之士”(《微子篇》)。孔子赞赏并鼓励前者,对请学稼、学圃的樊迟,直斥之为“小人”(《子路篇》)。

耕也,馁在其中矣;学也,禄在其中矣:种地,常常免不了饿肚皮;学习,总会有俸禄到手。馁,饿。在其中,指势所必然。孔子鼓励弟子坚持谋道,并不光讲治国安邦的大道理,也讲穿衣吃饭的小道理。后世多数读书人的现实出路是:耕读结合。

〔**译文**〕先生说:“君子谋求治国之道,不谋求衣食来源。种田呢,常常免不了饿肚皮;读书呢,总会得到俸禄。君子担心治国之道行不通,不担心穷得没饭吃。”

(三十三)

子曰:“知及之,仁不能守之,虽得之,必失之。知及之,仁能守之,不庄以莅之,则民不敬。知及之,仁能守之,庄以莅之,动之不以礼,未善也。”

〔**注释**〕**知及之**:智慧足以得到为政的职位。之,指官位。从全章意思看,这类官位要么为一国执政,如上卿,要么为一地长官,如邑宰。全章十一个“之”字同义。

不庄以莅之,则民不敬:不以庄重的态度对待它(职位),老百姓也不会严肃认真〔地对待你〕。莅,音立(lì),临,面对。皇侃引李充:“仁守以静,其失也宽。”何晏引包咸:“不严以临之,则民不敬从其上也。”

动之不以礼:行使职权不合礼节。动,行,行使。

〔**译文**〕先生说："一个人，智慧足以得到为政的职位，仁德却不足以守住它，就是得到了它，也一定会失掉它。智慧足以得到它，仁德也足以守住它，却不能以庄重的态度对待它，老百姓就不会严肃认真。智慧足以得到它，仁德足以守住它，也能庄重地对待它，但不能依照礼节行事，仍不够完善啊。"

（三十四）

子曰："君子不可小知而可大受也，小人不可大受而可小知也。"

〔**注释**〕君子不可小知而可大受也：君子不可从小处了解他，却可以让他承担重责大任。小，指某种具体技能，即"器"。知，读如字，为人所知。大，指治国安邦、为政治民、仁以为己任之类。受，承受，担责。张栻："君子而小知，则不尽于用；小人而大受，则必败于事。"参《子罕篇》第六章、第七章。

〔**译文**〕先生说："君子不可以从小处了解他，却可以让他承担重责大任；小人不可以让他承担重责大任，却可以从小处了解他。"

（三十五）

子曰："民之于仁也，甚于水火。水火，吾见蹈而死者矣，未见蹈仁而死者也。"

〔**注释**〕民之于仁也，甚于水火：老百姓需要仁政，比需要水火还迫切。仁，指仁政。物茂卿："民者对君辞，故仁谓仁政也。"（《论语征》）甚于水火，〔仁政〕比水火还重要。戴望："水火所以养人，而不仁则有粟不得食,故民之仰仁政,甚于水火也。”(《戴氏注论语》)甚,超过。皇侃:“甚,犹胜也。”水火,日常生活要素。孟子:“民非水火不生活。”(《孟子·尽心上》)

水火,吾见蹈而死者矣,未见蹈仁而死者也:水火,我见过有人掉进去死了的,却从没见过有人为实行仁政而死了的。蹈,踩踏。《说文》:“蹈,践也。”水火犹一日三餐。孔子感叹,为了一日三餐,有人不惜铤而走险;仁政虽然更重要,却没见过有人为之奋不顾身。孔子观察当时的社会,“为仁”很难,很罕见。“有能一日用其力于仁矣乎?我未见力不足者。盖有之矣,我未之见也。”(《里仁篇》)就是颜渊,不过“其心三月不违仁”而已。至于实行仁政,当然就更难了。蹈而死者,极而言之。

〔**译文**〕先生说:“老百姓需要仁政,比需要水火还迫切。水火,我见过有人为了它而死的,却从没见过有人为了仁政而死的。”

(三十六)

子曰:“当仁,不让于师。”

〔**注释**〕当仁:践行仁道的时候。当,正值,面临。孔门事师之礼,必请命而后行,如樊迟请学稼、请学圃之类。这里孔子鼓励学生仁以为己任,只管去做好了。

〔**译文**〕先生说:“践行仁道,学生对于老师也不必谦让。”

(三十七)

子曰:“君子贞而不谅。”

〔**注释**〕君子贞而不谅:君子信守原则,却不拘泥约定。贞,正,守正。谅,信,守信,同“岂若匹夫匹妇之为谅也”(《宪问篇》)之“谅”。黄式三:“贞,信乎正也。谅者,言之信也。君子行事必守道之正,而言之信有时不拘守也。”(《论语后案》)

〔译文〕先生说:“君子信守原则,却不拘泥约定。”

(三十八)

子曰:“事君,敬其事而后其食。”

〔译文〕先生说:“对待君上,先严肃认真地工作,再考虑俸禄问题。”

(三十九)

子曰:“有教无类。”

〔译文〕先生说:“人人我都教导,不分三六九等。”

(四十)

子曰:“道不同,不相为谋。”

〔译文〕先生说:“主张不一样,没啥好商量。”

(四十一)

子曰:“辞达而已矣。”

〔译文〕先生说:“言辞,表达清楚就行了。”

(四十二)

师冕见,及阶,子曰:"阶也。"及席,子曰:"席也。"皆坐,子告之曰:"某在斯,某在斯。"师冕出。子张问曰:"与师言之道与?"子曰:"然,固相师之道也。"

〔**注释**〕**师冕见**:师冕来见孔子。师冕,盲人乐师,名冕。见,音现(xiàn),出现,来见。

某在斯,某在斯:某人在这里,某人在这里。某,某人,指坐中之人。孔子一一为师冕介绍在坐的人。

固相师之道也:这本来就是帮助乐师的礼数。相,音项(xiàng),扶助,辅助。道,方式,礼节。

〔**译文**〕盲人乐师冕来见先生,走到台阶前,先生说:"这是台阶。"走到坐席旁,先生说:"这是席子。"都坐定了,先生告诉他说:"某人在这里,某人在这里。"师冕告辞出去了。子张问道:"这是同盲人乐师讲话的礼数吗?"先生说:"是的,这本来就是帮助盲人乐师的礼数。"

季氏篇第十六

（一）

季氏将伐颛臾。冉有、季路见于孔子曰："季氏将有事于颛臾。"

孔子曰："求！无乃尔是过与？夫颛臾，昔者先王以为东蒙主，且在邦域之中矣。是社稷之臣也，何以伐为？"

冉有曰："夫子欲之，吾二臣者皆不欲也。"

孔子曰："求！周任有言曰：'陈力就列，不能者止。'危而不持，颠而不扶，则将焉用彼相矣？且尔言过矣。虎兕出于柙，龟玉毁于椟中，是谁之过与？"

冉有曰："今夫颛臾，固而近于费。今不取，后世必为子孙忧。"

孔子曰："求！君子疾夫舍曰欲之而必为之辞。丘也闻有国有家者，不患寡而患不均，不患贫而患不安。盖均无贫，和无寡，安无倾。夫如是，故远人不服，则修文德以来之。既来之，则安之。今由与求也，相夫子，远人不服，而不能来也；邦分崩离析，而不能守也；而谋动干戈于邦内。吾恐季孙之忧，不在颛臾，而在萧墙之内也。"

〔**注释**〕**季氏将伐颛臾**:季氏准备攻打颛臾。季氏,指季康子。颛臾,音专于(zhuān yú),鲁国的附庸国,在今山东费县西北。何晏引孔安国:"季氏贪其土地,欲灭而有之。"

季氏将有事于颛臾:季氏就要对颛臾采取行动了。有事,这里指用兵。《左传》成公十三年:"国之大事,在祀与戎。"

无乃尔是过与:恐怕这是你的不对吧?是,指季氏将伐颛臾。过,过失。此时,冉有、子路做季氏的家臣。但全章孔子侧重教训冉有。

夫颛臾,昔者先王以为东蒙主,且在邦域之中矣:那颛臾,当年先王授权它的国君主持东蒙山的祭祀,它的国境也在鲁国的封疆之内。先王,指过去的鲁国国君。根据孟子的说法,"不能五十里,不达于天子,附于诸侯,曰附庸"(《孟子·万章下》)。这里的"先王"指鲁国当年决定颛臾为东蒙主的国君。东蒙,即蒙山,位于今山东蒙阴县南,与费县接壤,因在鲁国东边,故称东蒙。主,祭祀主持者。邦域,即封域,鲁国受封疆土范围。

是社稷之臣也,何以伐为:这是鲁国的臣属,为什么要攻打它呢?社稷,代表鲁国。臣,臣属的力量。

夫子欲之:〔季孙〕他老人家想要这么做。夫子,指季氏。对将伐颛臾一事,孔子说是冉有的过失,冉有推到季氏身上。冉有说的是实话,否则他就不会来向孔子报告此事了。但孔子只能批评冉有,再搭上子路。

周任有言曰:周任说过这样的话。周任,古代的一位史官,有良史之称。

陈力就列,不能者止:展示能力去履行职责,不能胜任就辞职不干。陈,陈列,展示。列,行列,职位。能,胜任。止,停止,辞职。戴

望："审己才力以就官次，不能则退。"(《戴氏注论语》)

危而不持，颠而不扶，则将焉用彼相矣：〔譬如一个瞎子，〕走路不稳，不去搀扶；摔倒了，也不拉一把，那还要那位助手干什么？刘宝楠："危者，行倾侧也。颠者，失坠也。《说文》：'持，握也。''扶，佐也。'《集注》云：'相，瞽者之相也。'此言瞽者将有危颠，则须相者扶持之。"朱熹："言二子不欲则当谏，谏而不听，则当去也。"

虎兕出于柙，龟玉毁于椟中：老虎、犀牛从笼子里跑了出去，龟甲、美玉在匣子里毁坏了。兕，音祀(sì)，雌性犀牛。柙，音匣(xiá)，关野兽的木笼。椟，音独(dú)，木匣子。前者指看守不力，后者指存放不当。

固而近于费：〔颛臾〕城墙坚固，而且离费邑很近。费，季氏的采邑。见《雍也篇》第九章注释。

君子疾夫舍曰欲之而必为之辞：君子就恨那种不再说想要做什么，却一定找些说辞〔的做法〕。舍，放弃，不再。辞，说辞，借口。戴望："疾冉有先止言夫子欲之，而必申明其故，为之辞说也。"(《戴氏注论语》)

不患寡而患不均，不患贫而患不安：不怕人口少，就怕不公平；不怕财富少，就怕不安分。寡，少，这里主要指人口少。均，均平，均匀，指有等级差别的公平状态，即相对公平，非绝对平均。朱熹："均，谓各得其分。"贫，财产缺乏。安，安心，安分。朱熹："安，谓上下相安。"各安其分则上下相安。

盖均无贫，和无寡，安无倾：大致说来，公平就无所谓贫穷，和谐就不会觉得人口少，安分就没有倾覆之祸。均无贫，谓政策公平对待，使人各得其分，则虽贫亦无怨，如同没有贫穷一样。和无寡，言人人各得其分，则和谐相处，无内耗而有合力，便不怕人口少了。安无倾,上下各安其分,上不凌下,下不犯上,自然没有倾覆之祸。这些话都是针对季氏说的。

夫如是,故远人不服,则修文德以来之:如果这样去做,那么远方的人不归服,就要完善礼乐制度来吸引他们到来。是,指“丘也闻”云云。文德,指礼乐制度,与征伐相对。这句话含有两层意思:若患寡则当来远,不当取近;来远宜修文德,何况柔迩!《子路篇》:“近者悦,远者来。”

吾恐季孙之忧,不在颛臾,而在萧墙之内也:我恐怕季孙的忧患,不在颛臾,而在自己的内部哩。萧墙,屏风。何晏引郑玄:“萧之言肃也,萧墙谓屏。君臣相见之礼,至屏而加肃敬焉,是以谓之萧墙。”皇侃:“今云季孙忧在萧墙内,谓季孙之臣必作乱也。”郑玄举季氏家臣阳虎后来作乱,“果囚季桓子”为证。许多注家指出人物(当为季康子)、时间有错乱。但孔子说季氏之忧在萧墙之内,符合不安则倾的逻辑。

〔译文〕季氏准备攻打颛臾。冉有、子路跑去见孔先生,报告说:“季氏就要对颛臾采取行动了。”

孔先生说:“冉求!这该是你的过错吧?这个颛臾,当年鲁国国君授权它的国君主持东蒙山的祭祀,它的国境就在鲁国的封疆之内。这是鲁国的臣属,为什么要攻打它呢?”

冉有说:“季孙他老人家要这么干,我们两个做家臣的都不想这么干。”

孔先生说:“冉求!史官周任说过这样的话:‘展示能力去履行职责,不能胜任就辞职不干。’譬如一位瞎子,走路不稳,不去搀扶;摔倒了,也不拉一把,那还要他的助手干什么呢?并且你的话是错误的。老虎、兕牛从笼子里跑了出去,龟甲、美玉在匣子里毁坏了,这是谁的过错呢?"

冉有说:"现在这个颛臾,城墙坚固,而且离费邑很近。现在不拿下它,以后一定成为季氏子孙的忧患。"

孔先生说:"冉求!君子就恨那种不再说自己想要干什么,却一定找些说辞的做法。我也听说过,不论是诸侯还是大夫,不怕人口少就怕不公平,不怕财富少就怕不安分。大致说来,公平就无所谓贫穷,和谐就不会觉得人口少,安分就没有倾覆之祸。如果这样去做,那么远方的人不归服,就要完善礼乐制度去吸引他们到来。吸引他们来了,就使他们安稳下来。如今仲由和你冉求呢,辅佐季孙先生,远方的人不归服,却不能吸引他们到来;国内的人离心离德,却不能维持,反而图谋在自己的土地上动刀动枪的。我恐怕季孙的忧患,不在颛臾,而在自己的内部哩。"

(二)

孔子曰:"天下有道,则礼乐征伐自天子出;天下无道,则礼乐征伐自诸侯出。自诸侯出,盖十世希不失矣;自大夫出,五世希不失矣;陪臣执国命,三世希不失矣。天下有道,则政不在大夫。天下有道,则庶人不议。"

〔**注释**〕自诸侯出,盖十世希不失矣:诸侯自作主张,大概延续十代,很少有不失掉执政权的。十世,十代国君。刘逢禄:"齐自僖公小霸,桓公合诸侯,历孝、昭、懿、惠、顷、灵、庄、景,凡十世,而陈氏专国。晋自献公启疆,历惠、怀、文而代齐霸,襄、灵、成、景、厉、悼、平、昭、顷而公族复为强臣所灭,凡十世。鲁自隐公僭礼乐灭极,至昭公出奔,凡十世。"(《论语述何》卷二)希,少,后写作"稀"。

自大夫出,五世希不失矣:大夫自作主张,大概延续五代,很少有不垮台的。五世,五代大夫。刘逢禄:"鲁自季友专政,历文、武、平、桓子,为阳虎所执。"(《论语述何》卷二)

陪臣执国命,三世希不失矣:大夫的家臣把持了国家政令,大概延续三代,很少还能继续下去的。陪臣,大夫对于诸侯为臣,则大夫的家臣对于诸侯为臣之臣。皇侃:"陪,重也。其为臣之臣,故云重也。"三世,三代家臣。刘逢禄:"南蒯、公山弗扰、阳虎,皆及身失之,计其同恶相连,故称三世也。"(《论语述何》卷三)

天下有道,则庶人不议:天下有章有法,普通人就不会议论政治了。庶人,众人,指无官职和爵位的平民,主要从事农业生产,社会地位大约处于士之下民之上。议,议论,指议政。王夫之:"诸侯任国政,而议之者大夫也;政在陪臣,则且与横议之庶人谋之矣。"(《四书笺解》卷四)又:"庶人之议,非私议于草野,乃议于庙廷之上也,与孟子所云'处士横议'同。"(《读四书大全说》卷七)

〔**译文**〕孔先生说:"天下有章有法,制礼作乐和出兵打仗就都由天子决定;天下无法无天,制礼作乐和出兵打仗就由诸侯决定。诸侯自作主张,大概延续十代,很少有不丧失执政权的;大夫自作主张,大概延续五代,很少有不垮台的;大夫的家臣把持了国家政令,大概延续三代,很少还能继续下去的。天下有章有法,国家的执政权就不会掌握在大夫手上。天下有章有法,普通人就不会议论政治。"

(三)

孔子曰:"禄之去公室五世矣,政逮于大夫四世矣,故夫三桓之子孙微矣。"

〔**注释**〕**禄之去公室五世矣**:鲁国的执政权不在国君手上已经五代了。禄,爵禄,这里指授官颁爵,代表执政权。公室,指鲁国国君。皇侃:"公,君也。"五世,五代国君。何晏引郑玄:"言此之时,鲁定公之初也。鲁自东门襄仲杀文公之子赤而立宣公,于是政在大夫,爵禄不从君出,至定公为五世矣。"

政逮于大夫四世矣:执政权落到大夫手里已经四代了。逮,及,到。四世,四代大夫。皇侃:"季文子初得政,至武子、悼子、平子四世,是孔子时所见,故云四世。"后世注家多以文子、武子、平子、桓子为四世。

故夫三桓之子孙微矣:因此鲁桓公的三房子孙已经衰微了。三桓,鲁国三卿仲孙、叔孙、季孙同出桓公,故称三桓。皇侃:"大夫执政五世必失,而季氏已四世,故三桓子孙转已弱也。"

〔**译文**〕孔先生说:"授官颁爵的权力不在国君手上已经五代了,执政权落到大夫手上已经四代了,因此鲁桓公的三房子孙都已经衰微了。"

(四)

孔子曰:"益者三友,损者三友。友直,友谅,友多闻,益矣。友便辟,友善柔,友便佞,损矣。"

〔**注释**〕**友便辟**:同只说好话的人交朋友。便,读如字,灵便。辟,同"避"。何晏引马融:"便辟,巧避人之所忌,以求容媚者也。"皇侃:"谓语巧能辟人所忌者,为便辟也。"便辟不言人过,与直相反。

友善柔:同一味和顺的人交朋友。柔,柔和,和顺。刘沅:"柔字非尽不好,病在善字,一味媚世徇人,无诚实之行。口蜜腹剑,皆在其内。”(《论语恒解》)善柔不从内心,与谅相反。

友便佞:同花言巧语的人交朋友。便,同“辩”。何晏引郑玄:“便,辨也,谓佞而辨也。”“辨”、“辩”同。便佞难下实功,与多闻相反。

〔**译文**〕孔先生说:“有益的朋友三种,有害的朋友三种。同直话直说的人交朋友,同忠信不欺的人交朋友,同见闻广博的人交朋友,便有益了。同只说好话的人交朋友,同一味和顺的人交朋友,同花言巧语的人交朋友,便有害了。”

(五)

孔子曰:“益者三乐,损者三乐。乐节礼乐,乐道人之善,乐多贤友,益矣。乐骄乐,乐佚游,乐宴乐,损矣。”

〔**注释**〕**乐节礼乐**:乐于受礼乐的节制。何晏:“动静得于礼乐之节也。”

乐道人之善:乐于引导人向善。道,同“导”。之,至。

乐骄乐:喜欢自高自大自乐。何晏引孔安国:“恃尊贵以自恣也。”骄乐,自为之乐,与多贤友相反。

乐佚游:喜欢放任自己游乐。佚,同“逸”,放纵,放荡。何晏引王肃:“佚游,出入不知节也。”佚游无节制,与节礼乐相反。

乐宴乐:喜欢与人宴饮作乐。宴乐多酒肉朋友,与导人之善相反。

〔**译文**〕孔先生说:“有益的乐事三种,有害的乐事三种。乐于受礼乐的节制,乐于引导人向善,乐于多交优秀的朋友,便有益了。

喜欢自高自大自乐,喜欢纵情游玩取乐,喜欢与人宴饮作乐,便有害了。”

(六)

孔子曰:“侍于君子有三愆:言未及之而言谓之躁,言及之而不言谓之隐,未见颜色而言谓之瞽。”

〔**注释**〕侍于君子有三愆:和君子在一起〔容易〕犯三种过失。君子,尊者贤者。愆,音千(qiān),过。“侍于君子”可与“群居终日”相比较。前者相形之下容易显出自己的不足,有利于改进;后者彼此半斤八两则有过而不知,故孔子曰“难矣哉”(《卫灵公篇》)。朱熹引尹氏:“时然后言,则无三者之过矣。”

〔**译文**〕孔先生说:“和君子在一起容易犯三种过失:话未到该说的时候说了,叫做急躁;话到了该说的时候却不说,叫做隐瞒;没看清楚君子的脸色便开口,叫做盲目。”

(七)

孔子曰:“君子有三戒:少之时,血气未定,戒之在色;及其壮也,血气方刚,戒之在斗;及其老也,血气既衰,戒之在得。”

〔**注释**〕君子有三戒:君子有三件事要戒除。戒,自戒,戒除。吕大临:“少则动,壮则好胜,老则收敛,皆气使然,唯君子以德胜气。”(《论语解》)

〔**译文**〕孔先生说:“君子有三件事要戒除:尚未成年,身体还在发育,要戒除的是迷恋女色;到了青壮年,精力正旺盛,要戒除的是争强好胜;等到老了,精力已经衰弱,要戒除的是贪得无厌。"

(八)

孔子曰:"君子有三畏:畏天命,畏大人,畏圣人之言。小人不知天命而不畏也,狎大人,侮圣人之言。"

〔注释〕畏大人:敬畏地位高贵的人。大人,包括天子、诸侯、卿大夫。《仪礼·士相见礼》:"与大人言,言事君。"郑玄注:"大人,卿大夫也。"贾公彦疏引郑玄《论语注》云:"大人,谓天子、诸侯为政教者。"

畏圣人之言:敬畏圣人的教训。圣人,指尧、舜、禹、汤、文、武等先王。圣人之言,圣人治理天下、国家的教导。皇侃:"圣人之言,谓五经典籍,圣人遗文也。其理深远,故君子畏也。"

狎大人:竭力亲近地位高贵的人。狎,音侠(xiá),亲近而不庄重。戴望:"狎,媟狎也。媟狎其君,求为容说而已。"(《戴氏注论语》)

侮圣人之言:不在乎圣人的教训。侮,轻慢。皇侃:"谓经籍为虚妄,故轻侮之也。"

〔译文〕孔先生说:"君子有三种对象要敬畏:敬畏上天的意旨,敬畏大人物,敬畏圣人的教导。小人不懂天命也就不敬畏上天,刻意与大人物套近乎,对圣人的教导毫不在乎。"

(九)

孔子曰:"生而知之者,上也;学而知之者,次也;困而学之,又其次也;困而不学,民斯为下矣。”

〔**注释**〕**生而知之者,上也**:生来就掌握了治理天下学问的,属于上等智力。之,指以《诗》《书》礼乐为主体的治理天下、教化社会的学问。这些学问被认为是来自古代的圣人(即尧、舜、禹、汤,最近的也是文、武、周公,后世的儒家还要上推),即“先王之道”。孔子此一观念,是要解决知识的起源和来源问题,所以他本人声明“我非生而知之者,好古敏以求之者”(《述而篇》)。

学而知之者,次也:〔自觉〕学习然后了解先王之道的,属于次一等智力。学,即“好古敏以求之”。与“困而学”不同,此“学”含有为学而学,为知识而知识的意思。之,指“生而知之者”之“知”,即《诗》《书》礼乐这些“先王”创造的学问。

困而学之,又其次也:遇到难题再去学习前人学问的,属于再次一等智力。困,困窘,困惑。何晏引孔安国:“困谓有所不通也。”学,有实际目的之学,即为解困而学。

困而不学,民斯为下矣:遇到难题也不学习,老百姓就属于最下等智力了。张栻:“若困而不学,则是自暴自弃,斯为下愚。”张栻的见解,属阶级偏见,民为下愚实为经济社会地位所决定,他们没有学的条件。

〔**译文**〕孔先生说:“生来就掌握了治理天下学问的,属于上等智力;自觉学习然后了解先王之道的,属于次一等智力;遇到难题再去学习前人学问的,属于再次一等智力;遇到难题也不学习,老百姓就属于最下等智力了。”

(十)

孔子曰:“君子有九思:视思明,听思聪,色思温,貌思恭,言思忠,事思敬,疑思问,忿思难,见得思义。”

〔**注释**〕**貌思恭**:举止,注意要谦恭。貌:指体态与动作。朱熹:“貌,举身而言。”

忿思难:发脾气,注意后果隐患。忿,愤怒。难,去声,灾难,后患。

〔**译文**〕孔先生说:“君子有九件事要花心思:看,注意看明白;听,注意听清楚;脸色,注意要温和;举止,注意要谦恭;说话,注意要诚实;办事,注意严肃认真;有疑问,注意向别人请教;发脾气,注意后果隐患;有利可图,注意是否应得。”

(十一)

孔子曰:“见善如不及,见不善如探汤。吾见其人矣,吾闻其语矣。隐居以求其志,行义以达其道。吾闻其语矣,未见其人也。”

〔**注释**〕**见不善如探汤**:看见不好的,就像把手伸进滚水里试水温一样,〔赶紧避开。〕探汤,试探水烧开否。汤,滚热的水。邢昺:“见不善如探汤者,人之探试热汤,其去之必速,以喻见恶事去之疾也。”

隐居以求其志:避世隐居,以从古代文献中学习掌握〔先王之道〕。志,载记。物茂卿:“志,谓古志记也。求云者,谓求先王之道于其书。”(《论语征》)

行义以达其道:出仕为官,以实现先王之道于天下、国家。物茂卿:“行义者,谓仕也。子路曰:‘君子之仕,行其义也。’达其道者,达其道于天下也。”(同上)

〔**译文**〕孔先生说:“看见好的,只怕赶不上;看见不好的,唯恐避不开。我见过这样的人了,也听过这样的事了。避世隐居,以从古代文献中学习掌握先王之道;出仕做官,以在天下、国家实现先王之道。我听过这样的事了,却没有见过这样的人哩。”

(十二)

齐景公有马千驷,死之日,民无德而称焉。伯夷、叔齐饿于首阳之下,民到于今称之。其斯之谓与!

〔**注释**〕齐景公有马千驷:齐景公有马四千匹。驷,同驾一辆车的四匹马。千驷,即“千乘”,指大国财富。

伯夷、叔齐饿于首阳之下:伯夷、叔齐在首阳山下挨饿〔,最后饿死了〕。首阳,山名,难以确指,一说在今山西永济县蒲州镇。

其斯之谓与:人们说的就是这么个意思吧!与,表感叹。此句谓两相比较,孰优孰劣,不言而喻。

〔**译文**〕齐景公有马四千匹,死的时候,老百姓却找不到什么德行来称颂他。伯夷、叔齐在首阳山下挨饿,最后饿死了,老百姓到现在还称颂他。人们说的就是这么个意思吧!

(十三)

陈亢问于伯鱼曰:“子亦有异闻乎?”对曰:“未也。尝独立,鲤趋而过庭。曰:‘学《诗》乎?’对曰:‘未也。’‘不学《诗》,无以言。’鲤退而学《诗》。他日,又独立,鲤趋而过庭。曰:‘学礼乎?’对曰:‘未也。’‘不学礼,无以立。’鲤退而学礼。闻斯二者。”陈亢退而喜曰:“问一得三:闻《诗》,

闻礼,又闻君子之远其子也。"

〔**注释**〕**陈亢问于伯鱼曰**:陈亢向〔孔子的儿子〕伯鱼问道。陈亢,亢音刚(gāng),即陈子禽。伯鱼,孔鲤的字。

子亦有异闻乎:先生〔在老师那儿〕听到过特别的讲述吧?异闻,不同于对其他学生传授的内容。何晏引马融:"以为伯鱼孔子之子,所闻当有异也。"

〔**译文**〕陈亢问伯鱼:"先生在老师那里听到过特别的传授吧?"伯鱼回答说:"没有呀。有一次,他一个人站在庭中,我快步从那走过。他问我:'学《诗》了吗?'我回答:'没有呀。'他便说:'不学《诗》就不会表达。'我回去就学起《诗》来。又有一次,他还是一个人站在庭中,我快步从那走过。他问我:'学礼了吗?'我回答:'没有呀。'他便说:'不学礼就无法立身。'我回去就学起礼来。我单独听过的就这两次。"陈亢回去高兴地说:"提一个问题,知道了三件事:听说了学《诗经》的道理,听说了学礼的道理,还听说了君子不偏爱自己儿子的道理。"

(十四)

邦君之妻,君称之曰夫人,夫人自称曰小童;邦人称之曰君夫人,称诸异邦曰寡小君;异邦人称之亦曰君夫人。

〔**注释**〕**邦君之妻**:国君的妻子。邦君,指诸侯国的国君。此章与其他绝大多数篇章不类,和《微子篇》第十一章"周有八士"相似,可能为后人附记于篇末,又为后人误作正文而传抄。

〔**译文**〕国君的妻子,国君称她为夫人,夫人对国君自称为小童;国内的人称她为君夫人,对外国人便称她为寡小君;外国人也称她为君夫人。

阳货篇第十七

（一）

阳货欲见孔子，孔子不见，归孔子豚。孔子时其亡也，而往拜之。遇诸涂。谓孔子曰："来！予与尔言。"曰："怀其宝而迷其邦，可谓仁乎？"曰："不可。好从事而亟失时，可谓知乎？"曰："不可。日月逝矣，岁不我与。"孔子曰："诺，吾将仕矣。"

〔注释〕阳货欲见孔子：阳货想要孔先生去拜见他。阳货，又叫阳虎，季氏的家臣。刘宝楠："货、虎一声之转，疑货是名，虎是字也。"季氏长期把持鲁国朝政，阳虎此时把持了季氏的权柄。见，"现"的古字。

归孔子豚：送给孔先生一只〔蒸熟的〕小猪。归，同"馈"，赠送。豚，音屯（tún），小猪。这里指蒸熟的小猪。孟子后来说到这件事并有所说明："阳货欲见孔子而恶无礼。大夫有赐于士，不得受于其家，则往拜其门。阳货瞰孔子之亡也，而馈孔子蒸豚。孔子亦瞰其亡也，而往拜之。当是时，阳货先，岂得不见？"（《孟子·滕文公下》）根据孟子的说法，阳货送给孔子小猪，是要孔子依礼去拜会他。

孔子时其亡也：孔先生找了个他不在家的时候。时，伺机，探察。《广雅·释言》:"时,伺也。"亡,无,指不在家。时其亡,同《孟子》"瞰其亡"。

遇诸涂:〔两人〕在路上相遇。涂,同"途",道路。皇侃:"拜竟而还,与之相逢于路中也。"

怀其宝而迷其邦:怀揣着自己良好的主张,却任由国事一塌糊涂。怀,藏。宝,宝物,这里指治国主张。皇侃:"宝,犹道也。言仁人之行,当恻隐救世以安天下,而汝怀藏佐时之道,不肯出仕,使邦国迷乱,为此之事,岂可谓为仁乎?"这句话,以及后面两曰"不可"的问答,都是阳货的自问自答。王引之:"有一人之言而自为问答者,则加'曰'字以别之。"(《经传释词》卷二"曰"字条)

好从事而亟失时:喜欢到处找事做,却屡屡错失机会。从,跟从。事,国事,政事。亟,音气(qì),屡次。何晏引孔安国:"言孔子栖栖,好从事而数不遇,失时。"

日月逝矣,岁不我与:太阳月亮此起彼落,岁月无情啊。逝,离去,这里指太阳、月亮交替升降。我与,亲近我。与,亲近。

〔译文〕阳货想要孔先生去拜见他,孔先生不去,便送给孔先生一只蒸熟的小猪。孔先生找个他不在家的时候,去拜谢他。两人碰巧儿在路上遇见了。阳货招呼孔先生说:"过来!我和你说话。"于是说:"怀揣自己的好主张,却任由国事糜烂,能够说是有仁爱之心吗?"接着说:"说不上。喜欢到处找事做,却老是错过机会,能够说是有智慧吗?"又接着说:"也说不上。太阳月亮此起彼落,岁月无情啊。"孔子这才说道:"好吧,我打算做官了。"

(二)

子曰:"性相近也,习相远也。"

〔**译文**〕先生说:“人们的先天禀赋是接近的,后天的学习使他们拉开了距离。”

(三)

子曰:“唯上知与下愚不移。”

〔**注释**〕**唯上知与下愚不移**:上等的智慧与下等的愚昧是不能改变的。唯,语助词。上知,即“生而知之者”。下愚,即“困而不学”(《季氏篇》)。则上章“习相远”,就“学而知之者”、“困而学之”而言。

〔**译文**〕先生说:“上等的智慧和下等的愚昧无法改变。”

(四)

子之武城,闻弦歌之声。夫子莞尔而笑,曰:“割鸡焉用牛刀?”子游对曰:“昔者偃也闻诸夫子曰:‘君子学道则爱人,小人学道则易使也。’”子曰:“二三子!偃之言是也。前言戏之耳。”

〔**注释**〕**子之武城**:孔子到武城。之,往,到。此时,孔子弟子子游为武城的长官,见《雍也篇》。

闻弦歌之声:听到弹琴唱歌的声音。弦,指琴、瑟。歌,指唱诗。《周礼·小师》“弦歌”注:“弦,谓琴瑟也。歌,依咏诗也。”

夫子莞尔而笑:老人家微微一笑。莞尔,莞,音晚(wǎn),微笑的样子。何晏:“莞尔,小笑貌也。”

割鸡焉用牛刀:杀鸡哪里用得上宰牛的刀?割鸡,比喻治理武城这样的小地方。牛刀,比喻弦歌所表现出来《诗》《书》礼乐等治理之道。何晏引孔安国:“言治小何须用大道也。”

〔**译文**〕先生到武城,听到弹琴唱歌的声音。老人家微微一笑,说道:“杀鸡,犯得上使用宰牛的家伙?”子游回答说:“以前我听您老人家说过:‘君子学习了礼乐之道,就会以仁爱之心对人;小人学习了礼乐之道,就会性情和顺听使唤。’”先生便说:“同学们! 言偃这话是对的。我刚才那句话不过跟他开玩笑罢了。”

(五)

公山弗扰以费畔,召,子欲往。子路不说,曰:“末之也已,何必公山氏之之也?”子曰:“夫召我者,而岂徒哉? 如有用我者,吾其为东周乎?”

〔**注释**〕**公山弗扰以费畔**:公山弗扰盘踞费邑图谋反叛〔季氏〕。公山弗扰,即《左传》之公山不狃,季氏家臣。畔,通“叛”。本章所叙之事不见于《左传》,《史记·孔子世家》则有记载,并说孔子最终没有应召前往。

末之也已:没有地方去就算了。末,无。之,往。末之,如同说“无处去”。已,止。何晏引孔安国:“无可之则止耳,何必公山氏之适也?”

何必公山氏之之也:为什么一定要去公山氏那里呢? 之之,第二个“之”字是动词,往;第一个“之”字是助词,起倒置宾语于动词之前的作用。

而岂徒哉:难道是平白无故的吗? 而,语气词。徒,空,白白地。皇侃:“言夫欲召我者,岂容无事空然而召我乎? 必有以也。”

吾其为东周乎：我或许能在东部地区实行周朝的礼乐制度吧？东周，东方之周。何晏："兴周道于东方，故曰东周也。"朱熹引程子："圣人以天下无不可有为之人，亦无不可改过之人，故欲往。然而终不往者，知其必不能改故也。"

〔译文〕公山弗扰盘踞费邑图谋反叛季氏，召先生去，先生打算去。子路不高兴了，说："没有地方去就不去了呗，为什么一定要去公山氏那里呢？"先生说："那召我去的人，难道是平白无故的吗？如果有人用我，我或许可以在东部地区实行周朝的礼乐制度吧？"

（六）

子张问仁于孔子。孔子曰："能行五者于天下，为仁矣。""请问之。"曰："恭、宽、信、敏、惠。恭则不侮，宽则得众，信则人任焉，敏则有功，惠则足以使人。"

〔注释〕恭则不侮：庄重，就不会受到怠慢。侮，轻慢。何晏引孔安国："不见侮慢也。"

〔译文〕子张向孔先生请教什么是仁道。孔先生说："能够将五种德行在天下推行，就可以说是仁道了。"子张说："请问是哪五种德行？"孔先生说："庄重、宽厚、诚信、勤敏、慈惠。庄重，就不会受到怠慢；宽厚，就能获得大家伙儿的拥护；诚信，就能为别人所信赖；勤敏，就能取得成就；慈惠，就足以让人听你差遣。"

（七）

佛肸召，子欲往。子路曰："昔者由也闻诸夫子曰：'亲于其身为不善者，君子不入也。'佛肸以中牟畔，子之往也，如之何?”子曰:“然,有是言也。不曰坚乎,磨而不磷?不曰白乎,涅而不缁?吾岂匏瓜也哉?焉能系而不食!”

〔注释〕**佛肸召**:佛肸召先生去。佛肸,音毕西(bì xī),晋国中牟县的行政长官。中牟,故址一说在今河北省邢台和邯郸之间。

君子不入也:君子是不到那里去的。何晏引孔安国:“不入其国也。”即《泰伯篇》“危邦不入”。

佛肸以中牟畔:佛肸盘踞中牟反叛。畔,通“叛”。《史记·孔子世家》载,佛肸为中牟宰,晋国的执政大夫赵简子攻打另外两个执政大夫范氏和中行氏,伐中牟,佛肸据中牟反抗赵氏。此时赵氏以国君的名义行事,反抗赵氏遂曰“畔”。据《左传》,赵简子围中牟一事发生在哀公五年。

不曰坚乎,磨而不磷?不曰白乎,涅而不缁:不是说坚硬的东西呀,磨也磨不薄?不是说洁白的东西呀,染也染不黑?磷,音吝(lìn),薄。涅,音孽(niè),一种矿物,古人用作黑色染料。这里用作动词,染黑的意思。何晏引孔安国:“喻君子虽在浊乱,浊乱不能污。”

吾岂匏瓜也哉?焉能系而不食:我难道是葫芦一样的东西吗?哪能挂在那里中看不中吃!匏瓜,匏音袍(páo),一种葫芦,嫩时可食,老则不可食,此喻老而无用。王夫之:“瓠之与匏,一物而异名。当其生嫩可食则谓之瓠,及其畜之为笙、瓢、杓、壶之用,皮坚瓤腐而不可食矣,则谓之匏。系者,谓其畜而系之于蔓也。不食者,人不食之也。故引以喻其徒老而不适于用也。”(《四书稗疏·论语下篇》)

〔译文〕佛肸在晋国的中牟召先生去,先生打算去。子路说:“过去我听您老人家说过:‘自己亲身做坏事的人,君子是不与之为伍的。'现今佛肸盘踞中牟反叛,先生打算去那里,这是怎么回事?"先生说:"对,我说过这话。但是,不是说坚硬的东西呀,磨也磨不薄?不是说洁白的东西呀,染也染不黑?我难道是葫芦一样的东西吗?哪能挂在那里中看不中用!"

(八)

子曰:"由也!女闻六言六蔽矣乎?"对曰:"未也。""居!吾语女。好仁不好学,其蔽也愚;好知不好学,其蔽也荡;好信不好学,其蔽也贼;好直不好学,其蔽也绞;好勇不好学,其蔽也乱;好刚不好学,其蔽也狂。"

〔**注释**〕女闻六言六蔽矣乎:你听说过六种天性容易产生的六种弊病吗?六言,即六字,指下文仁、知、信、直、勇、刚。这是人的六种性格,故译解为"天性"。六蔽,蔽,同"弊",即没有后天修养("学"),率性而为,便容易产生的六种弊病,指下文愚、荡、贼、绞、乱、狂。

好仁不好学,其蔽也愚:天性仁厚,却不加修养,它的弊病就是不能把握分寸。好仁,指仁性的自然表现,而非自觉追求,故此"好"不以"爱好"为解,径以"天性"译之。好学,爱好学习。学习的内容不外《诗》《书》礼乐,学习的方式包括知与行两方面,故以"修养"为今解。愚,愚昧,这里指仁民爱物不能区别对待,各得其宜。何晏引孔安国:"仁者爱物,不知所以裁之,则愚也。"刘宝楠:"仁者不好学,则不知裁度,或至爱无差等也。"

好知不好学,其蔽也荡:天性聪慧,却不加修养,它的弊病就是好高骛远。知,同"智"。荡,放荡。何晏引孔安国:"荡,无所适守也。"朱熹:"荡,谓穷高极广而无所止。"

好信不好学,其蔽也贼:天性实诚,却不加修养,它的弊病就是混淆是非。贼,害,败坏,这里指重然诺可能害大义。张栻:"好信不好学,则守其小谅,而不知义之所存,故其蔽贼。"

好直不好学,其蔽也绞:天性耿直,却不加修养,它的弊病就是尖刻伤人。皇侃:"绞,犹刺也。好讥刺人之非,以成己之直也。"参见《泰伯篇》"直而无礼则绞"注。

好勇不好学,其蔽也乱:天性勇敢,却不加修养,它的弊病就是破坏规矩。王夫之:"勇者,果决敢为、遇事不怯之谓也。好勇而不好学,如刘穆之、王融,只是勇于有为,便不复顾名节,故其蔽乱。"(《读四书大全说》卷七)参见《泰伯篇》"勇而无礼则乱"注。

好刚不好学,其蔽也狂:天性刚强,却不加修养,它的弊病就是妄自尊大。王夫之:"盖刚者,自守则厉,不为物屈之谓也。好刚而不好学,所谓刚愎自用也。狂者,妄自尊大、轻世陵物之谓。"(同上)

〔**译文**〕先生说:"仲由!你听说过六种美好的天性也容易产生六种弊病么?"子路回答说:"没有。"先生说:"坐下!我告诉你。天性仁厚,却不加修养,容易产生的弊病是不讲分寸;天性聪慧,却不加修养,容易产生的弊病是好高骛远;天性实诚,却不加修养,容易产生的弊病是混淆是非;天性耿直,却不加修养,容易产生的弊病是尖刻伤人;天性勇敢,却不加修养,容易产生的弊病是破坏规矩;天性刚强,却不加修养,容易产生的弊病是妄自尊大。"

(九)

子曰:"小子!何莫学夫《诗》?《诗》,可以兴,可以观,可以群,可以怨。迩之事父,远之事君。多识于鸟兽草木之名。”

〔**注释**〕迩之事父,远之事君:在家可用来事奉父母,出门可用来事奉君上。迩,音尔(ěr),近,犹今云“在家”。远,犹今云“出门”。

〔**译文**〕先生说:“同学们!为什么没有人下功夫学《诗经》呢?《诗经》的用处可大了,可以抒发感情,可以观察民情,可以交流切磋,可以表达不满;在家可用来服事父母,出门可用来事奉君上;还可以多多地知道鸟兽草木的名字。”

(十)

子谓伯鱼曰:“女为《周南》《召南》矣乎?人而不为《周南》《召南》,其犹正墙面而立也与?”

〔**注释**〕女为《周南》《召南》矣乎:你学习《周南》《召南》了吗?女,同“汝”。为,犹学。《周南》《召南》,召音邵(shào),《诗经》的头两篇。

其犹正墙面而立也与:大概就像正对着墙壁站在那里吧?正,当。墙面,面向墙。朱熹:“正墙面而立,言即其至近之地,而一物无所见,一步不可行。”本章之旨,盖诫伯鱼学《诗》当从《周南》《召南》开始,否则便如同面墙而立迈不开步子,学习难以取得成效。这里透露一个重要信息,即孔子认为学《诗》应从《周南》《召南》开始,所以他编订《诗经》的时候便将这两篇列为首两篇。

〔**译文**〕先生对伯鱼说:“你学习《周南》《召南》了吗?人如果不学习《周南》和《召南》,大概就像正对着墙壁傻站在那里吧?”

（十一）

子曰:“礼云礼云,玉帛云乎哉?乐云乐云,钟鼓云乎哉?”

〔注释〕礼云礼云,玉帛云乎哉:总是礼呀礼呀的说,就是指着玉帛之类的礼物说的吗?玉帛,玉器和丝织品,用于行礼。本章孔子的话,针对当时礼乐制度徒具形式而发。皇侃引缪播云:“玉帛,礼之用,非礼之本。钟鼓者,乐之器,非乐之主。假玉帛以达礼,礼达则玉帛可忘。借钟鼓以显乐,乐显则钟鼓可遗。以礼假玉帛于求礼,非深乎礼者也。以乐托钟鼓于求乐,非通乎乐者也。苟能礼正,则无持于玉帛,而上安民治矣。苟能畅和,则无借于钟鼓,而移风易俗也。”

〔译文〕先生说:“总是礼呀礼呀的说,就是指着玉帛之类的礼物说的吗?总是乐呀乐呀的说,就是指着钟鼓之类的乐器说的吗?”

（十二）

子曰:“色厉而内荏,譬诸小人,其犹穿窬之盗也与?”

〔注释〕色厉而内荏:外表强硬而内心怯懦。厉,严厉,威严。荏,音忍(rěn),柔弱,虚弱。下云小人,则此指君子中人。

其犹穿窬之盗也与:大概就像是打洞、翻墙行窃的小偷吧?穿窬,穿是在墙上打洞,窬,音逾(yú),同“逾”,翻越。何晏引孔安国:“穿,穿壁。窬,窬墙也。”小偷在人面前外表镇定,但心虚得很,怕被人瞧出来,故以为譬。

〔译文〕先生说:“外表强硬而内心怯懦,拿小人打比方,大概就像是打洞、翻墙行窃的小偷吧?"

(十三)

子曰:"乡原,德之贼也。"

〔注释〕乡原:好好先生。乡,乡里。原,知人情而顺之以求合。盖当时用"乡原"指乡里那种善解人意,总是顺着人家的意思说话,不讲是非曲直,只求与人相安无事的人。这种人,往往被视为好人,孔子则斥之为"德之贼"。如朱熹所言:"夫子以其似德非德,而反乱乎德,故以为德之贼而深恶之。""乡原"之义,孟子后来多有发挥(见《孟子·尽心下》)。何晏集解和皇侃义疏都未从,而解释得比较简单。何晏引周生烈:"所至之乡,辄原其人情而为己意以待之,是贼乱德者也。"

〔译文〕先生说:"不讲是非的好好先生,是败坏道德的人。"

(十四)

子曰:"道听而涂说,德之弃也。"

〔注释〕道听而涂说:在前面的路上听到,在后面的路上就说开去。涂,同"途"。皇侃:"若听之于道路,道路仍即为人传说,必多谬妄,所以为有德者所弃也,亦自弃其德也。"本章接上章。上章孔子之言,是说不讲是非,唯顺人意,为德之贼;本章孔子之言,是说不辨是非,唯传人言,是德之弃。德之弃,即不修德,视德如弃物。

〔译文〕先生说:"听到什么就马上传播什么的人,是遗弃道德的人。"

(十五)

子曰:“鄙夫可与事君也与哉?其未得之也,患得之;既得之,患失之。苟患失之,无所不至矣。”

〔**注释**〕**鄙夫可与事君也与哉**:见识浅陋的人可以和他同朝为官吗?鄙夫,犹称“乡巴佬”。鄙为周代基层单位,但既言事君,则鄙夫非指乡下人,而是指像乡巴佬一样见识狭小的人。事君,指出仕为官。

〔**译文**〕先生说:“见识浅陋的人可以和他同朝为官吗?他没有得到官位的时候,老是担心能不能得到;已经得到的时候,又老是担心会不会失去。如果老是担心失去官位,那就什么事情都做得出来了。”

(十六)

子曰:“古者民有三疾,今也或是之亡也。古之狂也肆,今之狂也荡;古之矜也廉,今之矜也忿戾;古之愚也直,今之愚也诈而已矣。”

〔**注释**〕**古者民有三疾,今也或是之亡也**:古代的老百姓有三种毛病,现在可能这三种毛病不是原来那样了。三疾,即下文狂、矜、愚。亡,同“无”,消失。这里指今之三疾与古之三疾已然不同,毛病更大了。朱熹:“昔所谓疾,今亦无之,伤俗之益衰也。”

古之狂也肆,今之狂也荡:古时的狂放,只是放言无忌;现在的狂放,却是放荡不羁。肆,肆意,这里指说话没有顾忌。何晏引包咸:"肆,极意敢言也。"荡,放荡,指行为放荡无拘束。何晏引孔安国:"荡,无所据也。"

古之矜也廉,今之矜也忿戾:古时的矜持,只是安分守己;现在的矜持,却是愤世嫉俗。矜,矜持,自重、拘谨之义。《卫灵公篇》:"君子矜而不争。"彼言君子,此言民,译解略有侧重。廉,器物的棱角,这里指拘谨而自守。忿戾,心有怨而情乖张。黄式三:"忿戾者,妒人异己,不顾是非,而以刚愎持之也。"(《论语后案》)

古之愚也直,今之愚也诈而已矣:古时的愚笨,只是心直口快;现在的愚笨,却是利令智昏,如此罢了。诈,欺诈。皇侃:"古之愚者,不用其智,不知俯仰,病在直情径行,故云直也;今之世愚,不识可否,唯欲欺诈自利者也。"

〔**译文**〕先生说:"古代的老百姓有三种毛病,现在可能这三种毛病不是原来那样了。古时的狂放,只是放言无忌;现在的狂放,却是放荡不羁。古时的矜持,只是安分守己;现在的矜持,却是愤世嫉俗。古时的愚笨,只是心直口快;现在的愚笨,却是利令智昏,如此罢了。"

(十七)

子曰:"巧言令色,鲜矣仁。"

〔**注释**〕重出,见《学而篇》。

(十八)

子曰:"恶紫之夺朱也,恶郑声之乱雅乐也,恶利口之覆邦家者。"

〔**注释**〕**恶紫之夺朱也**:〔我〕很讨厌紫色夺去了大红色的光彩。紫,红、蓝混合而成的颜色,近朱。夺,夺取,胜过。朱,大红色。西周以朱为贵重颜色,春秋时候则以紫色为时尚,鲁桓公和齐桓公都喜欢穿紫色衣服。下文"郑声",靡靡之音,指流行音乐;"利口",能说会道,也为一时习气。孔子"恶"的原因,孟子认为是这三者,还包括"莠"、"佞"、"乡原"三者,都貌似而非。他说:"孔子曰:'恶似而非者:恶莠,恐其乱苗也;恶佞,恐其乱义也;恶利口,恐其乱信也;恶郑声,恐其乱乐也;恶紫,恐其乱朱也;恶乡原,恐其乱德也。'"(《孟子·尽心下》)

〔**译文**〕先生说:"我很讨厌紫色夺去了大红色的光彩,很讨厌郑国的靡靡之音破坏了典雅音乐的优美,很讨厌伶牙俐齿导致国无宁日。"

(十九)

子曰:"予欲无言。"子贡曰:"子如不言,则小子何述焉?"子曰:"天何言哉!四时行焉,百物生焉。天何言哉!"

〔**注释**〕子如不言,则小子何述焉:先生如果不讲话,那我们遵循什么呢?述,遵循。《说文》:"述,循也。"本章孔子之旨,是要弟子们多动脑子,主动行动,不要亦步亦趋。

〔**译文**〕先生说:"我不想讲话了。"子贡说:"先生如果不讲话,那我们该怎样行动呢?"先生说:"上天何曾讲了什么!四季交替运行,万物生生不息。上天何曾讲了什么!"

(二十)

孺悲欲见孔子,孔子辞以疾。将命者出户,取瑟而歌,使之闻之。

〔**注释**〕**孺悲欲见孔子**：孺悲想要孔先生去见他。孺悲，何晏说是鲁国人，其他不详。《礼记·杂记》："恤由之丧，哀公使孺悲之孔子学士丧礼，士丧礼于是乎书。"据此，孺悲当是大夫一类的人物。

将命者出户：传达口信的人走出房门。将命者，为孺悲传达口信的人。

使之闻之：〔故意〕让他听到歌声。前"之"，指"将命者"。后"之"，指"歌"。孔子见什么人，怎么见，很讲究。见国君、南子这样的人，主动去见。大夫一类的人，来见才见。如"仪封人请见"（《八佾篇》），就见了；"师冕见"（《卫灵公篇》），更是热情得不得了。则孔子"辞以疾"，是不愿主动去见；有托辞，是不想直接拒绝；故意让对方知道"疾"非真"疾"，是想对方以礼相见。后来，果有哀公使孺悲来学礼之事。

〔**译文**〕孺悲想要孔先生去见他，孔先生托病推辞了。传口信的人刚出门，孔先生就拿过瑟来又弹又唱，故意让这人听到。

（二十一）

宰我问："三年之丧，期已久矣。君子三年不为礼，礼必坏；三年不为乐，乐必崩。旧谷既没，新谷既升，钻燧改火，期可已矣。"子曰："食夫稻，衣夫锦，于女安乎？"曰："安。""女安，则为之！夫君子之居丧，食旨不甘，闻乐不乐，居处不安，故不为也。今女安，则为之！"

宰我出。子曰："予之不仁也！子生三年，然后免于父母之怀。夫三年之丧，天下之通丧也，予也有三年之爱于其父母乎!”

〔**注释**〕**三年之丧,期已久矣**:为父母守丧三年,也许太久了。期,同“其”,或应作“其”,语气词。《经典释文》:“一本作‘其’。”康有为:“古者丧期无数记,至亲以期断,则周时或期也。三年之丧,盖孔子改制所加隆也。故宰我以为旧制期已可矣,不必加隆,乃与孔子商略之词,孔子乃发明必须三年之意。”(《论语注》)

钻燧改火:打火用的燧木轮换了一回。钻燧,即钻木取火。燧,音岁(suì),被钻的木。改火,燧木四季不同,火因之而改,马融引《周书·月令》谓“春取榆柳之火,夏取枣杏之火,季夏取桑柘之火,秋取柞楢之火,冬取槐檀之火”。

期可已矣:守孝满一年就可以了。期,音基(jī),一周年。

居处不安:住在家里不以为舒适。居处,指平时住的地方。古代孝子守孝,住的是临时搭建的简陋房子,称“凶庐”。

〔**译文**〕宰我问道:“为父母守孝三年,似乎太久了。君子如果三年不行礼,礼一定会荒废;三年不奏乐,乐一定会生疏。旧谷子已经吃光,新谷子已经上场,打火用的燧木也轮换了一遍,守孝满一年就可以了。”先生说:“父母去世不到三年,你就吃那个白米饭,穿那个花缎衣,这样做你能心安吗?”宰我说:“心安。”先生说:“你心安,你就去干吧!君子守孝期间,就是吃美食也不觉得美味,听音乐也不感到快乐,住在家里也不以为舒适,所以不这样干。如今你觉得心安,就去干好了!”

宰我退了出去。先生说:“宰予真不仁哪!儿女生下来,三年以后才脱离父母的怀抱。这三年的丧期,为天下通行的丧礼。宰予也得到过父母三年的怀抱呵护啊!”

（二十二）

子曰："饱食终日，无所用心，难矣哉！不有博弈者乎？为之，犹贤乎已。"

〔**注释**〕不有博弈者乎：不是有玩六博和下围棋的玩艺吗？博，即六博，古代的一种棋局游戏。弈，音义（yì），围棋。古弈用二百八十九道，今用三百六十一道。

为之，犹贤乎已：做这些事情，也比无所事事好。之，指博弈。贤乎，强于。已，止，没事干。张栻："饱食终日无所用心，则放越而莫知其极，凡恶之所由生也。博弈虽不足道，然方其为之，意专乎此，比之放越而莫知其极者犹为愈焉。此章大抵言无所用心则长恶，为可畏耳。"

〔**译文**〕先生说："整天吃饱喝足，不用一点心思，难免不走歪门邪道啊！不是有玩六博和下围棋的玩艺吗？干干这个也比闲着好。"

（二十三）

子路曰："君子尚勇乎？"子曰："君子义以为上。君子有勇而无义为乱，小人有勇而无义为盗。"

〔**注释**〕君子义以为上：君子认为义是最重要的。上，最高位置，即比勇更重要。孔子肯定尚勇，但须内则以义约束，外则以礼规范（《泰伯篇》："勇而无礼则乱。"）。

〔**译文**〕子路问道："君子崇尚勇敢吗？"先生说："君子认为义是

最重要的。君子只有勇,没有义,就会违法乱纪;小人只有勇,没有义,就会偷鸡摸狗。”

(二十四)

子贡曰:“君子有恶乎?”子曰:“有。恶称人之恶者,恶居下而讪上者,恶勇而无礼者,恶果敢而窒者。”曰:“赐也亦有恶乎?”“恶徼以为知者,恶不孙以为勇者,恶讦以为直者。”

〔注释〕君子有恶乎:君子有所厌恶吗?恶,去声,厌恶。《里仁篇》:“唯仁者能好人,能恶人。”本句从汉石经,现行的本子“君子”后有“亦”字。下面还有两处亦从汉石经:“有”,现行本子为“有恶”;“居下”,现行本子为“居下流”。

恶居下而讪上者:厌恶做下级的诋毁上级。讪,音扇(shàn),毁谤。

恶果敢而窒者:厌恶敢下决断却顽固不化的人。窒,阻塞,不通。何晏引马融:“窒,窒塞也。”

恶徼以为知者:厌恶人云亦云却自以为聪明的人。徼,音交(jiāo),抄袭。何晏引孔安国:“徼,抄也。抄人之意以为己有之。”这里译解为“人云亦云”,用的是该成语的本义。知,同“智”。

恶讦以为直者:厌恶把揭人短处当作直率的人。讦,音杰(jié),揭发别人的隐私或过错。

〔译文〕子贡问道:“君子有所厌恶吗?”先生说:“当然有。厌恶到处说人不是的人,厌恶做下级的诋毁上级,厌恶勇敢却无礼的人,厌恶敢下决断却顽固不化的人。”先生问:“赐呀,你也有所厌恶吗?”子贡说:“我厌恶人云亦云却自以为聪明的人,厌恶蛮横却自以为勇敢的人,厌恶揭发别人的短处却自以为正直的人。”

(二十五)

子曰:“唯女子与小人为难养也,近之则不孙,远之则怨。”

〔注释〕**唯女子与小人为难养也**:女人和下人实在是不容易养着他们的。唯,语气词。女子,指君子身边的女人。小人,指在君子家干体力活的下人。养,供养,蓄养。这里指对待。古时候,男人认为女人是他养活的,君子以为小人是他养活的。就是若干年前,还是有人(丈夫对妻子、父亲对儿女、领导对下属、老板对员工)会脱口而出:我养你们干什么?

〔译文〕先生说:“女人和下人是很难对付的,亲近了会放肆,疏远了就怨恨。”

(二十六)

子曰:“年四十而见恶焉,其终也已。”

〔注释〕**年四十而见恶焉**:人到四十岁还表现出大毛病。见,音现(xiàn),出现。恶,如字。本章讲人的成长规律。从正面说,人“四十、五十而无闻焉,斯亦不足畏也已”(《子罕篇》);这里则是从负面讲。人年四十,非但无闻反见恶,这人也就没指望了。即到终了也不会有什么进步。

〔译文〕先生说:“人到四十还表现出大毛病,他这一辈子也就到此为止了。”

微子篇第十八

(一)

微子去之,箕子为之奴,比干谏而死。孔子曰:“殷有三仁焉。”

〔**注释**〕微子去之:微子离开了商纣王。微子,商纣王的哥哥。之,据文意,指商纣王,商朝亡国之君。《史记·殷本纪》:“纣愈淫乱不止,微子数谏不听,乃与太师、少师谋,遂去。”

箕子为之奴:箕子做了商纣王的奴隶。箕子,箕音基(jī),商纣王的叔父。《史记·宋世家》:“箕子谏不听,乃详狂为奴。”《殷本纪》所记,为微子去、比干被杀后,“箕子惧,乃详狂为奴,纣又囚之。”

比干谏而死:比干进谏而被杀。比干,商纣王的叔父。《史记·殷本纪》:“比干曰:‘为人臣者,不得不以死争。’乃强谏纣。纣怒曰:‘吾闻圣人心有七窍。’剖比干,观其心。”

殷有三仁焉:商朝有三位仁人哪。何晏:“仁者爱人。三人行各异而同称仁,以其俱在忧乱宁民也。”本章反映孔子对王族内君臣关系的看法。将微子、箕子、比干一视同仁,可见在孔子看来,对待暴君,劝谏不听,去之、为之奴、谏而死,都是值得赞赏的。从顺序看,似乎“去之”更为可取。

〔**译文**〕微子离开了商纣王，箕子做了他的奴隶，比干进谏而被杀。孔先生说：“殷朝有三位仁人哪。”

（二）

柳下惠为士师，三黜。人曰：“子未可以去乎？”曰：“直道而事人，焉往而不三黜？枉道而事人，何必去父母之邦？”

〔**注释**〕**柳下惠为士师**：柳下惠做典狱官。士师，负责刑狱的官员，为下大夫。

三黜：多次被撤职。三，多次。黜，黜退，罢免。从下文看，其被黜原因是直道事人而得罪。

焉往而不三黜：到哪里去不会次次被撤职？三黜，与前“三黜”对应，则是指每次都会被黜，不会有哪次侥幸过关。

何必去父母之邦：为什么一定要离开这生我养我的地方？此言若能枉道事人，就不必离去了。

〔**译文**〕柳下惠做典狱官，几次因为秉公办事而遭撤职。有人说：“先生不可以离开鲁国另谋高就吗？”柳下惠说：“秉公办事，到哪里去能侥幸不被撤职？不能秉公办事，为什么一定要离开这生我养我的地方？”

（三）

齐景公待孔子，曰：“若季氏，则吾不能；以季、孟之间待之。”曰：“吾老矣，不能用也。”孔子行。

〔**注释**〕**齐景公待孔子**:齐景公对待孔先生。待,对待。本章齐景公的话都不是当孔子面说的。朱熹:“然此言必非面语孔子,盖自以告其臣,而孔子闻之尔。”事见《史记·孔子世家》。

以季、孟之间待之:用季氏之下、孟氏之上的待遇对待他。季,指鲁国上卿季氏。孟,指鲁国下卿孟氏。季氏和孟氏为执掌鲁国政权的三卿中的两位,另一位是叔孙氏。季、孟之间,约当叔孙氏之位。之,指孔子。

吾老矣,不能用也:我老了,不能做什么了。下文接“孔子行”,则这句话为齐景公所说。用,用事。齐景公改变了原来的打算,用这话搪塞孔子。

〔**译文**〕齐景公对待孔先生,先是说:“像季氏那样的地位,我给不了;用季氏之下、孟氏之上的待遇来对待他。”后来又说:“我老了,不能做什么了。”孔先生于是离开了齐国。

(四)

齐人归女乐,季桓子受之,三日不朝。孔子行。

〔**注释**〕**齐人归女乐**:齐国送来歌姬舞女。归,同“馈”,赠送。事见《史记·孔子世家》。

季桓子受之:季桓子接受了她们。季桓子,季孙斯,时为鲁国执政上卿。

〔**译文**〕齐国送来歌姬舞女,季桓子接受了她们,几天不问政事,孔先生便离开了鲁国。

(五)

楚狂接舆,歌而过孔子曰:“凤兮凤兮!何德之衰?往者不可谏,来者犹可追。已而已而!今之从政者殆而!"孔子下,欲与之言。趋而辟之,不得与之言。

〔注释〕**楚狂接舆**:楚国一个疯疯癫癫的人,赶上孔子的车子。狂,狂人,实为佯狂而隐的贤者。接,接触,这里指赶上。下文"歌而过"、"趋而辟",系连贯动作。舆,车,指孔子所乘车。后人直以"接舆"名此狂人,并敷演故事。《庄子·人间世》述之最详。

凤兮凤兮:凤鸟呀!凤鸟呀!凤,传说中的神瑞之鸟,为楚人图腾。这里以凤比孔子。

何德之衰:你的德性怎的如此沦落?衰,衰败。上句以高贵的凤鸟比孔子,这里讥其追求和境遇沦落。

往者不可谏,来者犹可追:飞走的无法唤回,飞来的还能赶趟。往者、来者,仍以凤鸟喻。犹可追,赶得上的意思。何晏引孔安国:"已往所行,不可复谏止也;自今以来,可追自止,避乱隐居也。"

今之从政者殆而:如今执政的人自身难保啊!殆,危险。而,语气词。邢昺:"言今之从政者皆无德,自将危亡无日,故曰'殆而'。"

〔译文〕楚国一个看起来疯疯癫癫的人,赶上孔先生的车子,一边走过,一边唱道:"凤鸟呀!凤鸟呀!你的德性怎的如此沦落?飞走的无法唤回,飞来的还能赶趟。打住吧!打住吧!如今执政的人都自身难保啊!"孔先生下车,想同他谈谈。他急忙走开,孔先生没能同他说上话。

(六)

长沮、桀溺耦而耕。孔子过之,使子路问津焉。

长沮曰:"夫执舆者为谁?"子路曰:"为孔丘。"曰:"是鲁孔丘与?”曰:“是也。”曰:“是知津矣。”

问于桀溺。桀溺曰:“子为谁?”曰:“为仲由。”曰:“是鲁孔丘之徒与?”对曰:“然。”曰:“滔滔者天下皆是也,而谁以易之?且而与其从辟人之士也,岂若从辟世之士哉!”耰而不辍。

子路行,以告。夫子怃然,曰:“鸟兽不可与同群,吾非斯人之徒与而谁与?天下有道,丘不与易也。”

〔**注释**〕**长沮、桀溺耦而耕:**长沮、桀溺在一块儿耕田。长沮、桀溺,两个隐者称呼,不是真名。耦而耕,两人合作耕田的方法,具体不详。或谓两人并肩用耜翻土。但从子路与两人先后问答的情形看,似非并肩耕田的样子。

使子路问津焉:叫子路去打听渡口〔在什么地方〕。津,渡口。《说文》:“津,水渡也。”

夫执舆者为谁:那位驾车子的是谁?执舆,执辔驾车。本是子路为御,此时孔子代子路握着缰绳而已。

是知津矣:这个人晓得渡口〔在哪儿〕啊。是,代词,指孔子。长沮这话含讥讽意味。李零:“他是话里有话,意思是说,孔丘不是有名的聪明人吗?应知道天下的出路在哪里,干吗来问我?他是以津指天下的出路。”

滔滔者天下皆是也:河水泛滥,到处都是一样啊。滔滔,大水流淌貌。钱穆:“因在水边,随指为喻,犹今俗云‘天下老鸦一般黑’。”

而谁以易之:谁有能耐去改变它呢?以,介词,凭借的意思。之,指“滔滔者天下皆是”。

且而与其从辟人之士也,岂若从辟世之士哉:我看你与其跟随那逃避无道之人的人,不如跟随我们这些逃避这个世道的人!且,况且,这里表示说话更进一层。而,同“尔”,你。辟,同“避”。辟人之士,指避开无道的执政者,欲就有道的执政者而为之所用的士人。这里指孔子。辟世之士,指桀溺自己这一类对政治无望、完全脱离上层社会的隐士。参《宪问篇》第三十七章注释。

耰而不辍:不停地在地里播种。耰,音优(yōu),播下种子,再用土覆盖。辍,音绰(chuò),停止。

夫子怃然:先生怅然若失。怃,音武(wǔ)。怃然,怅然若失的样子。

鸟兽不可与同群:鸟兽是不能够和它们生活在一起的。这句话是“不可与鸟兽同群”的倒装,意思是不赞成“辟世”。何晏引孔安国:“隐居于山林,是与鸟兽同群也。”

吾非斯人之徒与而谁与:我不和世上的人相处又和谁相处?斯人,此人,本指“辟人”之人,实泛指世人。徒,同类,犹“群”。与,相与。何晏引孔安国:“吾自当与此天下人同群,安能去人从鸟兽居乎?”

丘不与易也:我孔丘不掺乎着去改变了。与,参与。这句话回答“谁以易之”。

〔**译文**〕长沮、桀溺两位隐士在一块儿耕田。孔先生从那儿经过,叫子路去打听渡口在什么地方。

长沮问道:“那位驾车的是谁?”子路说:“是孔丘。”又问:“你说的是鲁国的孔丘吗?”又答:“正是此人。”长沮便说:“这人晓得渡口在哪儿啊。”

子路去问桀溺。桀溺说:“先生是哪位?”子路说:“我是仲由。”又问:“你是鲁国孔丘的门徒吧?”回答说:“是。”桀溺便说:“河水泛滥,到处都是一样啊,谁又有能耐去改变呢?我看你与其跟随那逃避无道之人的人,不如跟随我们这些逃避这个世道的人!”说完便只顾去播种覆土,忙个不停了。

子路只好走了,把话告诉了先生。先生若有所失,便说:“鸟兽是不可以和它们相处的。我不和世上的人相处又和谁相处?天下如果太平,我孔丘就不掺乎着去改变了。”

(七)

子路从而后,遇丈人,以杖荷蓧。子路问曰:“子见夫子乎?”丈人曰:“四体不勤,五谷不分,孰为夫子?”植其杖而芸。子路拱而立。止子路,宿,杀鸡为黍而食之,见其二子焉。

明日,子路行,以告。子曰:“隐者也。”使子路反见之。至,则行矣。子路曰:“不仕无义。长幼之节,不可废也;君臣之义,如之何其废之?欲洁其身,而乱大伦。君子之仕也,行其义也。道之不行,已知之矣。”

〔注释〕以杖荷蓧:用拐杖挑着除草工具。荷,去声,担,扛。蓧,音掉(diào),除草的农具,或竹制,或木制,形制不详,当如后世锄头之类,然无长柄,故云“荷”。

四体不勤,五谷不分,孰为夫子:手脚不劳动,五谷分不清,谁是〔你的〕先生?四体,四肢。勤,劳。五谷,五种粮食作物,具体说法不一。一说为禾、黍、稷、稻、麦。分,分辨。孰,谁,哪个,针对“四体不勤,五谷不分”者。从下文看,丈人当为先仕后隐者。故其语含讥诮,呛了子路一下。意思是没那闲工夫去理你们这些游手好闲的人

（朱熹：“责其不事农业而从师远游也。”）。

植其杖而芸：放下他的拐杖，用蓧除起草来。植，同“置”，放置。汉石经作“置”。芸，同“耘”，除草。汉石经作“耘”。

止子路，宿：留住子路，〔带他到家里去〕过夜。止，留止。盖因天色已晚，丈人不让子路继续赶路了。也因呛了子路一句，子路反而保持恭敬态度（“拱而立”）。

杀鸡为黍而食之：宰了鸡、煮了黄米饭给子路食用。黍，黄米，杀鸡为黍，在当时是很好的招待。食，去声，动词，给……吃。

长幼之节，不可废也：长幼之间的礼节，不可以不讲究。这句话是指丈人留子路过夜时，叫他的两个儿子出来相见，子路认为这是丈人讲究长幼之节。子路的这段话，是他对丈人家里人说的，以转告丈人。这段话，也是孔子要子路带给丈人的话。皇侃：“丈人既不在，而子路留此语以与丈人之二子，令其父还述之也。此以下之言，悉是孔子使子路语丈人之言也。”

欲洁其身，而乱大伦：只想在这乱世洁身自好，却搞乱了君臣关系的大道理。洁其身，指丈人不同流合污，遁世隐居。乱，惑乱，扰乱。大伦，指“君臣之义”，相比“长幼之节”即家而言，亦相比“洁其身”即个人而言。何晏引包咸：“伦，道也，理也。”

君子之仕也，行其义也：君子出来做事，不过是履行应尽的责任罢了。义，宜也，指当为之事，即义务、责任。

〔**译文**〕子路跟随先生出行，有一次掉了队，碰到一个老头，用拐杖挑着除草工具。子路问道：“您看见一位先生打这过吗？”老头说：“手脚不劳动，五谷分不清，谁是你的先生？”说着放下拐杖，忙着除起草来。子路拱着手，恭恭敬敬地站在旁边。老头便留住子路，带他回自己家里过夜，宰了鸡，煮了黄米饭款待他，还叫两个儿子出来相见。

第二天一早,子路就出发赶路,赶上先生并报告了昨天经历的事儿。先生说:“这是一位隐士啊。”叫子路回去再见一下这位隐士。子路到了那里,这人已经走开了。子路请他的家人转告先生所说的话:“不出来从政是不负责任的。长幼之间的礼节,都不可不讲究;君臣之间应有的关系,又怎能不闻不问呢?本想在这乱世洁身自好,却搞乱了君臣关系的大道理。君子出来做事,不过是履行应尽的责任罢了。我们的主张行不通,早就知道了。”

(八)

逸民:伯夷、叔齐、虞仲、夷逸、朱张、柳下惠、少连。子曰:“不降其志,不辱其身,伯夷、叔齐与?”谓柳下惠、少连,“降志辱身矣,言中伦,行中虑,其斯而已矣”。谓虞仲、夷逸,“隐居放言,身中清,废中权”。“我则异于是,无可无不可。”

〔**注释**〕逸民:〔先生所称道的〕著名隐士。逸,逃逸,奔逸,指不拘于礼俗羁绊。民,老百姓。被称为逸民的一类人,本是贵族中人,不管是隐居不仕,还是所谓隐于朝、隐于市,其言行异于本阶级通行标准,贬之者视为下民所为,犹今言“混同于老百姓”。

不降其志,不辱其身,伯夷、叔齐与:不降低自己的人格,不辱没自己的身份,是伯夷、叔齐吧。志,志向,志气,指人格。伯夷、叔齐,参《公冶长篇》第二十四章注释。皇侃:“夷、齐隐居饿死,是不降志也;不仕乱朝,是不辱身也,是心迹俱超逸也。”

谓柳下惠、少连,“降志辱身矣,言中伦,行中虑,其斯而已矣”:

说柳下惠、少连,"降低人格、辱没身份了,但说话合乎章法,行为合乎理智,如此而已"。柳下惠,鲁国贤者。《卫灵公篇》第十四章孔子称其为"贤",并责备鲁国大夫臧文仲不能荐贤。本篇第二章记他为士师,三黜而不去。降志辱身,大概指这一类事。少连,见于《礼记·杂记》,东夷之人,孔子称其善居丧,事迹不详。中,音仲(zhòng),符合。伦,伦次,条理。虑,思虑,理智,何晏引孔安国:"但能言应伦理,行应思虑,若此而已。"

谓虞仲、夷逸,"隐居放言,身中清,废中权":说虞仲、夷逸,"私底下说话放得开,但立身保持清白,弃官合乎权宜"。虞仲、夷逸,事迹无考。隐居,指私生活环境。放,放纵。废,废弃,指弃官。权,权变,权宜。何晏引马融:"遭世乱,自废弃以免患,合于权也。"按:以上孔子评说诸人,七人独缺朱张。钱穆:"盖朱张之言行,孔子时已无可得称,故孔子但存其名,不加论列耳。"

我则异于是,无可无不可:我就和他们的做法不同,没有什么一定要做,没有什么一定不做。可,可以,允许,有执着义。何晏引马融:"亦不必进,亦不必退,唯义所在也。"

〔**译文**〕先生称道的著名隐士有:伯夷、叔齐、虞仲、夷逸、朱张、柳下惠、少连。先生说:"不降低自己的人格,不辱没自己的身份,是伯夷、叔齐吧?"说柳下惠、少连,"降低人格、辱没身份了,但说话合乎章法,行为合乎理智,如此而已"。说虞仲、夷逸,"私底下说话随便,但立身保持清白,弃官合乎权宜"。最后说:"我就和他们几位的做法不同,没有什么一定要做,没有什么一定不做。"

(九)

大师挚适齐,亚饭干适楚,三饭缭适蔡,四饭缺适秦,鼓方叔入于河,播鼗武入于汉,少师阳、击磬襄入于海。

〔**注释**〕**大师挚适齐**:太师挚跑到了齐国。大师,大即“太”,鲁国的乐官之长。挚,可能就是《泰伯篇》的师挚。本章如同一幅“乐崩”小景。何晏引孔安国:“鲁哀公时,礼毁乐崩,乐人皆去。”

亚饭干适楚:二饭乐师干跑到了楚国。亚饭,第二顿饭。亚,次。干,乐师名。古代天子、诸侯用饭时奏乐。天子一日四餐,鲁国得用天子礼乐,每餐饭有不同的乐师奏乐,故乐师有“亚饭”、“三饭”、“四饭”之称。

播鼗武入于汉:摇小鼓的武住到了汉水边。播,上声(bǒ),摇动。鼗,音桃(táo),似拨浪鼓的小鼓。武,乐师名。入,入居。汉,汉水。

少师阳、击磬襄入于海:少师阳、击磬的襄住到了海边。少师,副乐师。阳、襄,二乐师名。

〔**译文**〕太师挚跑去了齐国。二饭乐师干跑去了楚国,三饭乐师缭跑去了蔡国,四饭乐师缺跑去了秦国,打鼓的方叔住到了黄河边,摇小鼓的武住到了汉水边,少师阳、击磬的襄住到了海边。

(十)

周公谓鲁公曰:“君子不施其亲;不使大臣怨乎不以;故旧无大故,则不弃也;无求备于一人。”

〔**注释**〕**周公谓鲁公曰**:周公对鲁公说。周公,周公旦。鲁公,周公旦的儿子伯禽,封于鲁,称鲁公。一般认为,周公的话是对伯禽就封时的训诫之辞。可能孔子曾把这话说给弟子听,被记了下来。

君子不施其亲:君子不疏远他的亲族。施,通“弛”,松弛,指怠慢、疏远。《经典释文》“施”作“弛”。

不使大臣怨乎不以:不让重要的下属埋怨得不到任用。以,用。

〔**译文**〕周公告诫鲁公说:“君子不疏远自己的亲族;不让重要的下属埋怨得不到任用;老朋友没有大的过错,就不要离弃;对一个人不要求全责备。”

(十一)

周有八士:伯达、伯适、仲突、仲忽、叔夜、叔夏、季随、季騧。

〔**注释**〕**季騧**:騧,音瓜(guā),人名。以上八人,依伯、仲、叔、季两两排列,并且每组名字押韵,有人说是四对孪生兄弟,且为一母所生,有民间传奇色彩。大概师生之间,或弟子之间,闲谈及此,被随手记了下来。

〔**译文**〕周朝有八个知名之士:伯达、伯适、仲突、仲忽、叔夜、叔夏、季随、季騧。

子张篇第十九

(一)

子张曰:“士,见危致命,见得思义,祭思敬,丧思哀,其可已矣。”

〔**注释**〕**见危致命**:在危难面前敢于牺牲。致命,献出生命。朱熹:“致命,谓委致其命,犹言授命也。”子张这几句话,是撮述孔子的话,以说明何能为“士”。

祭思敬:祭祀时始终严肃恭敬。思,想到,思想。这里指思想情绪集中并持续。

〔**译文**〕子张说:“所谓士,在危难面前敢于牺牲,在利益面前自问是否该得,祭祀时始终严肃恭敬,居丧时总是悲痛哀伤,这样就可以了。”

(二)

子张曰:“执德不弘,信道不笃,焉能为有?焉能为亡?”

〔**注释**〕**焉能为有?焉能为亡**:怎么能算有德有道?怎么能算无德无道?亡,同“无”。这句话,历代注家多从孔安国解:“言无所轻重也。"今不取。执德不弘犹有所执,信道不笃犹有所信,说这种人无所轻重,并不符合孔子的一贯思想。这句话既不肯定有,也不肯定无,意在使人认识"不弘"、"不笃"的不足,而加以改进。郑汝谐的解释较近于原意:"亦尝执之,而心不广大。亦尝信之,而志不纯一。以为有耶?而无充实之美。以为亡耶?而有执之信之之心。是谓一出一入,若存若亡也。"(《论语意原》卷四)

〔**译文**〕子张说:"秉持道德不发扬,信守主张不坚定,怎么能算有道德有主张?怎么能算无道德无主张?"

(三)

子夏之门人问交于子张。子张曰:"子夏云何?"对曰:"子夏曰:'可者与之,其不可者拒之。'"子张曰:"异乎吾所闻:君子尊贤而容众,嘉善而矜不能。我之大贤与,于人何所不容?我之不贤与,人将拒我,如之何其拒人也?"

〔**注释**〕**异乎吾所闻**:不同于我〔从老师那儿〕听到的。子张所闻,来自于孔子。君子尊贤而容众,即"泛爱众而亲仁"(《学而篇》)之义;嘉善而矜不能,即"举善而教不能"(《为政篇》)之义。子张这句话,也指明子夏的话亦来自于孔子。可者与之,其不可者拒之,即"无友不如己者"(《学而篇》)、"事其大夫之贤者,友其士之仁者"(《卫灵公篇》)之义。在交友问题上,也体现了"师也过,商也不及"的个性特点。理解本章之旨,包咸说得扼要:"友交当如子夏,泛交当如子张。"张栻说得全面:"盖交有浅深,二子论交,各为一义,不可废也。若但与之泛然交际而已,则固当尊贤而容众,嘉善而矜不能;若与之为朋友之交,则当与其可者,而拒其不可也。"

〔**译文**〕子夏的学生向子张请教怎样与人打交道。子张问:"子夏怎么说的?"对方回答:"子夏说:'可以交的就去交,不可以交的就拒绝。'"子张说:"不同于我听到的:君子尊敬出类拔萃的人,也接纳普通人;嘉许做得好的人,也同情做不到的人。我有许多过人之处吧,对别人有什么容不下的?我没有过人之处吧,人家就会拒绝我,怎么谈得上我去拒绝别人呢?"

(四)

子夏曰:"虽小道,必有可观者焉;致远恐泥,是以君子不为也。"

〔**注释**〕**虽小道,必有可观者焉**:即使是小小道行(héng),也一定有可取的地方。小道,相对于"道"而言,指《诗》《书》礼乐等有关治国平天下学问以外的具体知识和技能,如朱熹所注"农圃医卜之属";也指行礼作乐之细节,如本篇第十二章之"洒扫应对进退"。

致远恐泥:但要〔凭借它去〕达致远大目标,恐怕就行不通了。远,即《泰伯篇》"任重而道远"之义,指实现仁道目标。泥,音逆(nì),拘泥。何晏引包咸:"泥难不通也。"

〔**译文**〕子夏说:"即使是小小道行,也一定有可取之处;但是要凭借它去达致远大目标,恐怕就行不通了,所以君子不在这方面花工夫。"

(五)

子夏曰:"日知其所亡,月无忘其所能,可谓好学也已矣。"

〔**译文**〕子夏说："每天增添新的知识，每月不忘所掌握的东西，可以称得上好学了。"

（六）

子夏曰："博学而笃志，切问而近思，仁在其中矣。"

〔**注释**〕**博学而笃志**：广泛学习而又专心致志。笃，笃实，诚笃。志，志向，即志于仁，志于道。本章之旨在劝学。

切问而近思：求知心切而又循序渐进。切问，急于提出问题。近思，就眼前问题加以思考，犹言一个问题一个问题地思考清楚。皇侃："切，犹急也。若有所未达之事，宜急咨问取解，故云'切问'也。近思者，若有所思，则宜思己所已学者，故曰'近思'也。"

〔**译文**〕子夏说："广泛学习而又专心致志，求知心切而又循序渐进，仁道的学问在这过程中就学到了。"

（七）

子夏曰："百工居肆以成其事，君子学以致其道。"

〔**注释**〕**百工居肆以成其事**：各个行业的工匠集中居住在各自的工场做工，因此能够成就他们的事业。肆，手工作坊。朱熹："工不居肆，则迁于异物而业不精。"管仲："令夫工，群萃而州处，审其四时，辨其功苦，权节其用，论比协材，旦暮从事，施于四方，以饬其子弟，相语以事，相示以巧，相陈以功，少而习焉，其心安焉，不见异物而迁焉。是故其父兄之教不肃而成，其子弟之学不劳而能。"（《国语·齐语》）朱熹本于管仲。

君子学以致其道：君子专心学习、相互学习，才能掌握治国安邦的本领。致,达致,掌握。前以“居肆”为喻,除专心之外,还有相互切磋琢磨之义,君子之学也是如此。孔子曾批评的“群居终日,言不及义”(《卫灵公篇》),恰是反面的例子。

〔**译文**〕子夏说:“工匠们一起工作生活,因此能够做好他们的事情,君子专心学习、相互学习,才能掌握治国安邦的本领。”

(八)

子夏曰:“小人之过也必文。”

〔**注释**〕**小人之过也必文**:小人犯了过错,总是加以掩饰。文,文饰,掩饰。

〔**译文**〕子夏说:“小人对于自己的过错,总是加以掩饰。”

(九)

子夏曰:“君子有三变:望之俨然,即之也温,听其言也厉。”

〔**注释**〕**君子有三变**:君子〔似乎〕多变。三变,多变。这里指看上去有不同,并非君子自身有变化。刘沅:“在君子本无心,而出见君子者,自觉得彼此不同,故曰变。”(《论语恒解》)

〔**译文**〕子夏说:“君子似乎多变:远远望去,庄重的样子;近距离接触,温和亲切;听他说话,又严肃得很。”

(十)

子夏曰:“君子信而后劳其民,未信,则以为厉己也。

信而后谏,未信,则以为谤己也。"

〔注释〕则以为厉己也:〔老百姓〕就以为〔你〕在虐待他们。厉,犹病,折磨。

〔译文〕子夏说:"君子先获得老百姓的信任,然后才能使他们出工出力,否则的话,他们会以为你这是在虐待他们。君子先获得对方的信任,然后才能指出他们的不是,否则的话,他们会以为你这是在诽谤他们。"

(十一)

子夏曰:"大德不逾闲,小德出入可也。"

〔注释〕大德不逾闲:在大是大非问题上不越出原则界限。大德,大节。逾,逾越。闲,栅栏,指界限。

小德出入可也:在细枝末节问题上有所出入是可以的。小德,小节。出入,或逾闲或不逾闲。郑汝谐:"闲若马之有闲。惟有闲,然后可以出入,无闲而出入,无忌惮之人也。"(《论语意原》卷四)又简朝亮:"此观人之道也,非谓修己也。其曰'可也'者,观人而宽论之辞,岂为修己者自恕乎?"(《论语集注补正述疏》卷十)

〔译文〕子夏说:"大节守得住,小节有点出入是可以的。"

(十二)

子游曰:"子夏之门人小子,当洒扫、应对、进退,则可矣。抑末也,本之则无,如之何?"子夏闻之,曰:"噫!言游过矣!君子之道,孰先传焉?孰后倦焉?譬诸草木,区以别矣。君子之道,焉可诬也?有始有卒者,其惟圣人乎!”

〔**注释**〕**子夏之门人小子**:子夏的学生娃们。小子,指门人中年少者。钱穆:“此处门人小子兼言,因下文洒扫应对进退,乃指子夏门人中年轻一辈言,故特加此二字。”

当洒扫、应对、进退:做打扫卫生、接待客人、跑前跑后的工作。洒扫,洒水、扫地。洒水意在使尘不扬,而后扫除之。应对,应承、回答。有呼即诺为应,有问则答为对。进退,上前、退后。当进时进,当退时退。

抑末也,本之则无:然而〔这只是〕末节,根本的东西还没有学到。本,指做人的大道理,或治国安邦的大学问。如“君子务本,本立而道生。孝弟也者,其为仁之本与”(《学而篇》),就属于这一方面内容。

君子之道,孰先传焉?孰后倦焉:君子教导人的方法,哪些内容先传授?哪些内容后传授,才不会引起厌倦?君子之道,君子诲人之法。黄式三:“君子之道,言教人之道也。”(《论语后案》)孰先传焉、孰后倦焉,联系起来看,意即“孰先传先倦焉?孰后传后倦焉?”对年少者,还是要从小处入手,循序渐进地进行教导,使他们保持学习的兴趣而不倦怠。何晏引包咸:“言先传大业者必厌倦,故我门人先教以小事,后将教以大道也。”

譬诸草木,区以别矣:好比〔栽培〕小草和大树,是要区别对待的。草木,喻少长。戴望:“譬诸草弱木强,品类各别,喻教者授业,随人少长。”(《戴氏注论语》)

君子之道,焉可诬也:君子教导人的方法,怎么可以歪曲呢?诬,欺骗,歪曲。何晏引马融:“君子之道,焉可使诬,言我门人但能洒扫而已也?”

有始有卒者,其惟圣人乎:〔学问无论末节还是根本,〕一开始就能学习,并且能坚持到底的,大概只有圣人吧。卒,终。皇侃:“唯圣人有始有终,学能不倦,故可先学大道耳。自非圣人,则不可不先从小起也。”

〔译文〕子游说:“子夏的那些学生娃们,做做打扫卫生、接待客人、跑前跑后的工作,还是可以的。但这只是末节,根本的东西还没有学到,怎么可以?”子夏听到这话,说:“咳!言游这话不对了!君子教导人的方法,哪些内容先传授,哪些内容后传授,才不会引起厌倦?就像栽培小草和大树,是要区别对待的。君子教导人的方法,怎么可以歪曲呢?学问无论末节还是根本,一开始就能学习,并能坚持到底的,大概只有圣人罢!”

(十三)

子夏曰:“仕而优则学,学而优则仕。”

〔注释〕仕而优则学:做官有余力就钻研学问。优,余裕。何晏引马融:“行有余力,则可以学文也。”

学而优则仕:钻研学问有余力就继续做官。仕,与前一句“仕”字义同,非入仕之谓。这两句话都是就正在做官的人说的。子夏曾为莒父宰,可能说的是自己的做法。古代官员,多做官与做学问集于一身。对其中一些人来说,很难说哪是主哪是辅。子夏以两“优”字,将仕与学平行着说,是符合这种实际的。

〔译文〕子夏说:“做官有余力就做学问,做学问有余力就继续做官。”

(十四)

子游曰:“丧,致乎哀而止。”

〔**注释**〕**丧,致乎哀而止**:居丧,充分表达自己的哀思就可以了。致,极尽。哀而止,即“哀而不伤”(《八佾篇》)。

〔**译文**〕子游说:“居丧,充分表达自己的哀思就可以了。”

(十五)

子游曰:“吾友张也为难能也,然而未仁。”

〔**注释**〕**吾友张也为难能也**:我的亲密伙伴子张致力于行仁,是〔别人〕难以做到的。为,为仁,行仁。为仁虽难能而未仁,故“为”有此义。

然而未仁:但是还不能成为一名仁人。仁,仁人,非指个别仁德标准。参《公冶长篇》第八章注释。戴望:“言吾友子张用力于仁,为人所难能,然而未成于仁人之名。”(《戴氏注论语》)王闿运:“此篇多记子张之言,非贬子张未仁也。”(《论语训》)

〔**译文**〕子游说:“我的好伙伴子张践行仁道,是别人难以做到的,但他还不能成为一名仁人。”

(十六)

曾子曰:“堂堂乎张也,难与并为仁矣。”

〔**注释**〕**堂堂乎张也**:子张这人很有气魄。堂堂,大气且有魄力。皇侃引江熙:“堂堂,德宇广也。”子张在《论语》中出现十八次。

历代注家多从郑玄注（“言子张容仪盛，而于仁道薄也”），与《论语》所记不合，今不从。

难与并为仁矣：〔我〕很难跟得上他践行仁道的步伐。难与并，即上章“难能”之义。并，并行。皇侃：“江熙云：‘难与并，仁荫人上也。’然江熙之意，是子张仁胜于人，故难与并也。”王闿运：“亦言子张仁不可及也。难与并，不能比也。曾、张友善如兄弟，非贬其堂堂也。”（《论语训》）

〔**译文**〕曾子说：“子张这人气魄大，我是很难跟得上他行仁的步伐的。”

（十七）

曾子曰：“吾闻诸夫子：人未有自致者也，必也亲丧乎！”

〔**注释**〕**人未有自致者也**：人没有自然而然地充分表达感情的情况。自，自发，自然。致，极尽，充分。何晏引马融：“言人虽未能自致尽于他事，至于亲丧，必自致尽也。”

〔**译文**〕曾子说：“我从老师那儿听说过：人没有自动充分流露感情的情况，如果有，一定是在父母去世的时候罢！”

（十八）

曾子曰：“吾闻诸夫子：孟庄子之孝也，其他可能也，其不改父之臣与父之政，是难能也。”

〔**注释**〕**孟庄子之孝也**：孟庄子〔在他父亲死后所表现出来〕的孝行。孟庄子，鲁国大夫仲孙速。本章之旨，注家多从马融说：“谓在谅阴之中,父臣及父政虽不善者,不忍改之也。”皆囿于善恶观,故圆其说。实则“一朝天子一朝臣”,自古而然,与善恶无甚关系。

〔译文〕曾子说:“我听老师说过:孟庄子在他父亲死后所表现出来的孝行,别的都不难做到,不换掉父亲用过的下属,并沿用父亲定下的政策,这却是很难做到的。”

(十九)

孟氏使阳肤为士师,问于曾子。曾子曰:“上失其道,民散久矣。如得其情,则哀矜而勿喜。”

〔注释〕孟氏使阳肤为士师:孟氏任命阳肤做典狱官。孟氏,当为孟敬子。阳肤,曾子弟子。士师,掌管刑狱的官员。

民散久矣:老百姓早就散漫了。散,散漫,散乱无约束。

如得其情:如果掌握了某个嫌疑人犯罪的事实。其,指民之作奸犯科者。情,情实,实情。

则哀矜而勿喜:就应该痛心、同情而不是沾沾自喜。勿喜,不要因得其情而高兴,因为老百姓犯罪是由于上失其道。何晏引马融:“民之离散,为轻漂犯法,乃上之所为也,非民之过也,当哀矜之,勿自喜能得其情也。”

〔译文〕孟氏推荐阳肤做典狱官,阳肤向曾子请教。曾子说:“在上位的人胡作非为,老百姓早就散漫了。如果掌握了某个嫌疑人犯罪的事实,就应该感到痛心,给予同情,而不要沾沾自喜。”

(二十)

子贡曰:“纣之不善,不如是之甚也。是以君子恶居下流，天下之恶皆归焉。”

〔**注释**〕**纣之不善**：商纣王的劣迹。纣，商朝的末代君主，名辛，谥纣，古代最著名的暴君之一。

是以君子恶居下流：所以君子讨厌处于不利地位。下流，地形低洼、众水汇集之处，喻非常不利的处境。何晏引孔安国：“纣为不善，以丧天下，后世憎甚之，皆以天下之恶归之于纣也。”子贡指出了一种名声归集现象，可能纣属于胡适所说的“箭垛式人物”。

〔**译文**〕子贡说：“商纣王的劣迹，不像现在传说的那么严重。所以君子讨厌处于不利地位，一旦处于不利地位，天下的坏名声都会集中到他的身上。”

（二十一）

子贡曰：“君子之过也，如日月之食焉。过也，人皆见之；更也，人皆仰之。”

〔**译文**〕子贡说：“君子的过错，好比日蚀月蚀。错了，人人都看到；改了，人人都敬仰。”

（二十二）

卫公孙朝问于子贡曰：“仲尼焉学？”子贡曰：“文、武之道未坠于地，在人。贤者识其大者，不贤者识其小者，莫不有文、武之道焉。夫子焉不学？而亦何常师之有？”

〔**注释**〕卫公孙朝问于子贡曰：卫国的公孙朝向子贡问道。公孙朝，卫国大夫，《论语》中仅此一见。

仲尼焉学:仲尼的学问是从哪里学来的? 仲尼,孔子的字。翟灏:"《论语》一书,惟此以下四章称仲尼,四章连次,篇末且有'其死也哀'之文,必俱孔子既卒后语。"(《四书考异》)

文、武之道未坠于地,在人:周文王、武王治理天下的学问并没有失传,仍由后人传承到了今天。文、武之道,概指周朝开创者的思想、主张、制度等。子贡文、武并举,孔子则以文王的继承者自居(见《子罕篇》第五章)。坠于地,指失传。皇侃:"未坠于地,谓未废落在于地也。"人,即下文"贤者"、"不贤者"。钱穆:"历史已往之迹,虽若过而不留,但文化之大传,则仍在现社会,仍在人身。若国亡众灭,仅于古器物或文字记载考求而想见之,则可谓坠地矣。"

〔**译文**〕卫公孙朝向子贡问道:"仲尼的学问是从哪里学来的?"子贡说:"周文王、武王治理天下的学问并未失传,仍由后人传承到了今天。杰出的人物领悟到它的精髓,一般的人才抓住了它的末节,但都是传承文王、武王的学问。我的老师哪里不能学,又为什么要有一个固定不变的老师?"

(二十三)

叔孙武叔语大夫于朝曰:"子贡贤于仲尼。"子服景伯以告子贡。子贡曰:"譬之宫墙,赐之墙也及肩,窥见室家之好。夫子之墙数仞,不得其门而入,不见宗庙之美、百官之富。得其门者或寡矣。夫子之云,不亦宜乎?"

〔**注释**〕**叔孙武叔语大夫于朝曰**:叔孙武叔在朝堂上对其他官员说。叔孙武叔,鲁国大夫,名州仇。语,去声。

譬之宫墙:好比房屋和围墙。宫,房屋的通称。《经典释文》:

"古者贵贱同称宫,秦汉以来,惟王者所居称宫焉。"刘沅:"墙喻外见之华,宫则其内蕴也。"(《论语恒解》)

夫子之墙数仞:老师家的围墙有几丈高。仞,七尺曰仞。一说八尺,一说五尺六寸。此句连同下文"宗庙之美"、"百官之富",比喻孔子学问的高深、广博和德性的崇高。

夫子之云:那位先生说的话。夫,音扶(fú)。夫子,指叔孙武叔。

〔**译文**〕叔孙武叔在朝堂上对其他官员说:"子贡比仲尼强。"子服景伯把这话告诉了子贡。子贡说:"拿房屋和围墙来作比喻。我家的围墙跟肩膀头一样高,谁都可以从墙外看到我家的房子,小日子还不错。老师家的围墙却有几丈高,不能从他家的大门进去,就看不到宗庙雄伟壮丽、官员人材济济的景象。能够从大门进去的人是很少的呀。那位先生说这话,不也是自然的吗?"

(二十四)

叔孙武叔毁仲尼。子贡曰:"无以为也!仲尼不可毁也。他人之贤者,丘陵也,犹可逾也;仲尼,日月也,无得而逾焉。人虽欲自绝,其何伤于日月乎?多见其不知量也。"

〔**注释**〕**人虽欲自绝,其何伤于日月乎**:某人即使要把自己抬得高不可攀,那对太阳月亮有什么妨害呢?绝,断绝,引申为横绝,极点。《说文》段注:"断之则为二,是曰绝。引申之,凡横越之曰绝。如绝河而渡是也。又绝则穷,故引申为极,如言绝美、绝妙是也。"自绝,即把自己抬高到极点。伤,妨害。

多见其不知量也:只是表明这人不晓得高低深浅罢了。多,同

"只",适足,恰好。量,尺度。这里指高低。皇侃:"若有识之士视睹于汝,则多见汝愚暗不知圣人之度量也。"朱熹:"不知量,谓不自知其分量。"子贡的话是比较而言,当合两注之意为解。

〔**译文**〕叔孙武叔毁谤仲尼。子贡说:"不要这么做嘛!仲尼是毁谤不了的。其他人的贤能,好比丘陵,还可以越过去;仲尼的贤能,就是太阳和月亮,不可能逾越。有人即使要把自己抬得高不可攀,又妨害到太阳和月亮什么呢?只是表明这人不晓得高低深浅罢了。"

(二十五)

陈子禽谓子贡曰:"子为恭也,仲尼岂贤于子乎?"子贡曰:"君子一言以为知,一言以为不知,言不可不慎也。夫子之不可及也,犹天之不可阶而升也。夫子之得邦家者,所谓立之斯立,道之斯行,绥之斯来,动之斯和。其生也荣,其死也哀,如之何其可及也?"

〔**注释**〕**夫子之得邦家者,所谓立之斯立,道之斯行,绥之斯来,动之斯和**:他老人家如果得以掌管一国一家的政权,就会如我们所说的,要人们以礼立身,礼仪制度便建立起来了;引导老百姓崇德,老百姓便遵行;使人们安居乐业,远方的人便来投靠;按规矩发号施令,老百姓都同心协力。立,指立于礼。道,同"导",指导之以德。绥,安定,安抚。来,指修文德以来之。动,指动之以礼。

〔**译文**〕陈子禽对子贡说:"先生您是客气呀,仲尼难道还强过先生吗?"子贡说:"君子能由一句话显出他的聪明,也能由一句话显出他的糊涂,说话不可以不谨慎啊。我的老师不可企及,就好像上天不能凭借台阶爬上去一样。他老人家如果得以在一个国家当政,就会做到如我们所说的,要人们以礼立身,礼仪制度便建立起来;引导老百姓崇德向善,老百姓便遵从执行;使人们安居乐业,远方的人便来投靠;按规矩发号施令,老百姓便同心协力。他生前受人爱戴,死后令人怀念,我怎么能赶得上他呢?”

尧曰篇第二十

（一）

尧曰："咨！尔舜！天之历数在尔躬，允执其中。四海困穷，天禄永终。"舜亦以命禹。

曰："予小子履，敢用玄牡，敢昭告于皇皇后帝：有罪不敢赦，帝臣不蔽，简在帝心。朕躬有罪，无以万方；万方有罪，罪在朕躬。"

周有大赉，善人是富。"虽有周亲，不如仁人。百姓有过，在予一人。"

谨权量，审法度，修废官，四方之政行焉。兴灭国，继绝世，举逸民，天下之民归心焉。

所重：民、食、丧、祭。

宽则得众，信则民任焉，敏则有功，公则说。

〔**注释**〕咨：即啧(zé)，叹词。

天之历数在尔躬：天象显示，统治天下的大任落在你的头上了。历数，指日、月、星排列及运行的次序。何晏："历数，谓列次也。"这里指统治天下的天命。古人在天象和人事（特别是统治者的更替）间建立起神秘的联系，认为两者存在某种对应、感应的关系。尔躬，你身上。本节这一段话,或说为尧传位于舜时的训诫之辞。本章前三节叙尧、舜、禹、汤、武王之事,内容当摘自《尚书》。后三节过去多认为是孔子的话,陈后王之法。这种有统系的写法,可能是后人所为,附缀于书末。此从钱穆说。

允执其中:要真诚地秉持中正。允,信,真诚。中,中正不偏。

予小子履:我这个微不足道的人履。予小子,商汤自谦之辞。履,商汤名。句前"曰"字上当脱一"汤"字。本节这一段话,或说为商汤战胜夏桀后,遭遇大旱,向上天祈祷求雨之辞。

敢用玄牡:斗胆用黑色公牛献祭。敢,谦词。玄,黑色。牡,雄性牲畜。大祭用牛,这里指公牛。

敢昭告于皇皇后帝:斗胆明明白白地禀告伟大的天帝。皇,大。后帝,天帝。

有罪不敢赦:有罪的人,我不敢擅自赦免。何晏引包咸:"从天奉法,有罪者不敢擅赦也。"

帝臣不蔽:侍奉天帝的人,〔他们的善行〕我也不敢掩藏。《墨子·兼爱下》引此上下三句作"有善不敢蔽,有罪不敢赦,简在帝心"。

简在帝心:天帝心里是清清楚楚的。简,检阅,检查,指清楚明白。

朕躬有罪,无以万方:我自身有罪,就不要牵连天下的人。朕,自称。《尔雅·释诂》:"朕,我也。"郭璞注:"古者贵贱皆自称朕。"自秦始皇起专用作皇帝自称。刘宝楠:"此告天亦称朕,是朕未为尊称也。"万方,即万邦,指天下之人。

周有大赉,善人是富:周朝大封诸侯,使为结束战争作出贡献的人都富贵起来。赉,音赖(lài),赏赐。大赉,指周初大分封。善人,见《述而篇》第二十五章注释。

虽有周亲,不如仁人:我虽然有至亲,却不如有仁德的人。周,至。这两句及下两句,或说为周武王克商之后大封诸侯时说的话。

百姓有过,在予一人:诸侯和贵族有过错,〔责任〕都在我身上。百姓,百官,这里指受封的诸侯和贵族。

谨权量:严格计量标准。权,秤,重量量具。量,斗、斛之类,容量量具。本句以下,历代注家多以为是孔子的话。

审法度:周密法律制度。皇侃:"法度,谓可治国之制典也。"

修废官:整治废缺的职官。皇侃:"治故曰修。若旧官有废者,则更修立之也。"

兴灭国:恢复已灭亡的国家。此指周初封建,立黄帝、尧、舜、夏、商之后。

继绝世:延续已断绝的享祀。此指前代之卿大夫等贵族之家,亦得以祭祀他们的始祖。

所重:民、食、丧、祭:应重视〔四个方面〕:户口、粮食、丧事、祭祀。民,指老百姓的数量,这是劳动力和兵员的来源。这四件事实则有如《子路篇》孔子说的三件事,即"庶之"、"富之"、"教之"。"民"属"庶之"的范畴,"食"属"富之"的范畴,"丧""祭"则属"教之"的范畴。

信则民任焉:此五字为衍文,从杨伯峻说。译文略。

〔**译文**〕尧说:"啧!你这舜哪!上天赋予你统治天下的大任,要真诚地秉持中正。如果天下陷入贫困而没有出路的境地,上天赐予你的禄位就会永远地终止了。"舜后来对禹也说了这番训诫的话。

汤说:"我这微不足道的履,斗胆献上黑色的公牛,斗胆向伟大的天帝坦陈:有罪的人,我不敢擅自赦免;天帝臣仆的善行,我也不敢掩藏,天帝心里自是明了。我本人如果有罪,就不要牵连天下的人;天下如果有罪,就由我一个人承担好了。”

周武王大封诸侯,使善人都富贵起来。武王说:“我虽然有至亲,却不如有仁德的人。诸侯和贵族如果有过错,责任就在我身上。”

严格计量标准,周密法律制度,整治废缺职官,各地的政令就会通行无阻了。恢复已灭亡的国家,延续已断绝的后代,举用被遗落的人士,天下的老百姓就会心悦诚服了。

应重视四件事:户口、粮食、丧事、祭祀。

宽厚,就能得到众人的拥护;勤敏,就能取得成就;公平,就能使人人高兴。

(二)

子张问于孔子曰:“何如斯可以从政矣?”子曰:“尊五美,屏四恶,斯可以从政矣。”

子张曰:“何谓五美?”子曰:“君子惠而不费,劳而不怨,欲而不贪,泰而不骄,威而不猛。”

子张曰:“何谓惠而不费?”子曰:“因民之所利而利之,斯不亦惠而不费乎?择可劳而劳之,又谁怨?欲仁而得仁,又焉贪?君子无众寡,无小大,无敢慢,斯不亦泰而不骄乎?君子正其衣冠,尊其瞻视,俨然人望而畏之,斯不亦威而不猛乎?”

子张曰:“何谓四恶?”子曰:“不教而杀谓之虐;不戒视成谓之暴;慢令致期谓之贼;犹之与人也,出纳之吝,谓之有司。”

〔**注释**〕**尊五美**:实行五种善政。尊,一作“遵”。《方言》:“尊,行也。”

屏四恶:摒除四种恶政。屏,同“摒”,摒弃,排除。

何谓惠而不费:什么叫让老百姓得好处,又不用多少财政支出?惠,使民得好处。不费,自己不破费。下文孔子之答,不仅答此一问,其余连带作答,当是记者省其问。刘宝楠:“不言‘子张问’者,统于首句‘何谓惠而不费’,凡诸问辞皆从略也。”

因民之所利而利之:根据老百姓认为有利的事情,采取让他们受益的政策。民之所利,即老百姓利益产生的地方,多指因地制宜的产业。邢昺:“民居五土,所利不同。山者利其禽兽,渚者利其鱼盐,中原利其五谷。人君因其所利,使各居其所安,不易其利,则是惠爱利民在政,且不费于财也。”

择可劳而劳之:选择农闲时间让老百姓服劳役、参加军训。可劳,使民以时之义。刘宝楠:“劳民,如治沟洫及耕敛之类。又农隙讲武事,兴土功,并是择而劳之。”

欲仁而得仁:自己追求的是仁道,也实现了仁道。张栻:“凡动于己私者皆贪也,若所欲者仁而已,则何贪之有?”

君子无众寡,无小大,无敢慢:无论财富多少,势力大小,君子都不敢怠慢。皇侃:“言不以我富财之众而陵彼之寡少也,又不得以我贵势之大加彼之小也。我虽众大而愈敬寡少,故无所敢慢也。”

君子正其衣冠,尊其瞻视,俨然人望而畏之:君子整齐衣冠,端正目光,庄重的样子使人望去心生敬畏。俨然,庄重的样子。

不教而杀谓之虐:不加教育,人犯法了便以罪杀之,叫做残酷。

刘宝楠："不教而杀，谓未以礼义教民，民犯于法，则以罪杀之，此为虐也。"

不戒视成谓之暴：不加督导，只看结果以究责，叫做凶猛。戒，同"诫"，告诫，警告。视成，看结果，要成果。何晏引马融："不宿戒而责目前成，为视成也。"暴，凶而猛。

慢令致期谓之贼：下政令拖拖拉拉，完成期限却卡得死，叫做陷害。慢，缓慢。致期，犹"刻期"，限定日期，没有余地。

犹之与人也，出纳之吝，谓之有司：如同人情往来，给出去的尽量少，拿回来的尽量多，叫做管仓库的。犹之，好像。与人，指与人交。吝，吝惜，精打细算。有司，负责财物收付的小吏，喻小气。皇侃："有司，谓主典物者也，犹库吏之属也。"

〔**译文**〕子张向孔先生问道："怎样做就可以治理政事呢？"先生说："实行五种善政，摒除四种恶政，就可以治理政事了。"

子张说："什么是五种善政？"先生说："在上位的人给老百姓好处，自己又不多破费；役使老百姓，老百姓却不怨恨；自己有追求，但没有贪欲；待人大方，又不自大；处世有威仪，但不盛气凌人。"

子张问："什么叫给老百姓好处自己又不多破费？"先生说："根据老百姓认为有利的事情，采取让他们受益的政策，这不就是给老百姓好处自己又不多破费吗？选择农闲时节让老百姓服劳役、参加军训，他们又会怨恨谁？自己追求的是仁道，也实现了仁道，你还贪求什么？无论财富多少，势力大小，在上位的人都不敢怠慢，这不就是大方又不自大吗？衣冠整齐，目不斜视，庄重的样子使人望去心生敬畏，这不就是有威仪但不盛气凌人吗？"

子张问："什么是四种恶政？"先生说："不加教导，人犯法了便以罪杀之，叫做残酷；不去督促，只看结果就追究责任，叫做凶狠；下政令拖拖拉拉,完成期限却卡得死,叫做陷害;如同人情往来,给出去的尽量少,拿回来的尽量多,叫做管仓库的。"

(三)

子曰:"不知命,无以为君子也;不知礼,无以立也;不知言,无以知人也。"

〔**译文**〕先生说:"不领悟上天赋予的使命,便没有资格成为君子;不掌握礼乐制度,便没有本事在社会立身;不能够听声辨言,便没有办法知人识人。"

本书征引书目

河北省文物研究所《定州汉墓竹简论语》，文物出版社，1997

郑玄《论语注》，《国家图书馆藏钞本郑学十八种》，孔广林辑，中华书局，2017

《唐写本论语郑氏注》，《唐写本论语郑氏注及其研究》，王素著，文物出版社，1991

何晏《论语集解》，古逸丛书本（覆正平本）

皇侃《论语义疏》，高尚榘点校，中华书局，2013

陆德明《论语音义》，《经典释文》，上海古籍出版社，2013

柳宗元《论语辩二篇》，《柳宗元集校注》，尹占华、韩文奇校注，中华书局，2013

苏轼《论武王》，《苏轼文集》，孔凡礼点校，中华书局，1986

邢昺《论语注疏》，《十三经注疏》本，中华书局，1980

附：阮元《论语注疏校勘记》

吕大临《论语解》，《蓝田吕氏遗著辑校》，陈俊民辑校，中华书局，1993

朱熹《论语集注》，新编诸子集成《四书章句集注》本，中华书局，1983

张栻《南轩先生论语解》，《张栻集》，杨世文点校，中华书局，2015

黎靖德《朱子语类》,王星贤点校,中华书局,1986

郑汝谐《论语意原》,四库全书本

陈天祥《论语辨疑》,四库全书本

蔡清《论语蒙引》,四库全书本

顾炎武《日知录》,《日知录集释校注》本,黄汝成集释,栾保群校注,浙江古籍出版社,2013

王夫之《四书稗疏》,《船山全书》,岳麓书社,1996

王夫之《四书笺解》,《船山全书》,岳麓书社,1996

王夫之《读四书大全说》,《船山全书》,岳麓书社,1996

毛奇龄《四书改错》,胡春丽点校,华东师范大学出版社,2015

阎若璩《四书释地续》,四库全书本

李光地《读论语札记》,四库全书本

李塨《论语传注》,四库全书本

物茂卿《论语征》,日本东洋图书刊行会排印本

江声《论语竢质》,商务印书馆,1937

翟灏《四书考异》,皇清经解本

刘台拱《论语骈枝》,续修四库全书本,上海古籍出版社,2002

焦循《论语补疏》,皇清经解本

阮元《论语论仁论》,《揅经室集》,邓经元点校,中华书局,1993

王引之《经义述闻》,万有文库本,商务印书馆,1935

梁章钜《论语旁证》,续修四库全书本,上海古籍出版社,2002

刘逢禄《论语述何》,皇清经解本

石韫玉《读论质疑》,续修四库全书本,上海古籍出版社,2002

宋翔凤《四书释地辨证》,续修四库全书本,上海古籍出版社,2002

宋翔凤《论语发微》,续修四库全书本,上海古籍出版社,2002

刘宝楠《论语正义》,高流水点校,中华书局,1990

黄式三《论语后案》,续修四库全书本,上海古籍出版社,2002

刘沅《论语恒解》,《十三经恒解笺解》本,谭继和、祁和晖笺解,巴蜀书社,2016

戴望《戴氏注论语》,续修四库全书本,上海古籍出版社,2002

昭井一宅《论语解》,日本东洋图书刊行会排印本

俞樾《论语平议》,《群经平议》,续修四库全书本,上海古籍出版社,2002

俞樾《古书疑义举例》,《古书疑义举例五种》,中华书局,2005

宦懋庸《论语稽》,续修四库全书本,上海古籍出版社,2002

王闿运《论语训》,衡阳东洲讲舍刻本

康有为《论语注》,楼宇烈整理,中华书局,1984

简朝亮《论语集注补正述疏》,赵友林、唐明贵校注,华东师范大学出版社,2013

章太炎《广论语骈枝》,《章太炎全集》,陈行素校点,上海人民出版社,2014

程树德《论语集释》,程俊英、蒋见元点校,中华书局,1990

杨树达《论语疏证》,《杨树达文集》,上海古籍出版社,2013

钱穆《论语新解》,生活·读书·新知三联书店,2012

北京大学哲学系《〈论语〉批注》,中华书局,1974

南怀瑾《论语别裁》,复旦大学出版社,2009

毛子水《论语今注今译》,台湾商务印书馆"国学经典文丛",重庆出版社,2011

程石泉《论语读训》,上海古籍出版社,2005

杨伯峻《论语译注》,中华书局,1980
李零《丧家狗——我读〈论语〉》,山西人民出版社,2007
李炳南《论语讲要》,长江文艺出版社,2011
董楚平《论语钩沉》,中华书局,2011
李泽厚《论语今读》,中华书局,2015
杨逢彬《论语新注新译》,北京大学出版社,2016

《周易正义》,《十三经注疏》本,中华书局,1980
《尚书正义》,《十三经注疏》本,中华书局,1980
《毛诗正义》,《十三经注疏》本,中华书局,1980
程俊英、蒋见元《诗经注析》,中华书局,1991
《周礼注疏》,《十三经注疏》本,中华书局,1980
《仪礼注疏》,《十三经注疏》本,中华书局,1980
《礼记正义》,《十三经注疏》本,中华书局,1980
《春秋左传正义》,《十三经注疏》本,中华书局,1980
杨伯峻《春秋左传注》,中华书局,1981
《春秋公羊传注疏》,《十三经注疏》本,中华书局,1980

孙诒让《墨子间诂》,孙启治点校,中华书局,2001
焦循《孟子正义》,沈文倬点校,中华书局,1987
王先谦《荀子集解》,沈啸寰、王星贤点校,中华书局,1988
郭庆藩《庄子集释》,王孝鱼点校,中华书局,2012
王先慎《韩非子集解》,钟哲点校,中华书局,1998
黎翔凤《管子校注》,梁运华整理,中华书局,2004
杨伯峻《列子集释》,中华书局,1979

黄晖《论衡校释》,中华书局,1990

徐元诰《国语集解》,中华书局,2002

范祥雍《战国策笺证》,上海古籍出版社,2006

司马迁《史记》,中华书局,1982

班固《汉书》,中华书局,1962

荀悦《汉纪》,《两汉纪》,张烈点校,中华书局,2002

《尔雅》,中华书局,2016

《方言》,中华书局,2016

段玉裁《说文解字注》,中华书局,2013

《释名》,中华书局,2016

王念孙《广雅疏证》,中华书局,2004

王引之《经传释词》,岳麓书社,1984

王泗原《古语文例释》,中华书局,2014

胡适《中国哲学史大纲》,商务印书馆,1919

梁启超《清代学术概论》,上海古籍出版社,1998

郭沫若《甲骨文字研究》,《郭沫若全集·考古编》,科学出版社,1982

郭沫若《中国古代社会研究》,科学出版社,1964

冯友兰《中国哲学史》,中华书局,1961

冯友兰《中国哲学简史》,北京大学出版社,1985

傅斯年《周东封与殷遗民》,《傅斯年史学论著》,上海书店出版社,2014

张岱年《中国哲学大纲》,中国社会科学出版社,1982

陈梦家《殷虚卜辞综述》,中华书局,1988

张光直《中国青铜时代》,生活·读书·新知三联书店,2013

黑格尔《哲学史讲演录》,贺麟、王太庆译,商务印书馆,1959

列奥·施特劳斯、约瑟夫·克罗波西《政治哲学史》,李洪润等译,法律出版社,2009